# 现代流通经济学

XIANDAI LIUTONG JINGJIXUE

刘仲芸 刘星原 编著

首都经济贸易大学出版社
Capital University of Economics and Business Press
·北京·

图书在版编目（CIP）数据

现代流通经济学/刘仲芸，刘星原编著. —北京：首都经济贸易大学出版社，2016.3

（高等院校经济与管理核心课经典系列教材·经济学专业）

ISBN 978-7-5638-2448-9

Ⅰ.①现… Ⅱ.①刘… Ⅲ.①流通经济学 Ⅳ.①F014.3

中国版本图书馆 CIP 数据核字（2015）第 260058 号

---

现代流通经济学

刘仲芸　刘星原　编著

---

| | |
|---|---|
| 出版发行 | 首都经济贸易大学出版社 |
| 地　　址 | 北京市朝阳区红庙（邮编 100026） |
| 电　　话 | （010）65976483　65065761　65071505（传真） |
| 网　　址 | http：//www.sjmcb.com |
| E – mail | publish@cueb.edu.cn |
| 经　　销 | 全国新华书店 |
| 照　　排 | 首都经济贸易大学出版社激光照排服务部 |
| 印　　刷 | 北京地泰德印刷有限责任公司 |
| 开　　本 | 710 毫米×1000 毫米　1/16 |
| 字　　数 | 334 千字 |
| 印　　张 | 19 |
| 版　　次 | 2016 年 3 月第 1 版　2016 年 3 月第 1 次印刷 |
| 书　　号 | ISBN 978-7-5638-2448-9/F·1377 |
| 定　　价 | 32.00 元 |

---

图书印装若有质量问题，本社负责调换

版权所有　侵权必究

# 前　言

商品流通是我国社会主义市场经济运行体系中重要、有机的组成部分。我国社会主义市场经济体制的建设越是深入发展，商品交换关系所涉及的内容、范围、领域和深度就越多、越宽、越广、越深；商品流通作为先导产业，对国民经济的带动作用也就越大；商品流通过程中需要研究与解决的问题也就越多；客观上就需要更加深入、全面、系统地学习和研究相关的理论，从而更好地指导实践。

本书从我国社会主义市场经济体制与运行机制的规律和要求出发，在总结理论界和作者相关研究成果的基础上，力求建立一套逻辑严密、体系完善、内容丰富、既有理论知识又有操作知识，符合我国大专院校和相关企业界进行教学与培训要求的流通经济学教材。

为了达到上述目的，本书在写作过程中力求贯彻以下原则：第一，理论性原则。尽量从理论体系方面，将市场经济体制下商品流通领域的运行规律和商业演变与发展的内在机理性知识介绍给读者，使读者通过学习和研究这些规律性的理论知识，提高商品流通方面的理论功底，以及分析和解决现实商品流通领域中经营与管理实际问题的能力。第二，系统性原则。作为一本专门介绍流通经济学知识的书籍，应完整、系统地介绍商品流通领域中各个方面的知识，使读者通过阅读和学习本书，能够比较全面系统地了解流通经济理论、经营与管理方面的知识。第三，实务性原则。本书尽量对现代商品流通领域存在的经营与管理方面的实务性问题进行全面、系统的介绍，力求增强相关内容的实务性和可操作性。第四，时代性原则。随着我国社会主义市场经济建设的深入发展，我国商品流通领域出现了许多新的理论、现象、问题和发展趋势，本书力求将这些时代性强的理论与实务知识编入书中，使读者能够及时了解现代商品流通领域的相关理论与实务知识。

本书由西安财经学院行知学院教师刘仲芸，在2008年出版的《流通经济学》的基础上，根据我国商品流通领域当前最新的发展与变化，以及国内外理论界新的研究成果，对全书的章节和内容进行了大幅度的修改、调整、补充与完善，并由西安交通大学经济与金融学院教授刘星原审定。

本书的写作对象和使用范围主要是：大专院校中有关贸易经济、国际经济与贸易、市场营销等专业的本科生教材；产业经济专业学生的参考教材；商品流通领域管理与经营者的研究与参考书籍。

由于作者水平有限,本书在结构、理论和实务等方面还存在一些问题,望广大读者指导与斧正。

作　者
2015 年 7 月

# 目录

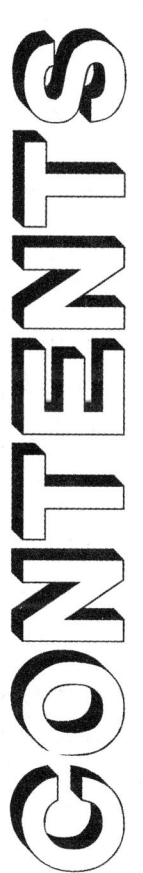

## 第一章 现代商品流通概论 …… 1
第一节 现代商品流通的概念与地位 …… 1
第二节 现代商品流通的运行特征与作用 …… 8

## 第二章 现代商品流通体系 …… 17
第一节 现代商品流通体系概述 …… 17
第二节 我国商品流通体系的地位与内容 …… 21
第三节 商品流通体系中的市场 …… 28

## 第三章 商品流通规律 …… 38
第一节 商品流通领域的供求关系与
供求规律 …… 38
第二节 价值规律在商品流通领域的作用 …… 52
第三节 商品流通与消费者行为规律 …… 56

## 第四章 商流、物流与供应链 …… 61
第一节 商流与商业 …… 61
第二节 物流理论与实践 …… 71
第三节 供应链与供应链管理 …… 78

## 第五章 商品流通环节与流通渠道 …… 84
第一节 商品流通的批发环节 …… 84
第二节 商品流通的零售环节 …… 93
第三节 商品流通渠道和流通环节 …… 106

## 第六章　商品流通的交易方式 …………………………………… 114
- 第一节　现货交易 ………………………………………………… 114
- 第二节　期货交易 ………………………………………………… 126
- 第三节　代理交易 ………………………………………………… 140

## 第七章　商品流通企业的经营模式与业态 …………………… 150
- 第一节　商品流通企业的经营模式 ……………………………… 150
- 第二节　连锁经营模式 …………………………………………… 156
- 第三节　商品零售企业业态 ……………………………………… 170

## 第八章　城市商业街区的布局与建设 ………………………… 183
- 第一节　城市商业街区的布局规律 ……………………………… 183
- 第二节　商区、业态与商圈的关系 ……………………………… 191

## 第九章　商品流通的电子商务应用 …………………………… 205
- 第一节　电子商务的构成与营运模式 …………………………… 205
- 第二节　电子商务的应用与发展 ………………………………… 213

## 第十章　现代服务业 ……………………………………………… 219
- 第一节　科技服务业 ……………………………………………… 219
- 第二节　文化产业 ………………………………………………… 224
- 第三节　会展业 …………………………………………………… 226
- 第四节　服务外包业 ……………………………………………… 230

## 第十一章　商品流通企业经营与管理 ………………………… 234
- 第一节　商品采购与库存管理 …………………………………… 234
- 第二节　商品销售的预测与决策 ………………………………… 240
- 第三节　商品销售管理 …………………………………………… 248

# 第十二章 商品流通企业的经营分析与决策 ………… 256
## 第一节 商品流通企业经营分析的概念与方法 ………… 256
## 第二节 商品流通企业经营分析指标体系 ………… 261
## 第三节 商品流通企业的经营综合分析 ………… 268

# 第十三章 商品流通领域的竞争、管理与调控 ………… 271
## 第一节 商品流通领域竞争的类型与方式 ………… 271
## 第二节 商品流通领域的宏观管理与调控 ………… 287

# 第一章 现代商品流通概论

**学习重点**

- 1.现代商品流通的概念与内容；
- 2.现代商品流通在我国市场经济体制中的地位；
- 3.现代商品流通的运行特征和作用。

## 第一节 现代商品流通的概念与地位

### 一、现代商品流通的概念、溯源与发展

#### （一）商品流通的产生与发展过程

马克思主义经济学基础理论告诉我们，商品流通的产生有三个原因，一是社会化分工的存在与发展；二是商品交换关系的深化发展；三是商品交换关系从原始社会时期的"物——物"交换方式，发展演变为以货币为媒介的商品交换方式。同时，我们也知道，这三个原因相互制约、相辅相成、互为前提，不断促进了商品流通的演变与发展。

纵观商品流通的历史发展过程，大致可以分为以下三个阶段：

第一阶段：商品生产者直接参与商品流通的阶段。

这个阶段是早期的、初级的商品流通方式与发展阶段。这个阶段最突出的特点有三个：一是没有专职从事商品流通的行业、组织、人员和资金，商品流通的组织者便是直接从事商品生产的劳动者，他们既从事商品生产，又从事商品流通；二是此时的商品流通是建立在"自给自足"的自然经济基础之上的，商品流通是偶

然的、少量的、不占主导地位的;三是此时商品流通的规模和范围都很小,流通方式也十分简单。

第二阶段:专职商人的产生并承担商品流通的阶段。

我们知道,人类第三次社会大分工,就是社会上出现了不从事生产、专门从事商品交换的商人,以及专门组织商品流通的商业。

所谓商业,就是指由专门资本、专门经营机构、专项设备、专职经营管理人员构成的,专门经营商品流通,并从中获取利润的行业。

这个阶段商品流通最突出的特点有三个:一是社会分工和商品经济已经有了较高水平的发展,商品交换的内容和范围也有了很大程度的提高,商品交换成为维系社会经济运行不可分割的重要方式,商业也成为并列于农业、手工业、畜牧业的不可缺少的重要社会分工组成部分;二是商业已经不是边"生产商品"边"销售商品"的行业,而是专门从事媒介商品交换的行业;三是此时的商人和商业不仅要从事商品的买和卖,还要负责商品的储存、运输等事务。例如,我国封建社会一些有名的"晋商",他们到南方去收购茶叶,并组织长途运输,将茶叶运到北方去销售,甚至运到当时的俄罗斯国去销售,一趟买卖往往历经千辛万苦,耗时长达数月。

第三阶段:商品流通领域内部的职能进一步分工细化阶段。

当商品经济从简单的商品经济发展成为发达的商品经济的时候,商品交换的广度、深度、规模和频率已经达到了相当高的水平。同时,经济交往对商品流通的效率、质量、服务等方面也提出了更高的要求。因此,商业将收购、储存、运输与销售的所有过程与环节全部包办下来的商业经营方式,已经不能满足发达商品经济对商品流通的要求了。这就促使在商业行业内部又进行了更为细致的社会化分工,进一步分为专门从事大宗商品收购与销售服务的批发商业,专门从事商品储运服务的物流业,专门进行商品最终销售的零售商业。

在现代市场经济环境下,由于商品流通所涉及的范围、内容等已经达到相当复杂的程度,因此,商品流通领域内部的社会分工也更加专门化、细致化。例如,批发商业和零售商业进一步细分和专业化为从事不同商品、不同经营内容的批发与零售商业(家用电器的批发或者零售,服装的批发或者零售,等等)。物流业进一步细分和专业化为从事不同储运内容与方式的物流业(陆运服务、海运服务、空运服务、仓储服务、配送服务等)。

### (二)现代商品流通的概念

1. 商品流通。商品流通是指以货币为媒介的商品交换。具体而言,我们可以从以下三个层面进行分析和理解:

第一个层面,在没有货币介入的"物——物"交换阶段,商品生产者甲将自己的商品"卖"给乙的过程,同时也就是将乙的商品"买"进的过程;反过来,乙将自己的商品"卖"给甲的同时,也就是将甲的商品"买"进的过程。这时的商品交换有两大突出特点:一是"买"与"卖"在时间上是完全一致的,在空间上是不可分离的(在一个交易地点便同时完成了买与卖的交换过程);二是商品交换关系只涉及两个商品生产者。可以明显看出,这种在时间上和空间上都是统一的、只涉及两个商品生产者之间交换关系的商品交换,不可能产生真正意义上的商品流通。

第二个层面,当商品交换的范围和内容不断扩大,出现了以货币为媒介的商品交换之后,那种商品交换的"买卖"过程在同一时间、同一地点发生的情况便发生了质上的变化:一是由于以货币为媒介,使商品的"买"与"卖"在时间和空间上已完全分离。二是一个交换过程至少要有三个当事人,出售商品的人(卖者)、收购商品的人(既买又卖者)、购买商品的人(买者)。由于此时的"买"与"卖"在时间上和空间上已经完全分离,因此,商品交换过程必然会发生时间上的分离和空间上的位移,商品流通也就必然产生了。

换言之,我们不能将商品流通仅仅理解为商品实体在空间的位移过程。对"商品流通"概念的正确理解是:商品流通包括商品"买"(商业企业从生产企业收购商品的过程)的行为与过程,商品实体在空间的位移(商业企业或者物流企业对商品实体的运输、储存、保管、配送等过程)过程,商品"卖"(商业企业将商品销售出去的过程)的行为与过程的有机统一,这三个过程缺少任何一个,便不能构成商品流通。

第三个层面,在发达的市场经济运行环境下,商品流通包含的内容就更加复杂。第一,商品流通已经形成了"商流、物流、信息流"三者之间,既相互分离,又相互影响、相辅相成的体系化的、复杂的商品流通。第二,商品流通的流通渠道和环节越来越复杂的。大量商品并不是通过一次"买卖"就完成了流通,而往往要经过多次"买卖",经过多道环节,通过多条流通渠道才能够完成。关于现代流通渠道与环节的具体内容,将在本书后面的章节专门讲解。

2. 现代商品流通。现代商品流通是指,在运输仓储技术、通信技术以及以互联网为基础的信息技术等先进的科学技术和工程技术的支持下,在商品实体运行范畴、劳务服务范畴、科技和文化产品的交易范畴等更广泛、更复杂的范围内,进行的以货币为媒介的商品交换。

现代商品流通的概念主要包括三个要点:

第一,"现代商品流通"与"商品流通"的内涵或者本质是一样的,没有区别。即两者都是在市场经济环境下所进行的"以货币为媒介的商品交换"。

第二,"现代商品流通"中的"商品",已经不仅仅是指传统意义上的"狭义商品"实体,除了大量的生产资料和生活资料等传统意义上的商品实体之外,还包括科技产品的交易与流通、文化产品的交易与流通、各类服务性项目的交易与流通等。因此,现代商品流通中的"商品",实际上是指在当代市场经济运行环境下的"广义商品"。

第三,"现代商品流通"是在运输仓储技术、通信技术、以互联网为基础的信息技术等先进的科学技术和工程技术的支持下而进行的商品流通,是在实现商品流通的手段上和方式上比传统商品流通更为先进、准确、高效、安全、环保的商品流通。例如,冷链物流技术、物联网技术、集装箱技术、货物运输信息跟踪技术、网上交易与结算技术等,都大量地运用到商品流通过程中。

可以肯定地讲,随着相关科学技术的发明与创新,这些先进科学技术在商品流通领域的应用水平越来越高,今后将会有更先进、更高效的商品流通技术和方法问世,将不断推动商品流通的发展。

## 二、现代商品流通与经济体制的关系

前面的概念中已经讲明,现代商品流通所包含的内容和涉及的范围已经十分广泛和复杂,商品流通技术也十分先进。但是,现代商品流通再复杂、再先进,从商品流通的根源上讲,还是起源于社会经济运行的基本问题,即供给与需求的衔接关系问题。假定,从国民经济的动态运行过程来看,全社会的供给与需求,包括所有的生产资料和生活资料,总是处在恰好基本平衡的状态之中,无论在供求的总量上还是在结构上,基本上不存在供不应求或者供过于求的问题,那么,整个国家国民经济的管理与运行就简单多了,相应的商品流通过程也简单多了,只要将生产出来的所有商品按市场需求及时运到需求的地方就行了。但是,到目前为止,全世界所有国家、所有的经济学理论、所有的方法都没有能够从根本上彻底解决供给与需求的长期的、动态的、稳定的平衡衔接问题,其中包括计划经济的手段和市场经济的手段,都没有彻底解决该问题。

西方国家曾经认为,采取无为的、自发的市场经济的运行方法能够彻底解决全社会的供给与需求的平衡衔接关系问题。但是,以1929年到1933年的资本主义社会全球性的经济大危机为代表的,不断出现的经济危机或者经济大波动的事实告诉我们,那种无为的、自发的市场经济运行方式解决不了长期保持全社会供求关系平衡问题。通过长期的运行实践,人们发现,在市场经济体制与运行环境下,普遍呈现出以"需求约束型"为特点的供求关系状态和国民经济运行状态。即,整个国民经济经常由于供给过剩、需求不足,而导致国民经济的正常运行与发展受到影响和阻碍,甚至导致全社会的供求关系失衡,造成大幅度的经济波动。

以苏联为代表的包括我国在内的几乎所有的社会主义国家,曾经采取了另一个方法——计划经济的运行方式,试图彻底解决全社会供求关系的平衡衔接问题。采取计划经济解决供求关系平衡衔接的理论基础是,在公有制的基础上,对全社会的生产资料和生活资料,从生产、分配、交换到消费的整个过程,都通过政府的行政命令式的严格的计划管理来控制,这样就会完全避免市场经济运行环境下,由于微观层面和宏观层面大量的自发行为而导致的供给与需求关系经常大幅度失衡的现象,使供给与需求总是有计划地控制在比较平衡的关系状态之中,从而保证国民经济始终处在比较平衡的、健康的状态下运行。但是,在长期的运行实践中人们发现,计划经济运行体制与市场经济运行体制出现的"需求约束型"特点恰恰相反,普遍呈现出以"资源约束型"为特点的国民经济运行状态。即整个国民经济经常由于各种生产资料和生活资料的供给短缺导致国民经济不能健康运行的状态,这种状态被称为"短缺经济"。我国在计划经济时代曾经出现过无论是生产资料还是生活资料处处短缺的"供给不足"的局面。严峻的事实证明,计划经济也无法根本解决供给与需求的动态平衡关系问题。

总结计划经济普遍出现的这种"短缺经济"的现象,主要由以下两个方面的原因造成:

第一,计划经济实际上做不到对供求关系的计划平衡管理。实践证明,对全社会的生产、流通、需求进行严格细致的计划管理,理论看似可以,但实际上很难达到预期效果。原因在于,全社会所有生产资料和生活资料包罗万象、十分繁杂;同时,供给与需求之间的平衡关系,包括了数量之间的平衡关系、结构之间的平衡关系、地区之间的平衡关系和时间之间的平衡关系。这四个方面的关系想要各自保持供求平衡已经十分困难,何况现实中这四个方面的关系是复杂地交织在一起的,呈现为更加复杂甚至不可预测的供求关系。因此,通过计划经济的管理,实际上根本无法对全社会的复杂供求关系进行准确预测,也不可能使计划做得十分精密、周到。即便计划经济在某些领域或者某些方面能够做到比较精确的计划与管理,但是由于计划好了的内容很难改变,即使要对计划进行修改,也要有一个程序复杂且耗时的过程。因此,计划经济对经济运行管理得十分"死"。如果遇到各种供求关系的变化(实际上供求关系是不断变化的),计划经济就很难及时调整和应对这些变化。综上所述,计划经济实际上是无法做到保持全社会供求关系长期、健康、动态的平衡运行的。

第二,严格的计划经济管理压制了商品经济规律对供求关系的自动调节机制。在我国当时的计划经济体制下,理论上曾经将生产资料定性为"产品",而在现实的经济运行过程中,对属于生产资料的"产品"的流通都是以"调拨"方式进行分配。虽然将生活资料看成"商品",但由于从生产、流通、分配和消费的全过程,对这些商品在数量、价格、流通过程方面都实行了严格的管制,因此,这些商品实际上也丧失了大部分商品的特性与功能。由于我国的经济基础、生产力水平、劳动分配关系等复杂因素的制约,使我国所有的生产资料和生活资料实际上还是"商品",而不是"产品"。既然是商品,就要按照商品经济的运行规律办事。商品经济运行的根本规律就是价值规律。在价值规律的调节、驱动和制约下,整个商品经济的运行过程必然会出现竞争、调整、淘汰,使整个经济运行充满活力。这种竞争、调整与淘汰的过程实际上就是对全社会供给与需求关系不断自发调整的过程。但是,严格的计划经济管理压制了价值规律作用的发挥,既丧失了经济规律调节下的平衡供求关系的重要作用,又失去了充分调动微观经济单位积极生产、创造价值的内在动力,使整个国民经济的运行如"死水一潭"。

大量的经验与教训告诉我们,计划经济的道路走不通,我们只有在社会主义制度框架内,进行经济体制改革,走市场经济运行体制的道路,才能较为有效地调节全社会的供求关系,使全社会的供求关系在经济规律的自发调节下基本实现动态过程中的平衡关系。换言之,虽然市场经济的运行方式也存在缺点与不足,但是比起计划经济在调节供求关系方面,它更有效、更有活力。

## 三、现代商品流通在我国市场经济体制中的地位

既然我国采取社会主义市场经济体制,是目前我们可以选择的解决全社会供给与需求关系的最好方式,那么,现代商品流通在我国市场经济体制环境下便具有十分重要的地位。

我国经济体制改革经过了四个过程的探索(计划调节为主,市场调节为辅;计划经济与市场调节相结合;有计划的商品经济;市场经济体制)最终确定了我国应该建立在社会主义制度基础上的市场经济体制。

什么是市场经济体制?我国由原来的计划经济体制向市场经济体制全面改

# 第一章 现代商品流通概论

革与转化的最根本区别或者变化是什么？对于这两个问题的简要回答是：计划经济是通过"人为计划与行政管理"的方式全面配置各种资源的经济体制,而市场经济则是通过"市场过程"全面配置各种资源的经济体制。国民经济运行所需的各类资源的"市场配置",就是市场经济体制的本质与核心。

所谓"市场配置",简要地讲,主要包括以下两个方面:一是对国民经济运行所需的全社会的各种资源(商品、资金、劳动力等)的配置,除了极少数特殊商品之外,政府全部放开,由供给者与需求者通过在市场上自主的商品交换过程来实现各种资源的配置。二是大量的供给者和需求者在市场上进行商品交换的动力和目的,是追求经济利益；商品交换的种类、数量、流向等的依据,是供求信息(其中包括现实的供求信息和对供求关系的预测信息)和价格信息；调节和约束市场交易主体行为的是,以价值规律为核心的市场经济规律、国家制定的有关法律与法规,以及政府的调节手段。

虽然"市场配置"的主要内容清楚了,但是在计划经济向市场经济体制改革与转化的过程中,如何能够在现实的经济运行中真正实现这个"市场配置"？为了能够真正实现"市场配置"的过程,就必须建立相应的"市场体系"和"流通体系"来具体地承担和实现。有了与"市场配置资源"的要求一致的"市场体系"和"流通体制",才能真正构建起市场经济的运行体系,市场经济体制的基本框架才真正初步构建起来。

"市场体系"和"流通体系"都是为商品交换和商品流通搭建的基本框架。只有构建比较完善的"市场体系"和"流通体系","商品交换"与"商品流通"才能顺利进行,也才能够更有效地实现供给与需求的对接,从而达到通过市场配置各种资源的目的。

从广义上讲,"商品流通"包括商品的交换、仓储、运输等过程。通过上面的推理过程,我们可以十分清楚地看到,商品流通是市场体系和流通体系的内容,没有商品流通,市场体系和流通体系只是个"空架子"；而没有比较完善的市场体系与流通体系,商品流通就无法顺利进行,整个国民经济运行过程中的供给与需求也就无法衔接。

这样,我们就可以得出结论:我国要构建市场经济体制,采取资源的市场化配置,达到更有效地解决供给与需求的动态衔接,推动国民经济平稳健康发展的目的,就必须构建一套比较完善的市场体系和流通体系。没有一套完善的市场体系和流通体系,市场经济体制实际上就是空谈。现代商品流通也就必然成为在我国市场经济体制环境下实现资源的市场化配置的必不可少的交易与流通的关键过程与内容,现代商品流通必然具有衔接供求关系方面不可替代的重要地位。从这个意义上讲,没有现代商品流通过程,社会主义市场经济体制的构建与运行就无从谈起(参见图1-1)。

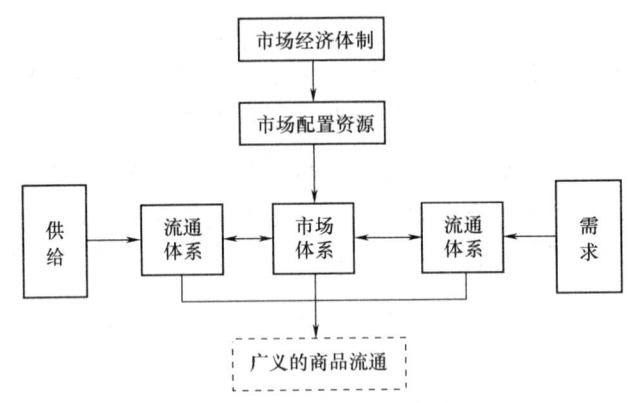

图1-1 现代商品流通在我国市场经济体制中的地位示意图

这里还要特别指出的是,我国实行的市场经济体制,绝不是完全自由的、无为的市场经济运行方式,而是以经济规律的调节方式为基础,以相关的法律体系为约束,以建立在尊重经济规律基础上的行政调节力量为辅的社会主义市场经济运行体制。

## 第二节 现代商品流通的运行特征与作用

### 一、现代商品流通的运行特征

#### (一)简单商品流通特征

早期的商品交换大致有两种方式。一种是"物—物"交换方式,其公式是"W—W"。另一种是"商品—货币—商品"的交换方式,其公式是"W—G—W"。

"物—物"交换方式有三个突出的特征:第一,"买""卖"行为是一个过程的两个方面,或者叫买卖不分。即,甲将商品"卖"给乙的过程,同时就是将乙的商品

"买"进的过程;同理,乙将商品"卖"给甲的过程,又是将甲的商品同时"买"进的过程。第二,双方的交换一定是在同一时间、同一地点完成。第三,商品交换双方没有以一般等价物(无论是贝壳,还是货币)为媒介。"物——物"交换方式的这三个特征决定了这种交换方式不可能产生现代意义的商品流通。

当商品交换从"物—物"交换方式发展到"商品—货币—商品"交换方式时,也就是发展为以货币为媒介的商品交换时,实际上也就是简单商品流通方式的产生。

简单商品流通方式的特征主要表现在以下三个方面:

(1)简单商品流通方式主要存在于自然经济运行环境下。在不发达的商品经济运行环境中存在一些简单商品流通。商品流通的目的主要是互通有无,是为了换取自己所不能生产的其他商品的使用价值。

(2)交换双方已不是"物"与"物"的直接交换,而是以货币为媒介的商品交换,即"物"与"货币"的交换。货币介入交换之后,使"买""卖"分离成为两个不同的过程和行为。即分离成为"商品换货币(W—G)"和"货币换商品(G—W)"两个相互分离的过程。"买"与"卖"在时间上和空间上都发生了分离。

(3)商品交换的目的主要是获得不同商品的使用价值,而不是商品的价值。即"为买而卖"。"甲"出售"商品"换取"乙"持有的"货币"的目的,是用"货币"到"丙"处换取另一种对甲自己有用的商品。同理,"乙"用货币"买进""甲"的商品,也是因为"甲"的商品对自己有使用价值。

## (二)现代商品流通的特征

简单商品流通向发达的商品流通发展,可以进一步细分为两个阶段:发达商品流通阶段和现代商品流通阶段。在发达商品流通向现代商品流通发展的过程中,呈现出以下三个突出特征。

1. 相对于简单商品流通("W—G—W"),无论是发达商品流通阶段还是现代商品流通阶段,其本质特征是:商品流通的目的,已不是"为买而卖",而是"为卖而买"。换言之,发达商品流通的目的已经不是商品生产者之间"互通有无",换取自己所不能生产的其他商品的使用价值,而完全是为了通过"经营商品流通",使投入商品流通的经营资本价值增值,是为了获取利润。其典型的流通过程是"货币—商品—更多货币"的流通,具体商品流通公式是:"G—W—G′"。其中,"G"表示投入商品流通经营活动的资本(即购买商品的资本),"G′"表示经营者通过一系列的商品流通(收购、运输、储存、保管、包装、整理、销售等)活动,使原来的资本"G"增值,并获得大于"G"的货币量。

从历史发展过程来看，"为卖而买"的发达商品流通方式也是从较低级的水平逐步向较高级的水平逐步发展的。众所周知，在封建社会已经存在专门从事商品流通经营的"商人"，他们经营商品流通的目的，就是获取更多的利润，不断地使经营资本增值。但在封建社会的自然经济运行大环境下，其商品流通所涉及的范围和领域比较小，形式比较简单，内容比较少，技术水平也很低。在资本主义社会市场经济发展早期和我国经济体制改革之后市场经济运行环境前期，由于相关科学技术应用水平不高，此时虽然已经进入发达商品流通阶段，但仍然不是现代商品流通。

2. 现代商品流通特征。现代商品流通本质上与发达商品流通没有任何区别。即商品流通的目的都是使商品经营资本价值增值，是为了获取更多利润的流通。现代商品流通最突出的特征是：商品流通所涉及的范围、领域、内容、形式、技术方面都以达到了相当高或者相当复杂的水平。从范围来看，现代商品流通的经营范围几乎涉及生产资料和生活资料的所有方面。从领域来看，现代商品流通不仅涉及传统的商品流通业务，还涉及资本流通、信息流通、技术流通、人才流通等。从内容来看，现代商品流通从环节上、交易时间上以及组织形式上已发展了批发、零售、连锁、现货、期货等流通内容。从形式方面来看，现代商品流通已包括了，传统的商品实体流通业务，有运用现代化的交通运输工具进行的"特快"流通服务业务，有为了提高流通服务质量的门对门流通业务，有专门运送易燃易爆物品、特大型物品、对卫生与保鲜要求很高的商品的流通业务。从技术水平来看，现代商品流通在流通业务中所使用的信息传播与沟通技术、储运工具、机械设备等都已达到了相当高的水平，相关的科技成果不断地被商品流通业务所应用。

3. 现代商品流通已经构成现代市场经济运行机制中一个必不可少的有机"过程"和"环节"，也是国民经济产业体系中"第三产业"内的一个重要行业。发达商品流通所涉及的交换关系几乎渗透到了国民经济运行的各个方面、各个领域，对国民经济的正常运行与发展具有十分重要的影响。

## 二、商品流通的作用

### （一）商品流通对社会再生产的作用

1. 商品流通对生产的促进作用。

首先，商品流通的规模反作用于商品生产的规模。如果商品流通规模相对小于商品生产规模，一方面会使生产者难以及时得到再生产所必需的生产资料，另一方面也会使许多产品积压在生产领域，无法及时卖掉。如果商品流通规模适度，就会促进生产顺利高效运行。

其次，商品流通的速度影响生产企业资本周转的速度。商业企业若能够及时有效地收购、销售商品，并为生产企业及时提供生产商品所需的原材料，就会大大减少生产企业用于采购原材料和销售商品的资本的占有时间，加快资本周转速度，促进生产资本的周转。

最后，商品流通对生产具有重要的引导作用。流通部门相对于生产部门更加了解市场供求变化和消费需求。商业部门将市场信息及时反馈到生产部门，引导生产部门生产更符合市场需求的商品。

2. 流通对消费的引导作用。

商品流通部门对生产部门生产、开发和创新产品或项目进行商业化的推销、介绍、宣传和引导，促使消费者对这些产品的认识、熟悉和喜爱，促进消费者的消费习惯、消费观念和消费行为的变化，引导消费的不断发展。

流通对消费也有一定的制约作用。若商品流通规模过小，就难以将品种齐全的商品及时推向市场，消费者就买不到适销对路的商品。若商品流通部门提供的商品结构不符合消费者的需要，或商品流通部门给生产部门提供的市场需求信息不准，就会使生产与需求脱节，不仅难以满足消费需求，也会影响社会再生产的顺利进行。

3. 流通对分配与再分配的作用。

国民收入的初分配和再分配是影响社会再生产运行的重要环节。国民收入的初次分配包括国家的积累和直接创造价值的劳动者的工资收入分配两部分。这两部分都是以货币形态表现的价值量的分配。国民收入的初次分配只有通过市场过程才能使相关的价值和使用价值得到社会承认，最终实现初次分配。或者说，只有通过流通过程实现货币和商品相交换，国民收入的初次分配才能得到最终实现。

生产经营部门经过初次分配后向国家上缴的税金和利润形成了国家的财政收入。财政部门用这些财政收入向非生产经营部门进行再分配，是保证国家各非生产经营部门正常运行的经济基础。这些以货币表现出来的价值形态的再分配过程的最终物质实现，也必须通过流通过程来完成。

总之，商品流通对分配与再分配的顺利进行和有效实现具有十分重要的促进或制约作用。

4. 流通过程对国民经济总体运行的作用。

流通过程是社会再生产各部门、各环节、各个经济单位和消费个体相互联系、相互制约的"桥梁"和"纽带",通过这个桥梁和纽带,使国民经济各个部门、各个环节相互有机地联系起来,构成一个协调运行的有机整体。同时,通过流通环节的商品储备、调运等业务过程,可在一定程度上调节供求关系,稳定产销关系,保证社会再生产的顺利进行。

### (二) 商品流通对社会分工的促进作用

1. 社会分工对人与自然、人与人相互关系的影响。

众所周知,人们的生产过程包含人与自然的关系和人与人的关系两个方面。这两个方面的相互关系所涉及的范围、深度和紧密程度,与生产的分工和专业化程度密切相关。

第一,从人与自然的关系来看,人们的生产活动过程的分工越细致,专业化生产的程度越高,人们的生产活动与自然的联系面也就越窄。例如,在自然经济条件下的家庭经济单元中,人的生产活动不得不包括种植、养殖、酿造、纺织等多种生产活动,人与自然界的接触面很宽。随着社会分工的不断发展与专业化程度的提高,上述这些劳动种类不断分离与独立出来,成为专业化的、单一的生产活动,劳动生产者与自然界的接触面就越来越狭窄。

第二,从人与人的关系来看,生产活动过程的分工和专业化越细致,人与自然界的交往越狭窄,这就导致人与人之间的交往密切、越复杂。因为,社会再生产过程被分割得越细,各生产过程与环节中的原材料、零部件、辅助材料等的连接关系也就越复杂,处在这些过程和环节中的商品交易关系也就越复杂。另外,每一个从事单一的、专业化的生产活动的劳动生产者的消费行为却具有综合性和全面性,不可以被分割。例如,一个劳动者的衣、食、住、行等日常消费行为要依赖许多与这些需求有关的不同行业的生产者提供商品。劳动者个人的综合消费方式要求每个劳动者必须与更多的不同行业进行广泛的、密切的商品交易。

总之,人类生产活动中的分工和专业化的发展过程,同时也是人们的交易活动在范围、深度、广度和方式方面不断发展的过程。

2. 商品流通对社会分工与专业化水平的促进作用。

在现代社会中,商品流通对社会化分工与专业化的促进作用是十分复杂且多方面的。下面就从商品流通对社会化大分工与专业化深入发展的"直接作用"和"间接作用"两个层面进行深入的分析。

(1)商品流通对促进社会分工深入发展和专业化水平提高的直接作用。理论界普遍认为社会化分工与专业化的发展对劳动生产率的提高作用主要表现在以下五个方面:一是社会化分工和专业化使生产劳动者的生产劳动过程和劳动技能越来越趋于单一化和简单化。这样能够有效地提高劳动者的劳动熟练程度和劳动质量。劳动熟练程度和劳动质量的提高意味着劳动者在单位时间内,在投入一定量的原材料和付出一定量的劳动的情况下,能够生产更多更好的劳动产品,提高劳动生产率。二是社会分工和专业化会使劳动者减少因经常变换工作和变换生产活动中的不同操作方式,不得不重新熟悉新工作而造成的劳动效率方面的损失,使企业保持较高的管理效率和劳动效率。三是社会分工和专业化的发展使生产工具的专用化水平提高,这样可以有效提高生产资料和辅助材料的利用率,节约生产费用,还可以更有效地利用工作场所,提高生产总资本的盈利率。四是社会分工和专业化使劳动者的工作技能在既定的技术水平条件下变得较为单一和简单,这样可以减少和简化劳动者为掌握专门技术而进行的学习与培训的时间和费用。五是社会分工和专业化还可以简化企业在生产经营过程中各环节上管理工作的内容,提高企业的管理效率和水平。

社会分工与专业化能够通过上述五个方面提高劳动生产效率,从现实的市场经济运行机制的全过程来看,实际上只是现实市场经济运行过程的一个方面。因为,在发达的商品经济条件下,这些复杂的社会分工与专业化劳动,实际上都是从事的商品生产劳动,这些商品生产劳动之间的联系当然是商品交换关系。因此,要实现这些分散的、单一的商品生产劳动的相互联系,还必须依靠现实市场经济运行机制过程的另一个方面,即商品流通过程的连接。如果没有商品流通的连接,使社会化大分工条件下各种"单一化"和"简单化"的生产劳动过程有机、高效地联系起来,便不可能将社会分工和专业化所带来的不同劳动环节与过程所产生的高效率有机地联系起来,取得更大的、整体的、综合性的生产劳动效果。因此,商品流通对社会分工与专业化水平的深入发展与提高,具有密不可分的直接促进作用。

(2)商品流通对促进社会分工深入发展和专业化水平提高的间接作用。理论普遍认为,社会化分工和专业化对劳动生产力水平提高的间接作用主要表现在以下三个方面:一是具有间接促进技术进步的作用。社会分工和专业化的发展使人们越来越将注意力集中在更狭窄的生产领域和劳动过程中,从而使劳动生产者能够集中精力研究、开发和发展更加专一的生产工具、工艺和技术。另外,由于社会分工和专业化使劳动生产的操场作方式趋于简单化,这就为采用机械手、机器人等更加先进的技术设备提供了条件。二是可以促进生产环节链条的加长。由于社会分工复杂,生产的专业化分工越来越细,使人们投入到中间环节的生产活动越来越多,这就加大了对中间生产环节的机器设备的需求,促进了机器设备的发展。生产链条越长,生产的中间环节就越多,生产工具的种类也就越多,这一过程必然会进一步促进研究和生产中间性生产工具的行业的发展,从而使专业化分工更加深入地发展。三是可以促进区域专业化的形成。社会分工和专业化的深入发展往往使不同地区根据自身的自然资源和人力资源等优势,在某产业或行业形成比较经济优势,促进区域专业化的形成,从而提高整个社会的劳动生产效率。

同理,在现实的市场经济运行机制体系下,社会分工的深入发展与专业化水平的提高对劳动产生力水平提高的间接作用只是真正能够发挥间接作用的一个方面。还必须要由商品流通过程来联系、衔接其中方方面面的经济关系,才能够使这些间接作用最终表现出来。例如,在开发和研究效率更高、质量更好的生产劳动工具和技术的过程中、在连接生产链条的环节上、在连接不同地区的劳动生产优势资源方面,都需要现代商品流通的有效参与。

### (三)商品流通对整个国民经济高效运行的保障与促进作用

在我国社会主义市场经济体制下,各类商品流通的经营活动对整个国民经济的高效运行起着十分重要的保障与促进作用。具体表现在以下三个方面:

1. 我国社会主义市场经济运行机制下的发达商品流通,为有效衔接产需关系,缓解或调节产需矛盾,保持供求关系的大致平衡,促进国民经济健康高效运行具有十分重要的积极作用。

我国社会主义市场经济运行方式使绝大多数的生产与销售、商品供给与需求,都是通过"市场过程"来沟通与衔接的。这个"市场"绝不是"商品交换的场所"那种传统概念的市场,而是指全社会的生产与消费之间、供给与需求之间的衔接,是通过"自主、自发"来"寻找买主或者卖主"的商品交换关系的总和。在这种经济运行机制下,客观上必然在"产销之间""供需之间""地区之间""行业之间""企业之间"等,在商品、资本、劳动力、技术、信息等方面产生复杂的商品交换关系和供求矛盾。这些复杂的商品交换关系和供求矛盾的客观存在,正是商品流通经营与获取利润的市场机会。同时,商品流通的组织者、经营者在寻找市场机会、组织商品流通的过程中,客观上起到了有效衔接产需关系,缓解或调节产需矛盾,保证我国市场经济体制条件下供求关系能够大致保持平衡,促进国民经济健康高效运行的积极作用。

2. 我国现代商品流通的发展客观上起到了加快整个社会的商品流通速度和流通总时间、节省全社会总资本在流通领域的投入总量、加快社会再生产的周转速度的作用。

从组织和经营商品流通的微观经营者的角度来看,他们经营商品流通完全是为了追求商品流通资本运营利润的最大化,获取更多的利润。因此,他们必然在商品流通经营与管理过程中,千方百计地提高资本的经营管理水平和营运效率,降低流通费用;千方百计地加快流通速度、扩大流通规模、加快经营资本的周转速度。这些流通企业以及这种商品流通经营活动,从微观层面来看,提高了商品流通行业经营业务服务质量,客观上减少了非商品流通行业或企业用于从事商品流通业务的专门人员、专项资金,加快了非商品流通行业或企业的商品流通效率;从宏观层面来看,大量流通企业的经营活动的总和客观上起到了加快整个社会商品流通速度、节省全社会总资本在流通领域的投入总量和商品流通总时间、加快社会再生产的周转速度的作用。

3. 我国发达商品流通的发展水平,对促进我国社会化大分工的深入发展具有十分重要而积极的作用。

古典经济学家亚当·斯密在其名著《国富论》一书中提出了"分工受市场范围限制"①的观点。斯密这一理论的中心思想是,当某种产品或服务的市场需求范围不大时,社会分工和专业化就很难产生和生存下去,只有当某产品或服务的市场需求范围扩大到一定程度时,社会分工和专业化才有可能产生与发展。换言之,任何一种产品都要在市场需求范围不断扩大的拉动下,才可能逐步刺激、催化和推动社会分工与专业化程度的不断提高。反之,若市场需求范围没有达到一定程度,生产者生产的大量产品不能通过市场全部或大部分卖掉时,社会分工和专业化生产就维持不下去。

斯密这一理论的基本原理同样也适用于我国现代社会化大分工与市场的关系。但我们要注意的是,斯密时代的"市场"主要是指"商品交换场所"的传统市场,而我们在研究当代相关问题时,应该将斯密提到的"市场"理解为专指包含"商品交换场所的市场"在内的"现代商品大流通过程"。也就是说,我国发达商品流通的发展水平,对不断促进我国社会化大分工的发展具有十分重要而积极的作用。具体来讲,商品流通经营者之间在争夺市场机会、购销渠道、市场占有率等的经营与竞争过程,客观上必然会起到扩大交易空间和范围,促进部门之间、企业

---

① 王亚南主编:《资产阶级古典政治经济学选辑》,商务印书馆1979年版,第300页。

之间、城乡之间、地区之间、国与国之间的经济联系的作用,这个过程实际上就是"市场范围不断扩大的过程"。根据斯密的上述原理,现代商品流通的经营行为使"市场的交易范围不断扩大",这就必然起到催化我国各行各业的社会化分工不断裂变,促进社会生产向规模化、专业化、国际化方向不断深化发展的作用;也间接地起到了促进市场化的社会经济关系不断深入发展的作用。

**复习思考题:**
1. 现代商品流通与一般商品流通有何区别与联系?
2. 现代商品流通在我国市场经济运行机制中的地位和作用是什么?
3. 市场经济体制下全社会的供给与需求是如何衔接的?
4. 商品流通对促进社会分工深入发展和专业化水平提高有何作用?

# 第二章 现代商品流通体系

**学习重点**

1. 我国商品流通体系的内容,以及今后进一步深化与健全商品流通体系改革的思路与方向;
2. 商品流通体系、市场体系的含义以及两者之间的关系;
3. 市场体系、市场机制的含义以及两者的关系;
4. 健全与完善我国市场体系的重要意义。

## 第一节 现代商品流通体系概述

### 一、现代商品流通体系概念的界定

本书提出"现代商品流通体系"的概念与不发达的商品经济社会中的商品流通体系是有区别的。关于"现代商品流通体系"的概念,理论界进行专门研究的比较少,也尚未达成理论共识。根据大量的理论研究成果,本书认为,现代商品流通体系是在工业化的社会经济基础和比较完善的市场经济体制这两个基础条件上建立和发展起来,能够适应和满足工业化的社会生产要求和市场经济运行要求的商品流通体系。换言之,现代商品流通体系形成的基础有两个,一是该国家或者地区建立了工业化的社会经济基础,二是该国家或者地区同时具备了较完善的市场经济运行体制。

从世界各国的历史发展进程和事实来看,虽然世界各国商品经济和商品流通体系建立的时间和发展水平不同,但都是建立在以农业经济为主的经济基础之上的。这时的商品流通在范围、内容和规模方面呈现出"小、少、散"的状态和特点,相应的商品流通体系在构成内容、相互关系、运行方式、涉及的领域等方面都比较简单。因此,这一历史时期的商品流通体系一般属于不发达商品经济条件下的商品流通体系,不能称为"现代商品流通体系"。

另外,在实行或者曾经实行过计划经济体制的国家中,虽然也建立了工业化的社会生产体系,但是整个国家的经济运行体系是被严格的计划所控制,因而各行业、各企业、各生产经营主体之间的经济交往不可能完全按照商品交换的原则、要求和形式来进行,不可能形成发达的、真正意义上的现代商品流通,也就不可能产生和建立真正意义上的现代商品流通体系。因此,在计划经济向市场经济体制转型的国家中,由于原来适应计划经济运行体制要求的流通体系已经不符合市场经济运行体制的要求,必须进行全面的经济改革,建立和完善新的、适应市场经济运行体制要求的商品流通体系。

## 二、现代商品流通体系的构成

一般来说,现代商品流通体系主要由五大部分构成:商品流通体制、商品流通企业、商品流通渠道与环节、商品交易市场、商品流通基础设施与技术。这五个方面相辅相成,共同构成了完整的现代商品流通体系。其中,"商品流通体制"主要包括与一个国家或者地区的市场经济运行体制相适应的、有关商品流通的管理制度、管理机构、相关法规和政策等。"商品流通企业"是指专门从事商品买卖与商品流通的企业或者经济实体。"商品流通渠道与环节"是指一个国家或者地区所具备的批发、直销、零售、网络交易等交易环节体系,以及商品通过这些交易环节到达消费领域构成的复杂的运行轨迹的总和。"商品交易市场"是现货市场、期货市场、商品市场、资本市场、技术市场、劳动力市场等各类市场的总和。"商品流通基础设施与技术"是指支持商品在运输、装卸、仓储、保管、销售等业务活动过程中道路、交通、通信、工具、设备、技术、信息传递方式等的总和。

实际上,在古代和近代不发达商品经济社会中,商品流通体系基本上也是由这五个方面构成的。但是,其内容、水平和涉及范围却与现代商品流通体系区别很大。例如,在古代和近代商品经济社会中就没有期货市场和股票市场,也没有发达的现代通信、网络信息技术系统等。

## 三、现代商品流通体系的运行要求

在当代世界各个市场经济国家中,虽然都建立了比较完善的商品流通体系,但由于国情和经济发展程度等因素的不同,各国商品流通体系的具体内容和要求有所差别。无论这些差别有多大,只要是建立在工业化基础和较发达的市场经济体制环境下的商品流通体系,该商品流通体系必须体现以下四个方面的运行要求。

## (一) 商品交易的等价交换要求

我们在经济学的基本原理中已经得知,不同物理、化学性质的商品之间之所以能够进行交换,是由以商品使用价值为载体的商品的价值量来进行比较和交易的。正如马克思所讲:"交换规律只要求彼此出让的商品的交换价值相等。"①即所谓的等价交换。虽然关于商品的"价值"和"价值量"的形成在学术界还存在以马克思的经济理论为代表的"劳动价值论"和以西方经济学理论为代表的"效用价值论"的争论,但是在商品交换过程中,必须体现等价交换的内在要求。如果等价交换的内在要求没有得到普遍的实现,商品交换关系就维持不下去,商品流通也不可能顺利进行。在商品流通过程中,必须全面贯彻等价交换的要求。

我们在建立和完善商品流通体制时,在商品流通的制度、法规和政策等方面必须能够体现和反映商品交换和流通过程中的"等价交换"要求,使商品流通体系具有"保护"和"实现"商品交换过程中"等价交换"要求的作用和功能。

## (二) 商品交易的自愿让渡要求

所谓商品交易的"自愿让渡"要求,是指商品在进行交换时,交易双方必须在完全自主、自愿的情况下选择交易对象和交易方式,决定交易价格,完成交易行为,绝不能在超经济力量的干预下强买强卖。

现代商品流通体系中充分体现"自愿让渡"要求的意义在于:

第一,保障交易双方对各自商品所有权和货币所有权的事实存在。只有有效地保障了商品的所有权,才能够有较地避免在强制交易情况下,买者或者卖者以不合理的价格买进或者卖出商品,从而损害了交易者的经济利益,破坏了维持商品生产和商品流通正常运行的内在机制,阻碍了商品经济的健康发展。

第二,保护商品交易双方在交易过程中自主进行"博弈"(讨价还价)的充分性。交易双方在交易过程中,建立在自愿让渡基础上的充分讨价还价的过程实际上就是"供给"与"需求"的"对接"过程,就是充分体现价值规律对商品生产与需求的调节过程。

---

① 马克思:《资本论》(第1卷),人民出版社1975年版,第3页。

因此，建立科学、完善的商品流通体系必须要体现和保障商品自愿让渡的要求。

### (三) 商品交易的公平竞争要求

在现代商品流通体系中，充分反映商品交易的"公平竞争"要求的意义主要有以下两个方面：

第一，在商品交易过程中，一般都会大量存在同类商品的不同生产者和经营者，这些商品生产者和经营者的商品必然会在质量、功能、成本、服务等方面存在差别，这些差别只有在公平竞争的环境中，通过买卖的自由选择过程、交易价格的博弈过程等方式充分体现出来，真正实现商品交易与流通过程的优胜劣汰，从而不断推进生产的商品质量、品种、款式、花色、服务、生产经营的成本与效率、服务质量等方面的不断提升、改进、创新和完善。

第二，在社会化大生产条件下，商品供给与需求之间的平衡关系只有通过市场交易过程才能够间接地反映出来。正如马克思所讲："只有通过竞争的波动，从而通过商品价格的波动，商品生产的价值规律才能得到贯彻，社会必要劳动时间决定商品价值这一点才能成为现实。"[①]在公平竞争条件下，交易价格波动能够比较真实地反映商品供给与需求的动态关系，从而达到有效地调节供给与需求的目的。

### (四) 商品的自由流通要求

在现代商品流通体系中，要充分体现商品自由流通要求的意义在于：

第一，商品的自由流通是保障商品等价交换、自愿让渡、平等竞争能够实现的前提，如果存在市场壁垒、条块分割、渠道不畅，就很难在真正意义上实现等价交换、自愿让渡和平等竞争。

第二，只有实现商品的自由流通，不同地区的同类商品才能在市场上进行比较，全社会范围内各类商品的供给与需求才能充分地"见面"，价值规律对商品生产与经营的调节和制约作用才能得到充分的发挥。

因此，现代商品流通体系必须保证商品流通的自由性和畅通性。

---

① 马克思、恩格斯：《马克思恩格斯全集》(第 21 卷)，人民出版社 1975 年版，第 215 页。

# 第二节 我国商品流通体系的地位与内容

## 一、我国商品流通体系的性质与地位

### (一)我国商品流通体系的性质

在我国计划经济体制下和市场经济体制下,"商品流通体系"的性质是完全不同的,充分认识这一点,对进一步改革和完善我国社会主义市场经济体制下的商品流通体系,具有十分重要的实现意义。

在计划经济体制条件下,国家为了保持国民经济运行的计划性,必须通过严格的计划生产、计划分配、计划流通与计划消费来实现。其中,"计划流通"只是国家为了保证和实现国民经济有计划运行的"工具"。因此,计划商品流通体系的设计完全体现了计划经济体制的"计划性"这一本质要求,是为计划经济运行方式服务的。计划流通的主要功能和任务是,按计划接收或者收购生产领域生产出来的产品(包括工业产品和农业产品),并按计划完成商品的流通过程与销售任务,即所谓的"统购统销"与"统购包销"。

我国进行市场经济体制改革之后,原来通过计划实现供求平衡的管理体制和运行机制也随之逐步消除,取而代之的是通过"市场过程"来解决国民经济运行过程中复杂的、动态的供求关系的大致平衡问题,这时的商品流通已不是计划流通的工具了,商品流通已逐步成为"市场过程"中一个必不可少的有机构成因素。换言之,联系供求双方的"市场过程"实际上就是供求双方在市场上自主寻求交易对象、谈判交易内容、组织商品运输、实施商品交换的总和。如果没有"商品流通过程",也就没有"市场过程"。这时的商品流通体系,在制度设计、管理方式、政策法规和企业运行四个方面,必须能够充分反映市场经济体制"通过市场过程配置资源"的本质要求,必须能够充分体现市场交易过程中开放、自主、通畅、公平、竞争、效率、效益的特征和要求。

### (二)我国商品流通体系的地位

在我国社会主义市场经济体制条件下,商品流通体系的地位是十分重要的。首先,商品流通体系是市场经济体制的重要构成因素之一。所谓"市场经济体制",简言之,就是"通过市场配置资源"的体制。在这个体制内,如果没有保证整个国民经济各种复杂的供求关系能够通过"市场过程"来联系的体系,"通过市场配置资源"就是空话,市场经济体制的建设也不可能完善。这个"市场过程"与"商品流通过程"实际上是相互关联的两个方面。没有"市场过程","商品流通过程"便失去了方向和动力;没有"商品流通过程","市场过程"也就不可能充分体现。因此,商品流通体系的改革与建设是关系我国整个社会主义市场经济体制改革与建设能否不断完善与发展的重要方面。

其次,商品流通体系是衔接供求关系,实现市场配置资源,保持国民经济平衡运行的必不可少的调节与运行体系。大量的历史实践已经证明,计划经济的方法无法有效地解决整个国民经济运行过程中复杂、动态的供求平衡问题。只有在市场经济体制框架内,通过"以市场调节为主,计划调节为辅"的方法才能够基本解决整个国民经济运行过程中复杂、动态、长期的大致平衡问题,而且通过"市场过程"达到的平衡是高效率、高效益的平衡。前面已经分析过,商品流通是连接市场供求关系必不可少的环节和过程。因此,符合我国市场经济体制要求的商品流通体系是在社会主义市场经济体制条件下,实现全社会复杂、动态、长期的供给与需求大致平衡的重要体系之一。建设与完善我国市场经济体制要求的商品流通体系,也是我国流通领域改革的重要任务之一。

## 二、我国商品流通体系的构成

我国商品流通体系是市场经济体制与运行体系的重要构成部分。我国商品流通体系主要是由商品流通体制、商品流通企业、商品流通渠道与环节、商品交易市场、商品流通基础设施与技术构成的。这五个方面相辅相成,共同构建了商品流通的有机运行体系。下面分别对这五个方面进行详细讲述。

### (一)商品流通体制

1. 商品流通体制的概念。由于各国的经济体制和国情不同,商品流通体制的内容与特征也不相同。我国商品流通体制是指完全符合和充分反映我国社会主义市场经济体制与运行机制本质要求的,由与商品流通相关的制度、法规、政府管理与企业经营四大因素共同构成的特定的总体运行模式。其中,"商品流通制度"是指政府管理商品流通的职能、权力、范围和机构设置等。"政府管理方法"

第二章　现代商品流通体系

是指在商品流通制度框架内,政府的相关管理职能部门(商务行政管理、工商管理、物价管理等)运用制度所赋予的权力实施管理的范围、内容和方式。"商品流通法规"是指国家颁布的相关法规,如《公司法》《合同法》《反不正当竞争法》《商标法》《广告法》《价格法》《消费者权益保护法》等;"企业经营"是指允许商品流通企业经营的范围、权利和方式等。

商品流通体制取决于不同的经济体制和不同的国情。计划经济体制下的商品流通体制与市场经济体制下的商品流通体制在本质和特征上存在巨大差异。同样是市场经济体制,不同国家的国情又决定了,在商品流通体制本质相同①的情况下,具体内容和操作方法等方面也存在差异。

我国商品流通体制改革不仅要充分反映市场经济体制与运行机制的本质要求,而且要在学习和借鉴发达市场经济国家商品流通体制的基础上,充分考虑和反映我国的国情,才能够使符合我国社会主义市场经济体制本质要求的新型商品流通体制不断完善。

2. 商品流通体系与商品流通体制的关系。商品流通体制是构成商品流通体系的一个十分重要的框架性、制度性因素。商品流通体制决定了商品流通体系的性质和特征。但是,商品流通体制不能替代商品流通体系。要构成一个完整的商品流通体系,还必须具备前面提到的商品流通渠道和环节、商品交易市场、商品流通企业、商品流通的基础设施和技术诸因素。

另外,我国的商品流通体系是构成社会主义市场经济体制与运行机制的重要组成部分。在我国社会主义市场经济体制改革与建设过程中,一个不断完善的商品流通体系,对建设和不断完善我国市场经济体制与运行机制具有十分重要的作用。

## (二)商品流通企业

商品流通企业是指在商品流通体制下从事商品流通经营业务的各类企业。我国商品流通企业的类型很多。按流通环节划分,有批发企业和零售企业;按企业的组织模式划分,有单店企业、连锁经营企业、商业企业集团等;按经营内容划分,有专门经营商品购销业务的企业和专门从事商品储运业务的企业等;按企业资产性质划分,有国有企业、股份制企业、私营企业、外资企业等。

---

① 所谓本质相同,就是指体现通过市场配置资源的,以及以市场经济规律来调节商品流通的本质相同。

### (三)商品流通渠道与环节

商品流通渠道与环节是指商品流通企业在组织商品流通时所选择的各种流通路线与过程。商品流通渠道与环节在不同的经济体制条件下,以及在同类经济体制但国情不同的条件下,有很大的区别。因此,在研究、构建与管理商品流通渠道与环节时,不仅要充分反映既定商品流通体制的本质要求,也要充分反映国情或者其他具体情况的特点与要求,要达到有效承载和促进商品流通高效运行的目的。

### (四)商品交易市场

商品交易市场是指商品流通企业在经营商品流通时,联系"生产与销售""供给与需求"所依赖的场所。这个场所可能是实实在在的"商品交换的场所",如各类批发市场、集贸市场、零售市场等;也可能是没有具体商品交换场所的"虚拟市场",例如,通过网络等现代科学技术进行交易的"虚拟市场"。

### (五)商品流通基础设施与技术

商品流通基础设施与技术是指商品流通企业在组织和经营商品流通时,必须使用的道路、车站、码头、车辆、仓库、工具、设备等。商品流通基础设施与技术虽然不能够决定商品流通体制的性质、特征和内容,但其技术水平和管理水平的高低对商品流通体系的运行效率、能力、规模都有着关键性的影响。

现代商品流通基础设施与技术的发展水平和应用水平已经成为体现一个国家综合国力和劳动生产力水平的重要方面,甚至某些现代科学技术的运用会直接影响和改变传统的商品流通方式,形成新的商品流通方式。"商品流通现代化"的建设也是我国商品流通建设与发展的重要工作。

上述构成商品流通体系的五项因素相辅相成、相互影响,共同构成了一个有机的商品流通体系,它们之间的关系可以通过图 2-1 表示出来。

## 三、我国商品流通体系的改革与发展

### (一)我国计划经济条件下商品流通体系简介

我国计划经济条件下商品流通流通体系主要由五大因素构成,即商品流通管理机构、商品流通管理制度、商品流通企业、商品流通渠道与环节、商品流通基础

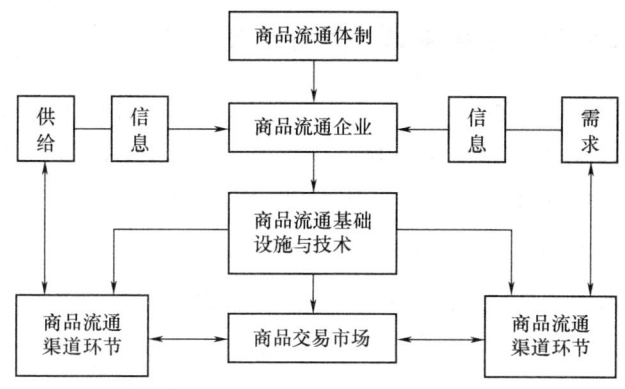

图2-1 商品流通体系各构成因素之间的关系示意图

设施与工具。其中,"商品流通管理机构"的主要内容是,我国将商品流通分为"外贸"(专门承担国际贸易业务)、"商业"(主要承担城市生活资料的流通与经营)、"物资"(专门承担生产资料的流通业务)和"供销合作社"(主要承担农村生活资料和部分农业生产资料的流通和经营业务,以及部分农副产品的收购业务)等管理部门和机构,将商品流通分成"条条块块"进行严格的管理。"商品流通管理制度"主要是指政府制定了十分严格的计划商品流通管理制度,对商品流通的全过程实行严格的计划管理。相应地,政府各级物价管理部门制定了整个流通过程和环节(出厂价、批发价、零售价等)的价格水平,各流通企业必须严格执行,没有任何自主决策价格的权力。"商品流通企业"基本上是由国有企业和集体企业构成的公有制流通企业"一统天下",不允许非公有制流通企业经营商品流通业务。这些公有制流通企业在相应领域的流通管理部门的严格管理下从事商品流通业务。"商品流通渠道与环节"是指在各级政府流通管理部门的严格计划管理下,由不同商品流通企业分别承担不同商品流通环节(收购、调拨、批发、零售等)的业务,构成固定的商品流通渠道。"商品流通基础设施与工具"主要是指道路、车站、码头、运输工具、仓储与保管设施、机械设备、通信设备等。在我国计划经济条件下,当时的商品流通基础设施与工具的总体科技应用水平比较低,应用范围也比较窄,工具的种类也比较少。

这里要说明的是,在我国计划商品流通体系的构成因素中,实际上没有"市场因素"。这是因为,我国计划商品流通体系是在严格的计划管理机构和制度的管理之下运行的,供给与需求、生产与销售基本不通过"市场过程"而是通过"计划流通"来实现的。

### (二)我国商品流通体系的改革与建设

在我国社会主义市场经济体制改革与建设过程中,对原计划商品流通体系进行了全面的改革,初步形成了符合我国社会主义市场经济体制要求的新型商品流通体系。我国商品流通体系改革与建设的主要内容如下:

1. 商品流通的管理体制和管理制度的改革。

打破了原来的严格计划商业管理模式,逐步撤销了原来的内贸、外贸、商业、物资等计划流通管理部门,合并为统一的商务行政管理部门;打破了原来内贸与外贸分开、商业(专门经营生活资料)与物资(专门经营生产资料)分开、城市商业与农村商业领域分开的"条块分割、市场壁垒"商品流通体制,形成了"城市与农村之间通开""领域和部门之间通开""地区之间通开"的全国性的、开放的大市场和商品流通环境。

目前,我国除了极少数关系国计民生的特殊商品还由相应的政府管理部门管理之外,各级政府的商务管理部门不再直接管理商品流通企业的具体业务,政府的商务管理部门主要承担有关商品流通制度与政策的建设与制定、宏观的间接管理与调控以及指导性、服务性的支持工作等。

2. 商品流通企业的改革。

(1)打破了由公有制商品流通企业"一统天下"的局面,允许国有企业、集体企业、私营企业、个体经营者、外资企业、股份制企业等在我国有关政策法规的约束下,进入商品流通领域从事商品经营活动,形成了多种所有制商品流通企业并存的局面。

(2)商品流通企业建立了自主经营、自负盈亏的经营机制。我国已经基本取消了对商品流通企业经营内容、行业、领域和环节的限制。任何商品流通企业,只要经过国家各级工商管理部门的注册认可,便可以依法自主从事经营活动。商品流通企业可以自主跨地区、跨行业、跨环节经营;可以自主选择批发与零售;可以自主选择进货渠道;可以自主选择经营业态、经营内容和经营方式;可以自主选择和进入不同市场;可以自主决定采购、定价、储运、销售等业务。当然,商品流通企业的经营风险与盈亏也全部由自己承担。

(3)从商品流通企业的组织与经营方式来看,突破了计划经济体制下单一的商品交易方式,初步形成了多元化的经营方式。例如,从商品流通企业的组织形式来看,我国已形成了单店经营、总店分店经营、连锁经营、商业集团等多种组织形式。从经营方式来看,我国商品流通企业已开展了诸如批发与零售、互联网交易、代理经营、展销、企业直销、拍卖交易、信用交易、信托交易、租赁交易等多种经营方式。

(4)商品流通渠道与环节的改革。打破了原来在严格的"环节固定、地区固定、价格固定"管理模式下构成的"三固定"的商品流通渠道模式。商品流通企业可以根据市场供求与竞争情况,自主决策商品流通的流向、流量、所经过的环节、购销价格等,初步建立了开放、自主、灵活、高效、网络化的新型流通渠道。

(5)商品交易市场体系建设。由于我国社会主义市场经济体制改革使绝大多数商品的"生产与销售""供给与需求"的衔接都要通过"市场过程"来完成。我国从开放少量的生活资料市场开始,逐步进行各类市场的开放和市场体制的建设,到目前为止,我国已初步建立了内容与结构都比较完善的市场体系(关于市场体系的具体内容,将在后面的章节专门讲解),基本上满足了我国在市场经济体制下国民经济的运行要求。

(6)商品流通管理与调控手段的改革。随着原有计划商品流通管理机构和管理制度的撤销以及市场体系的初步建立,有关商品流通的法律法规不断健全,我国已初步建立了以经济规律的调节力量为主,以行政的调节力量为辅,以法制化的规范管理与监督为手段的商品流通管理与调控机制。

(三)我国商品流通体系改革与发展的方向

我国商品流通体系的改革与建设虽然取得了很大的成绩,已初步形成了符合社会主义市场经济体制要求的商品流通体系,但是仍存在许多不完善之处,还要在今后的改革过程中不断地探索与完善。从理论界的主流观点和实际运行情况来看,我国商品流通体系今后的改革方向或者重点大致如下:

1. 进一步健全和完善商品流通体制,使商品流通体制能够在市场优化资源配置的过程中充分发挥"流通要素"的作用。进一步健全和完善商品流通体制的改革主要包括以下两个方面的内容:一是要进一步深化我国商品流通体制的改革,形成更适合商品流通运行的体制环境。二是要培育、扶持和促进我国新型流通组织与流通方式创新与发展,形成符合市场经济体制要求、符合现代化流通规模与结构、适应国际化商品流通特点、在流通效率上要求更高的新的商品流通体系。

2. 要在制度、法律和管理上,进一步消除我国在商品流通过程中的地区封锁、市场割裂、地方保护主义和市场垄断行为,形成更加开放、统一、公平与充分竞争的市场环境与秩序,保障各种经济要素在全国范围内的高效与自由流通。另外,在与国际市场的融合度越来越高的形势下,我们还要进一步探索能够与国际惯例接轨的商品流通管理体系、商品流通组织和商品流通企业。

3. 进一步提高我国商品流通企业的活力、规模和市场竞争力,这对我国经济的发展具有以下三个方面的重要意义。一是流通产业已经成为我国国民经济运行体系中一个十分重要的产业,特别是在许多大城市中,流通产业已经成为其支柱产业,因此,提高商品流通企业的活力、规模和市场竞争力,对推动国民经济的发展具有十分重要的作用。二是我国已经是世界贸易组织(WTO)的成员国,国外大型商品流通企业已经全面进入我国,客观上存在我国内资商品流通企业在国内市场与国外实力强大的外资企业进行市场竞争的事实,内资商品流通企业今后不仅要在国内与外资企业"同台竞争",还要积极地"走出国门",参与国际竞争,寻求更大的市场发展空间。因此,我国内资商品流通企业必须不断地提高自身的市场竞争能力和发展能力。三是由于我国商品流通产业在国民经济中所占的比重越来越大,我国商品流通企业的不断壮大与发展对促进国民生产、引导消费、吸纳大量的劳动力具有十分积极的作用。

## 第三节 商品流通体系中的市场

### 一、"市场"与"商品流通"的关系

"市场"与"商品流通"是经济运行过程中相互依存、相互联系的两个有机组成部分。两者之间的关系如下:

首先,"市场"是生产与销售双方、供给与需求双方相互联系、沟通、谈判、达成交易所必须经过的"场所"或者"过程"的总和,即交易的"市场过程"。有了这个寻找交易对象、达成交易的"市场过程",就确定了商品流通的目标、流向和规模。因此,交易的"市场过程"是商品流通的前提与指向,没有"市场过程",商品流通便无法确立流通的目标、流向与规模。

其次,在现代市场经济的交易环境下,交易的对象、范围、领域、距离、时间等都已经达到相当复杂的程度,如果只有寻找交易对象、达成商品交易的"市场过程",而没有商品的流通过程,那么交换双方便无法克服和消除在商品交换过程

中,交易的"范围、领域、空间、时间"等方面存在的各种矛盾,商品交换的目的——实现商品价值与使用价值的相互转化,也就无法实现,交易双方追求经济利益的目的也无法达到。只有依靠商品流通过程,才能够将交易双方在"市场过程"中达成的交易"协议"最终变成交易事实。因此,"商品流通过程"是市场交易得以最终实现的必不可少的环节和保证。

## 二、市场的概念

市场的概念包括狭义和广义两个方面。

狭义的市场是指商品交换的场所。我国市场经济体制下"商品交换场所"的主要表现形式有:批发市场、集贸市场、商业街、零售市场等。有些学者将这类市场统称为"有形市场"。

广义的市场是指在市场经济体制下,通过市场交易关系来联系的全社会商品交换关系的总和。我们应该从以下三个方面来理解这种"商品交换关系的总和":

一是在现代科学技术的支持下,计算机与网络交易方式、电子通信交易方式等形成了承载商品交换关系的"无形市场",替代了许多"有形市场"来完成商品交换过程。

二是在发达的市场经济条件下,"商品交换关系"已经不仅仅直接表现为"货币—商品"之间的交换,还以更加复杂、抽象、间接的方式表现出来,如期货交易、股票交易等。

三是在我国社会主义市场经济体制环境下,绝大多数商品必须通过"商品交换关系"来实现价值与使用价值的"转化"。而这种转化过程,无论是通过"有形市场"来实现,还是通过"无形市场"来实现,都是交易双方自主、自愿地寻找交易"对方"的过程,这个过程只有通过"市场过程"的途径来实现。这种"市场过程"所涉及的商品交换关系是极为复杂、广泛和深入的,几乎涉及了生产生活的各个层面和角落。

## 三、市场的特征

这里的"市场"是"市场一般"的概念。这个"市场一般"可以是一个商品交换的场所的市场,可以是某一类商品市场,也可以是一个经济区域内的市场总和。

一般来讲,发育较完善的市场应该具备以下四个方面的特征:

(1)开放性。所谓开放性,包括两层含义,一是市场范围不是封闭的,区域之间、部门之间、行业之间、企业之间、产销之间、城乡之间甚至国与国之间的商品流通与市场交易都是在相关"法规"的约束下开放的、畅通的;二是进入与退出市场交易与从事商品流通的企业应该是在相关法规的约束下自主、自愿的,不应存在不合理的排斥、垄断、壁垒、保护等障碍。

(2)竞争性。所谓竞争性,就是指在有关市场经营与竞争法规的约束下,在市场经济规律的调节下,进入市场的各个经济主体之间为了占据经营优势和获取更多的利润,在价格、供求、货源、信息、技术、服务、经营方式等方面展开的合法、公开、公平的竞争。

(3)公平性。所谓公平性,就是指必须以科学、完善的法规、政策、管理规则等为准绳,以价值规律和竞争规律等市场经济规律为调节力量,以自主自愿交易为原则,以优胜劣汰为机制,构成市场交易环境。要尽可能地限制和避免以市场垄断、市场壁垒、地方保护、欺行霸市等非正常手段来取得市场竞争优势,获得不合理利润的现象存在。

(4)多元性。市场的多元性主要表现在以下三个方面:一是企业性质的多元化。进入我国市场从事交易与商品流通业务的企业,应是国有企业、股份制企业、集体企业、私营企业、"三资"企业等多种经营主体并存的多元化结构。二是经营方式的多元化。在市场上从事交易与商品流通业务的企业应具有自主采取各种经营方式的权利。三是市场类型的多元化。市场类型应该是多样化的、结构比较完善的(包括生产资料市场、生活资料市场、农副产品市场、技术市场、资本市场、期货市场等)。

## 四、市场体系

### (一)市场体系的概念与特征

1. 市场体系的概念。市场体系是指商品市场、现货市场、期货市场、资本市场、技术市场、劳动力市场、区域市场等不同种类、不同范围、不同性质的具体市场的构成,以及这些市场之间相互关联、相互影响的动态关系。

2. 市场体系的特征。一个发育完善的市场体系应具有以下两个方面的特征:

（1）体系化。所谓体系化，就是指从构成内容来看，包括生产资料市场、生活资料市场、资本市场、技术市场、劳动力市场等；从范围来看，包括地区市场、区域市场、全国市场、国际市场；从时间来看，包括现货市场、期货市场；从商品流通的环节来看，包括批发市场、零售市场等。这些市场构成了一个内容全面、结构合理、相互联系、相互影响的体系化的市场关系。

（2）关联性。市场体系不是各类市场的简单相加，而是一个分工协作、相互关联、相互促进的有机整体。各个市场之间会在信息、价格、供求关系等方面相互影响、相互制约与相互促进，构成了一个复杂的相互关联的动态系统。

## （二）市场体系的结构

市场体系是一个多层次、多要素的集合体。市场体系的结构主要包括以下内容：

1. 市场体系的主体结构。这是指参与市场交易活动的各经济主体的所有制结构。在我国社会主义市场经济条件下，市场主体主要包括国有企业、股份制企业、集体企业、私营企业、"三资"企业和个体经营者等。

理论上讲，在我国社会主义市场经济体制下的商品流通领域中，已不坚持以国有商业或者以国有商业资本为主导的主体结构，政府也不能直接指定某类国有企业或者其他企业的地位和作用。各类不同性质的商品流通企业是在市场经济的平等竞争环境下并存发展的。各类不同性质的商品流通企业在商品流通领域中的经营地位，是在公平的市场竞争环境下，通过竞争自己争取的。只有极少数关系国计民生的商品或者特殊商品，由政府有关管理部门指定某些商品流通企业专营。

2. 市场体系的客体结构。这是指由不同种类的交易内容构成的不同种类的市场结构，主要包括商品市场、金融市场、劳动力市场、技术市场等有关市场的场所、管理机构和相应的基础设施。市场体系的客体结构的详细分类如下：

（1）按商品市场分类，主要包括生产资料市场和生活资料市场。生产资料市场是指满足企业生产消费所需的各类生产资料商品的交易市场。生活资料市场是指满足消费者生活所需的各类生活资料的交易市场。生产资料市场和生活资料市场又可再细分为诸多专业市场，如钢材市场、木材市场、水泥市场、服装市场、家电市场、文化用品市场等。

（2）按生产经营的要素分类，主要包括金融市场、劳动力市场、技术市场、信息市场、房地产市场和证券市场等。

金融市场是指专门为生产经营或者货币经营所需的黄金、货币和其他法定有价证券提供交易活动的场所。金融市场又可细分为货币资本市场、黄金市场、外汇市场、股票市场等。金融流通被称为支持国家经济运行的"血液",是关系国民经济能否健康平稳运行的重要市场。

劳动力市场是指劳动力进行流通和交易的场所。劳动力市场是运用市场机制调节劳动力供求关系,实现劳动力资源合理配置的生产要素市场。我国劳动力市场可以大至分为以下三种类型的市场,第一类是不掌握高水平专业知识和专业劳动技能的一般劳动力市场。例如,一些进入城市"打工"的原农业劳动者,城镇中没有学历和专业技能的待业青年、部分没有技术特长的下岗职工等;第二类是受过高等教育、具有高学历的知识型劳动力市场,以及掌握了专业操作技能的技术型劳动力市场;第三类是具有经营管理能力的"职业经理人"市场。

技术市场是指为存在于知识形态中的技术、专利、设计等技术商品提供交易的场所。我国技术市场发育得是否完善,关系到我国创新型国家战略能否顺利实施。与发达市场经济国家相比,我国的技术市场发育得还很不完善。其中,包括一些新知识、新技术还不能够高效率地通过技术市场转化为生产力或者产品;涉及知识产权领域的法律法规、管理等方面还存在不完善的方面;等等。这些都需要今后进一步改革与完善。

信息市场是指专门进行信息商品交易的场所。有理论认为,我们现在和今后的社会就是"信息社会"。信息市场细分的内容很多,其中包括经济、社会、科研、政治、文化、体育等。信息市场化已是发达市场经济国家不争的事实。我国信息市场也正在快速发展。

房地产市场是指专门为土地使用、房地产转让、出租等提供交易的场所。我国房地产市场存在一定的特殊性。一方面,市场经济的运行机制要求无论是农村还是城镇的任何土地,在生产经营与生活使用方面都应该市场化,依法进行土地的各类交易。另一方面,我国土地的所有权属于"国家所有",无论是农村还是城镇中的个人、企业,理论上只有使用权,没有"所有权"。经过有关法律法规认可的"土地证""房产证"等只是理论上"虚拟"的土地所有权。因此,我国房地产市场的发展还有许多需要进一步研究和探索的问题。

(3)按交易所涉及的范围分类,包括地区性市场、区域性市场、全国性市场和国际市场。这四类市场的内容与功能如下:

①地区性市场。该类市场的交易关系所涉及或者覆盖的范围只局限在一个很小的区域之内。例如,在城市街区上的一个菜市场,其市场覆盖范围仅限于周

边街区的常住居民。这类市场的主要功能是满足周边消费者的需求。

②区域性市场。该类市场的交易关系所涉及或者覆盖的范围已经达到比较宽广的区域内,形成了经济区域商品集散中心。例如,城市中的某些大型服装批发市场,有些市场覆盖了整个城市,有些市场覆盖了周边多个城市,有些甚至覆盖了周边几个省区。有些农村的大型集贸市场,其市场覆盖范围达到了周边多个县域,甚至覆盖了周边几个省区。这类市场的主要功能是,吸纳生产领域生产出来的规模化、批量化的商品销售,承担对小型批发环节和零售环节的商品批发业务。

③全国市场。该类市场所涉及或者覆盖的交易关系已经达到了全国范围,形成了全国性的某类批发与商品集散中心。这类市场一般具备以下三个特点:一是以具有强大竞争力和规模化的某类生产企业群体为基础,形成了全国性市场,担负着向全国批发某类商品的任务;二是由于种种原因而形成的交易关系能够覆盖全国范围的某类商品的集散中心,全国各地大量的相关厂商、经销商、进货商云集该类市场,从事交易活动。三是这类市场可能是在某个城市或者地区形成了一个特大型的交易场所,也可能是在某个城市或者某个区域形成了多个同类商品交易市场的集群。这类市场具备带动相关商品生产的发展,甚至催化新的社会分工的产生,扩大产业链,从而带动相关经济整体发展的功能。例如,若某地区形成了全国性的服装批发市场地位,一定要依靠规模化的服装生产基地来支撑,而服装生产的繁荣又会进一步拉动布匹、服装配件等市场和生产的发展,从而可能带动整个地区的经济发展。

④国际市场。该类市场所涉及或者覆盖的交易关系已经达到了若干个国家,甚至全球范围。国际市场已经不是某一个特大型批发市场的概念了,而是一个城市或者经济区域内若干同类市场形成了国际交易中心。例如,某个国家的某些城市形成了全球化金融交易中心、有色金属交易中心、某类农副产品交易中心,等等。一个国家能够培育或者拥有某些商品的"国际市场",是该国经济发展水平和某类商品具备较强国际竞争力的象征,对该国的经济发展具有十分重要的拉动作用。

(4)按商品流通的环节进行分类,包括批发市场和零售市场。关于批发市场和零售市场,将在本书其他章节中专门讲解,此处不再赘述。

(5)按市场体系的空间结构分类,可分为农村市场、城市市场、不同地区市场等。由于我国地理环境、经济发展水平、道路交通基础设施等条件差别大,发展不平衡,使我国东部地区与西部地区、城市与农村等在市场发育水平以及市场特点等方面存在很大的差别。我国在出台相关政策、拓展相关市场时,要充分注意这些不同市场的差别。

(6)按交易的时间结构分类,可分为现货市场、远期合同市场和期货市场。现货市场在不同经济体制的国家和不同历史时期已存普遍存在。但是,在市场经济体制下,这三类市场是相辅相成、相互关联、缺一不可的。远期合同市场,特别是发育完善的期货市场,是市场经济运行机制是否完善的重要标志之一。其原因如下:第一,在市场经济复杂的产需与供求关系格局下,想让经济保持持久、平稳、大致平衡地运行,只有"一手交钱一手交货"的现货市场是不行的。现货市场只能反映当时的市场供求状况,不能反映将来较长时期的供求发展与变化状况,使政府和企业无法根据可靠的市场信息来判断和决策将来的政策、策略、生产与经营等。只有远期合同市场和期货市场得到充分的发育时,全社会相关商品的供求关系以及供求双方对市场的预期,才会通过远期合同市场和期货市场的交易价格充分地反映出来,使供求双方和政府能够通过这类市场的交易信息了解、判断相关商品的供求走势,决策将来的生产、经营、管理与政策等。第二,供求双方还可以利用远期合同市场和期货市场相关商品的合同交易方式来协调供求矛盾,调节供求关系,规避市场风险,对市场经济条件下保持供求关系的大致平衡运行具有十分重要的作用。

## 五、市场机制

### (一)市场机制的概念

市场机制是指以完善的市场体系框架为基础,在价值规律的作用下,价格、供求、竞争、利润、利率、汇率、证券等因素之间相互影响、相互制约,对相应的市场经济活动起到的调节与制约作用。市场机制的作用是客观的、自发的,而不是主观的、人为的。

市场机制的产生及其作用的发挥要具备两个条件,一是要建立一套能够保证市场机制充分发挥作用的比较完善的相关制度与法规,这是规范政府、行业、企业的管理与经营行为,保证市场机制作用不受不合理的人为因素干扰的必需的政策法规环境。二是要建立一个发育完善的市场体系。市场体系是市场机制赖以产生的基本框架,没有发育完善的市场体系,便不可能建立反应灵敏、调节力量充分、有效的市场机制。

## （二）市场机制调节商品流通的缺陷

市场机制的调节力量不是万能的，也不是完美无缺的。第一，对长远经济利益有效益、对眼前经济利益无效益，对全局经济利益有好处、对局部经济利益无好处的经济活动，市场机制的调节力量往往作用不大，甚至还起到相反的作用。第二，市场机制的调节方式往往导致经济运行较大的波动性，对稳定社会经济活动、节约社会资源、保持国民经济平稳持续地发展不利。第三，市场机制的调节力量对社会效益巨大而经济效益不大的内容基本上没有调节能力。因此，除了要充分发挥市场机制的第一调节作用之外，还要在尊重经济规律的基础上，充分发挥政府行政手段这一第二调节力量，以弥补市场机制调节力量的缺点与不足。政府运用行政手段调节经济活动的方式主要还是通过市场体系，将行政调控方式与市场机制的力量结合起来，才能达到较好效果。

商品流通过程也是依附在市场体系框架之中的，没有市场体系，商品流通过程也就难以实现，同样，商品流通的经济活动也是依靠市场机制的力量来调节和制约的。

## 六、市场体制、市场体系、流通体系与市场机制之间的关系

市场体制、市场体系、流通体系与市场机制之间的关系，是我国社会主义市场经济体制下，完善国民经济运行机制所必须构建好和处理好的重要关系，也是学习流通经济理论必须要搞清楚的理论问题。

### （一）市场体制与市场体系之间的关系

我国正在进行社会主义市场经济体制的改革与建设。市场经济体制的本质要求是，通过"市场"配置资源。或者说，国民经济运行过程中各类复杂的供求关系主要通过"市场"来衔接。如何在现实的运行过程中真正实现"市场"配置资源，或者连接供求关系？只有通过比较完善的市场体系才能实现。没有一个完善的市场体系，国民经济运行过程中复杂的资源配置关系与供求关系也就无法进行有效"对接"，完善的市场经济体制的建设也就无从体现。

### （二）市场体系与流通体系之间的关系

前面已经分析过，我国商品流通体系主要是由商品流通体制、商品流通企业、商品流通渠道与环节、商品交易市场、商品流通基础设施与技术五个方面构成。

因此，从商品流通体系的角度来看，商品交易市场是商品流通体系必不可少的构成因素。

抛开"商品流通体系"不谈，只从"商品流通"与"市场"两者之间的关系来看，两者是经济运行过程中相互依存、相互联系的两个不同构成方面。进一步讲，"商品流通体系"与"市场体系"之间也是相互依存、相互联系的运行体系过程的两个不同构成方面。我们将"市场体系"与"流通体系"之间的关系具体表述如下：

首先，在现代发达的市场经济条件下，由于交易的内容和范围已经达到了相当复杂的程度，因此，必须有适应这些复杂交易内容与范围的"市场体系"来承担这些复杂交易的"市场过程"。有了以"市场体系"为基础的"市场过程"，才能够为范围和内容方面都相当复杂的生产与销售双方、供给与需求双方提供相互联系、沟通、谈判、达成交易的"场所"或者"过程"。

其次，复杂的"市场体系"必然要求有能够与之相适应的"商品流通体系"来提供市场交易过程所必不可少的"流通过程"的保障。例如，适应复杂的"市场体系"要求的"商品流通体系"中必须要有一套成熟的商品流通体制框架，必须要有各类商品流通企业作为承担商品流通的主体，必须构建完善、高效的商品流通环节和渠道，必须要有与商品流通规模的要求相适应的商品流通的基础设施等。

### （三）市场体制、市场体系与市场机制之间的关系

市场体系是市场机制存在与发生作用的客观载体或存在的前提条件，没有市场体系，以价值规律为基础的市场机制也不可能存在。进一步讲，市场体系不完善，市场机制的调节力量和作用方式也不可能成熟。市场体系越完善，市场机制调节经济活动的灵敏性、关联性、调节力度和调节范围也就越强、越大、越完善。

市场机制是市场体系内各经济活动的内在的、自发的调节力量，没有市场机制调节力量的存在，市场体系就失去了保证其大致平衡发展的关键的内在调节与制约因素。

在我国社会主义市场经济体制下，要保持包括商品流通领域经济活动在内的整个国民经济活动的平衡稳定发展，首要的经济调节力量就是具有自发性特点的市场机制的调节力量。或者说，市场机制的调节力量是我国社会主义市场经济运行的第一调节方式。如果没有健全的市场体系和相应的市场机制力量的充分发挥，我国市场经济体制的资源配置方式也就不可能有效体现出来，市场经济体制的特点也就无从体现。

**复习思考题：**

1. 我国商品流通体系主要包括哪些内容？我国今后应如何进一步深化与健全商品流通体系的改革？

2. 商品流通体系与市场体系之间是何关系？

3. 市场体系与市场机制之间是何关系？

4. 在我国社会主义市场经济体制下，健全与完善市场体系有何重要意义？

# 第三章 商品流通规律

> **学习重点**
> - 1.商品供求关系的市场运行特征;
> - 2.商品供求矛盾产生的主要原因以及商品供求规律的内涵;
> - 3.价值规律对商品流通领域中经济活动的调节与制约作用;
> - 4.消费者购买行为规律、商业网点与业态选择规律。

## 第一节 商品流通领域的供求关系与供求规律

### 一、商品流通衔接供求关系的功能与特征

#### (一)商品流通衔接供求关系的功能

商品流通领域对沟通和衔接供求关系具有如下三个方面的功能:

1.供求关系要通过流通领域来沟通。在社会化大分工已相当复杂、生产与需求也相当复杂的现代社会,如何有效地沟通和衔接供求关系,是关系国民经济健康平稳运行的重大问题。大量实践证明,运用计划经济的方法来沟通和衔接供求关系,其沟通与衔接的效率、活力、调节力等难以适应现代商务环境下供求双方的要求和国民经济运行的要求。只有通过市场经济体制下开放、有序、自发、充满活力的商品流通与市场环节和过程,才能沟通与衔接复杂、动态的社会供求关系。

在市场经济体制下,流通领域这种高效衔接供求关系的功能主要依靠"供给方"与"需求方"在市场上(广义的市场)自发、自主地寻找交易对象,进行相关商品交易量和交易价格的博弈,以及与交易相关的商品运输、仓储等过程来完成

和实现。

2. 供求关系要通过流通领域反映出来。供求关系说到底是全社会生产与需求的动态性对应关系。但是在现代社会中,商品生产和商品需求又是相对分离的,生产与需求都已经达到了相当复杂的程度,根本无法在生产或者消费的"事前"进行有效的对应与衔接。大量实践证明,商品生产与需求在数量、结构、档次、质量、时间等方面的动态性对应关系,只能通过商品流通领域的市场交换过程,使供求双方"见面"之后,才能够"反映"出来。没有流通领域中的交易过程,人们便无法得知供求关系的具体情况。

3. 供求关系的矛盾要通过流通环节来调节。由于现代社会生产与需求的相对分离性、复杂性和动态性,使供给与需求总是处于各种矛盾之中。在包括我国在内的所有市场经济运行机制条件下,供求矛盾的信息只能通过商品流通领域中的市场交易过程反映出来,同时,供求矛盾也只能通过商品流通领域来调节。调节的方法和途径大致有两个:一方面,商品流通领域将反映出来的供求矛盾信息传递给生产与需求领域,通过生产者的生产行为和需求者的消费行为来调节供求矛盾;另一方面,商品流通领域的经营者通过商品流通的经营活动也能够调节部分供求矛盾。商品流通对社会生产与需求矛盾的调节,是保证国民经济健康、正常、稳定运行的十分重要的功能。

(二)商品流通领域供求关系的特征

1. 商品流通领域反映的供求关系具有滞后性。在商品流通领域,商品的供求关系是通过买卖关系和交易价格等信息反映出来的,这种信息一般都具有滞后性。这种信息的"滞后性"主要表现在以下两个方面:一是商品流通领域反映出来的供求关系信息是在生产领域和消费领域既成事实的信息,即此时的"供不应求"或者"供过于求"已经形成了。二是由于种种原因,处在商品流通领域的经营者对市场信息的判断会出现偏差,此时的经营信息已经是既成事实的"事后"信息了。

2. 商品流通领域反映的供求关系具有间接性。商品流通领域的供求关系实际上反映的是生产领域与需求领域之间的对应关系。在现代社会,由于商品生产与商品需求已经相当复杂,而且还处在相对分离的状态,商品生产领域与商品需求领域的对应关系只能通过商品流通领域中经营者对商品的采购、运输、仓储、交易等过程和环节,通过商品在市场上交易的"畅销与滞销""价格的高与低"等信息"间接"地反映出来。这些信息有些可能还有一定的"虚假性"成分,需要生产经营者分析、判断供给与需求的具体对应关系,及其将来的走势。

## 二、商品供给与商品需求的含义

### (一)商品供给

1. 商品供给的概念。商品供给是指生产企业、流通企业和服务企业在一定时期内和一定价格水平上愿意并且能够提供给市场的商品量和劳务量。所谓的"商品量",是指处在商品实体状态下的各类生产资料商品和生活资料商品。所谓的"劳务量",是指为理发、美容、理财、健身、家政服务、修理等而提供的服务性劳动的量。随着我国社会主义市场经济体制的不断发展和人民生活水平的不断提高,对"劳务量"的供给与需求所占的比例正在不断增大。

2. 商品供给的状态。现实中,商品的供给状态通常有三种:一是生产领域正在生产的商品,或者是能够提供给市场的商品的生产能力,即潜在的供给;二是已经由生产领域进入流通领域,处在交易、运输、储存、集配环节的商品;三是处在销售环节等待出售的商品。

### (二)商品需求

1. 商品需求的概念。商品需求是指在一定时期内,生产者、经营者和消费者有货币支付能力的市场需求。这里特别强调的是,在我国社会主义市场经济体制下,考虑商品需求问题时,无论是现实的需求,还是潜在的需求,一定是建立在"有货币支付能力"的基础上的需求,没有货币支付能力的需求是没有意义的。

2. 商品需求的性质。从需求的性质来看,家庭、个人、社会团体、行政事业单位等的需求属于最终需求。而各类生产经营者对生产资料、生活资料的需求则属于中间性需求,即这些需求是生产经营性需求,他们的需求是为了生产出能够出售并获取利润的商品而进行的原材料等的采购;或者通过调配、运输、整理、包装能够在市场上销售出去并能够获取利润而进行的"进货"性采购。

3. 商品需求的类型。商品需求的类型可按种类划分,也可以按需求的现实性和潜在性划分,也可以按需求的弹性划分。

(1)按需求的类型划分,可分为两种:一种是"最终需求",包括家庭、个人消费者对生活资料的消费需求,以及社会团体、行政事业单位等对办公用品等的消费需求。另一种是"中间性需求",包括各类生产企业对生产资料的生产性消费需求,以及流通企业对所经营商品的"购进"性经营需求,即为"卖而买"的需求。

(2)按需求的现实性和潜在性的不同,可分为以下两种:一种是"现实的需求"行为,包括生产者维持生产所必需的各种生产资料和辅助材料的现实需求,经营者为了经营商品而必须补充销售货源的现实需求,以及广大消费者为维持和享受生活对生活资料的现实消费需求。另一种是"潜在的需求"行为。潜在的需求行为又可分为"发展型潜在需求"和"因素影响型潜在需求"。"发展型潜在需求"是指由于社会生产和供给能力、科学技术水平和消费者的收入水平等客观因素的变化,影响和促使消费者将来可能产生的需求行为。例如,由于我国广大消费者的收入水平越来越高,以及我国家用小轿车生产成本越来越低、供给能力越来越强,我国城市消费者对家用小轿车的潜在需求将会不断增加。"因素影响型潜在需求"是指由于国家政策、物价水平、消费者心理预期、国际国内政治经济事件等因素的影响,促使生产者或者消费者正常的消费类别、数量和方向发生变化而产生新的潜在需求行为。例如,当政府出台了控制商品房价格的有关政策之后,消费者心理预期商品房价格将来可能要下降,便有可能影响和抑制消费者对商品房的现实购买需求,产生持币待购、等待商品房降价的行为,将现实需求转化为潜在需求。

(3)按需求弹性的不同,可分为弹性需求和非弹性需求。我们已经知道,需求弹性是指因价格与收入变动而引起需求相应的变动率。同时,需求弹性又可细分为需求的价格弹性与需求的收入弹性。一般来讲,粮、油、蔬、盐、药品,御寒用的衣服、鞋帽等生活必需品都属于非弹性商品;而用来享受的各类高档商品、奢侈品等都属于需求弹性较大的商品。

对流通企业来说,搞清楚商品需求的类别与特性具有十分重要的意义。第一,流通企业可以根据不同的需求弹性,选择和决定所经营商品的层次、业态和选址。例如,处在零售环节的流通企业,如果选择经营油、盐、粮、菜等日常生活用品,就要选择超级市场类的业态,门店要尽量选择离居住区较近的地点。第二,流通企业可以根据需求的最终性或中间性的特点,采取有针对性的不同的经营方式。例如,如果是处在批发环节的流通企业,其所经营的商品绝大多数都属于"中间性"需求,因此,在销售的批量、配送方式等方面就要适应这类中间性需求的特点。第三,流通企业可以根据需求的现实性与潜在性特点,针对不同的商品制定不同的营销策略、价格策略、服务方式等。

### (三)商品供给与需求的关系

一般来讲,商品供给与需求是互为前提、相互促进的。首先,商品供给是商品需求的物质前提,没有供给便谈不上需求。同时,一个国家或者地区的经济发展水平、劳动生产力水平和科技水平也决定了商品供给的种类、数量、质量等,商品的供给对商品的需求具有"推动"作用。其次,需求并不是完全被动地接受供给。一个国家或者地区广大需求者的收入水平、消费习惯、自然地理条件等诸多因素,对商品供给在种类、结构、数量、时间、空间等方面也提出了相应的要求,供给若不符合需求的各种要求,也难以最终实现。从这个角度来看,商品需求也有对商品供给的"拉动"作用。

另外,从大量的社会实践来看,在不同的经济体制中,商品供给与商品需求之间的关系常常表现出一些规律性的不同特征。例如,在严格的计划经济体制下,由于商品的供给与需求都受到计划的严格"管制",压制了经济规律对供求关系的调节作用,使商品生产失去了竞争与经营活力,从而导致商品供给匮乏,总体上呈现出"供不应求"的局面,使整个国民经济的运行与发展呈现出"资源约束型"特征。在市场经济体制下,商品供给与需求主要是通过市场交易过程来衔接的。由于经济规律强烈的调节作用,使供给方为追求经济利益而千方百计地在数量、种类、花色、规格、质量、服务等方面改善供给,从而导致商品的供求关系总体呈现"供过于求"的局面,使整个国民经济的运行与发展呈现出"需求约束型"特征。

改革开放以来,我国由于社会主义市场经济体制改革与建设不断地深化与完善,大大提升了我国的劳动生产力水平,使商品供给能力提升到了相当高的水平,原来在计划经济体制条件下呈现出的商品"供不应求"的总体格局得到了本质上的改变。但是,我国的总体经济发展水平与发达国家还有很大的差距,在城市与农村之间、不同地区之间、各阶层的收入之间还存在很大的差别与不平衡,因此,总体来看,我国当前社会主义市场经济体制条件下呈现出来的"供过于求"的市场供求特征是"相对的供过于求"。

## 三、供求关系的市场运行特征

### (一)商品供给与需求之间总是表现出不均衡的常态性

市场经济运行过程中的基本问题是供求关系的均衡问题。从宏观经济运行与管理的角度来看,如何准确把握供求关系,正确调控供求矛盾,是保证国民经济能否顺利运行的关键;从微观经济活动主体的角度来看,准确分析供求矛盾,预测供求矛盾的发展趋势,是保证包括商业企业在内的任何企业能否不断地捕捉市场机会,获取利润的关键。但是,在现实的经济运行中,商品的供给与需求从来不会完全均衡，总是处在各种不均衡的矛盾状态之中，如果供求达到均衡，那也只是十分偶然的现象。正如马克思所讲："供求实际上从来不会一致；如果它们达到一致那也只是偶然现象，所以在科学上等于零，可以看作没有发生过的事情。"①对这种"常态性"的不均衡，我们应做如下三个方面的理解：

第一，从某类商品的总量上看，由于商品的生产是动态的，商品的需求也是动态的，因此，商品生产很难预测一定时期内商品需求的总量，特别是像我国这样地域广大、人口众多、经济发展水平地区差异较大的国家更是如此。因此，某类商品的供求总量一般很难达到稳定的平衡。

第二，从某类商品的结构上看，商品的供给与需求之间，即使在总量上能够预测到一定时期内（如一年）某类商品供给与需求的大致数量，但是在总量一定的情况下，需求方对该类商品的款式、型号、规格、花色等的需求，供给方很难预测。因此，达到商品结构比较稳定的供求平衡几乎是不可能的。

第三，从商品需求的空间和时间上看。我国地域广大，季节和气候等因素差别很大，消费者收入水平差别也很大，因此，处在不同区域、不同市场、不同时间的同类商品，其供求关系肯定会有很大的差别，也很难达到比较稳定的平衡。

总之，商品供给与需求之间总是表现出不均衡的常态性。

### （二）商品供给与需求之间的平衡性是动态的、趋势性的

商品供给与需求关系的市场现实表现是十分复杂的，特别是从某一个时点来考察市场供求关系时，其市场态势更是难以准确把握，但是从长远的、运动的、趋势的角度来考察供求关系的运行特征时，供求关系总是有其特定的规律和运行特征的。

商品的供给与需求之间虽然从来不会均衡，但两者的关系也不是杂乱无序、随意发展的，而是相互制约、相互影响，表现出动态的、大致的、暂时的、趋势性的、不断变化着的相对的均衡。换言之，供给与需求之间只有动态的均衡，而没有静止的、绝对的均衡。马克思对这个问题进行过细致深入的分析与描述："因为各式各样的不平衡具有互相对立的性质，并且因为这些不平衡彼此接连不断地发生，所以它们会由相反的方向，由于互相之间的矛盾而互相平衡。这样，虽然在任何一定的场合供求都是不一致的，但是它们的不平衡会这样接连发生——而且偏离到一个方向的结果会引起另一个方向相反的偏离——以致就一个或长或短的时

---

① 马克思：《资本论》（第3卷），人民出版社1975年版，第212页。

期的整体来看,供求总是一致的;不过这种一致只是作为过去的变动的平均,并且只是作为它们的矛盾的不断运动的结果。"①

我们用坐标图(见图3-1)来进一步分析与描述马克思关于供求关系运行特征的含义。

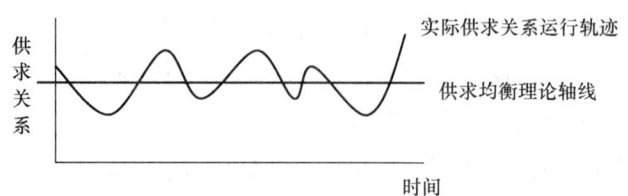

**图3-1 供求关系的运行特征示意图**

图3-1中"实际供求关系运行轨迹"与"供求均衡理论轴线"之间相交的点,就是现实中供求均衡实际发生点。我们可以明显看出,市场供求均衡实际发生的情况是很少的,而且是瞬间的、暂时的,而供求不均衡则是经常的、不变的。从运行与发展趋势来看,供求之间又是围绕"供求均衡理论轴线"变化的一种趋势性均衡。

综上所述,市场供求关系运行特征可以这样表述:在市场经济体制与运行机制条件下,供求之间的不均衡是经常的、普遍的、绝对的、无条件的,而供求之间的均衡却是特殊的、相对的、暂时的、有条件的。供给与需求之间的均衡只是动态的、相对的、趋势性的均衡。

## 四、商品供求矛盾的类型

根据前面的分析我们可知,商品供给与需求之间总是处在各种各样供求不平衡的矛盾中。商品供求矛盾可分为两种形态:供求平衡与供求不平衡。其中,供求不平衡又包括两种状态:一种是供不应求,另一种是供过于求。

前面已深入分析过,供给与需求之间的不均衡是经常的、普遍的、绝对的、无条件的,而均衡却是特殊的、相对的、暂时的、有条件的。供给与需求之间的均衡只是动态的、相对的、趋势性的。在实际的市场经济运行环境中,供求矛盾的表现

---

① 马克思:《资本论》(第3卷),人民出版社1975年版,第212页。

是十分复杂的。我们可以将复杂的供求矛盾大致分为以下几种类型：

1. 总量均衡与结构均衡并存的市场供求态势。这种市场供求态势是市场经济条件下最理想的市场供求关系，但根据前面的分析，这种理想的市场供求态势在现实的经济运行环境中很难达到。

2. 总量失衡与结构失衡并存，即双重失衡的市场供求态势。这种双重失衡的市场供求态势又可细分为以下四种组合状态：

第一种组合状态：同向过剩型双重失衡。这是指不仅总供给大于总需求，而且总供给中主要商品种类的供给也大于相应的需求量的市场供求状态。

第二种组合状态：异向过剩型双重失衡。这是指虽然市场供给总量大于需求总量，但是主要表现为结构性过剩，即在商品结构上存在供过于求与供不应求并存的市场状态。

第三种组合状态：同向短缺型双重失衡。这是指不仅总供给小于总需求，而且总供给中主要商品种类的供给量也小于相应的市场需求量的市场供求状态。

第四种组合状态：异向短缺型双重失衡。这是指虽然市场供给总量小于需求总量，但是主要表现为结构性供求失衡，即在商品的结构上存在供不应求与供过于求并存的市场态势。

3. 总量均衡与结构失衡并存，即不完全均衡的市场供求状态。这是指当市场供求总量均衡时，供求结构却表现为供大于求、供小于求和供求平衡三种情况的市场供求状态。总量均衡与结构失衡的市场态势并不是真正的市场供求平衡。

4. "卖方市场"与"买方市场"。所谓"卖方市场"，是指商品供不应求，价格不断上涨，卖方处于主动地位，买方为了争夺货源而进行激烈竞争的市场态势。所谓"买方市场"，是指商品供过于求，价格不断下跌，买方处于主动地位，卖方为了争夺销售市场而进行激烈竞争的市场态势。在计划经济体制下，供求矛盾常常表现为"卖方市场"的态势；而在市场经济体制下，供求矛盾常常表现为"买方市场"的态势。其原因前面已经分析过，此处不再重复。

程度较轻的"买方市场"态势即供给略大于需求的供求态势，是经济学理论中提倡的最优的供求关系态势。因为，这有利于促进生产经营者不断改善商品的供给、经营、管理和服务，也有利于促进经济的良性发展。商业经营实际上就是商业经营者利用供求矛盾、调节供求矛盾、解决供求矛盾的过程。没有供求矛盾，也就没有商业机会。

## 五、商品供求矛盾产生的原因

### （一）影响供给与需求变化的因素不一致

1. 影响商品供给变动的因素。通常影响商品供给变动的因素主要有以下六个：

（1）商品的市场价格。通常情况下，商品销售价格上升，供给就会增加；销售价格下降，供给就会减少。价格与供给之间成正比。

（2）商品生产的科学技术水平的发展变化。在资源既定条件下，商品生产的科学技术水平提高，会使资源得到更充分的利用，使供给的商品品种和数量增加。

（3）生产要素的价格水平。生产要素价格下降，则商品的生产成本降低，在商品销售价格不变的条件下，利润就会增加，从而促使供给增加；反之，生产要素价格上升，商品的生产成本增加，在商品销售价格不变的条件下，利润减少，从而使供给减少。

（4）商品比价的影响。若商品的销售价格没有变化，而其他相关商品的价格上涨，或者该商品的销售价格上涨幅度没有其他商品销售价格的上涨幅度大，那么，生产者很可能放弃生产该商品，转而生产其他销售价格上涨幅度较大的商品。

（5）政府的产业政策。政府如果采取支持某类商品生产的态度，并制定有利于该商品生产与经营的具体政策，可以刺激该类商品的生产，从而增加该商品的供给；反之，政府若采取措施限制某类商品的生产，则会抑制和减少该类商品的供给。

（6）企业盈利预期。生产企业根据市场信息预测和分析自己所生产商品未来的市场价格变化，认为市场前景好、能获得更多的利润时，就会增加该商品的生产，相反，则会减少该商品的生产，甚至转产。

2. 影响商品需求变动的因素。通常影响商品需求变动的因素有以下六个：

（1）商品的销售价格。商品销售价格提高，消费者对它的需求便会减少，减少的幅度取决于该商品的需求弹性系数。需求弹性大的商品，减少的幅度可能要大一些，需求弹性小的商品，减少的幅度可能要小一些。反之，商品销售价格降低，消费者的需求就会增加，增加的幅度同样取决于该商品的需求弹性系数。商品价格与需求之间成反比。

（2）相关商品的价格。所谓相关商品，主要是指可以相互替代的商品和相互联系的商品。在可互为替代的商品之间,一种商品的价格上升,会迫使消费者转而寻找可替代商品的消费,从而引起另一种可替代商品需求的增加。在关联性强的商品之间,一种商品价格上升,会迫使消费者减少对这种商品的消费,从而引起与这种商品相关的另一种商品需求的减少。

(3)消费者的收入水平。消费者收入增加,其货币支付能力增强,需求便会增加;反之,消费者收入减少,需求就会下降。一般来讲,消费者的收入水平与其消费水平成正比。

(4)消费者的偏好。我国地域广大,民族众多,消费者的消费习惯和消费文化差别很大,对商品的需求结构、需求量都会有很大的偏好性差别。同时,消费者也会受社会消费风尚的影响而对某种商品的偏好程度增加,该类商品的需求就会增加;反之,对某类商品的偏好程度降低,该类商品的需求就会减少。

(5)政府的消费政策。在市场经济体制下,政府一般会根据社会商品的总体运行态势、供求关系以及某类重要商品的供求关系,出台一些鼓励或者抑制消费的政策和方法。如果政府采取鼓励消费某种商品的政策,可能引导或促使这类商品的需求增加;反之,政府若采取抑制某种商品消费的政策,则会迫使该类商品的需求减少。

(6)消费者的心理预期。若消费者预计未来市场某商品的销售价格可能要上升,则会增加现在的需求量,或是采取过量购买、将商品储存下来的消费方式等;反之,若消费者预计未来市场商品价格可能下降,就会相应减少购买某些当前就应该购买的商品,持币待购。

我们可以明显看出,影响供给与需求变化的因素存在明显的差异和不对应,因而供求之间必然存在矛盾。

### (二)供给与需求的运行特征不同

1. 供求之间在数量的对应关系方面存在矛盾。供给与需求之间的数量关系主要是指某类商品供给与需求之间的总量对应关系。在市场经济运行过程中,商品供求之间在总量上总是存在不均衡的矛盾,产生矛盾的原因主要有以下四个方面:一是某些商品的生产量受到生产力和科学技术水平的制约,不可能或暂时不可能给市场提供足够的商品;二是某些商品的生产受到自然资源稀缺性的制约,在资源供给不足的限制下无法提供足够的商品;三是某些商品的生产者为了追求高额利润,抢占更多的市场份额,相互展开竞争性生产,企图以不断提高生产技术、扩大生产规模和降低成本的方式来排挤竞争对手,使生产总量不断提高,超过了需求总量;四是某些商品的实际供求关系变化与市场价格信号变化之间存在滞后性,或者对市场信息认识错误,导致商品生产者对某类商品的生产做出错误决策,使生产量超过或者少于市场需求的总量,形成供求不均衡的局面。

需要指出的是,供给与需求之间在总量上很难达到均衡的原因不仅由于以上四个方面的静态性矛盾,还由于以上四个方面不断变化的动态性矛盾。

2. 供求之间在结构的对应方面存在矛盾。供求的结构关系包括两个含义:一是指在全社会商品供求总量既定的情况下,各种不同种类的商品分别在供给总量中所占的比例和在需求总量中所占的比例两者之间的对应关系;二是指在全社会某类商品供求总量既定的情况下,该类商品的花色、款式、型号、质量等在供给与需求之间的对应关系。

现实中,商品供求之间在结构方面的这种对应关系总是处在不均衡的状态中。产生这种不均衡的原因如下:一是由于资源供给、生产技术、生产决策、企业竞争等因素的不断变化,使商品供给结构的不断变化打破原来的相对平衡。二是由于收入水平、生活水平、消费心理等因素的变化,使商品需求结构的变化不断打破原来的相对平衡。这时商品供求之间的矛盾往往表现为结构方面的矛盾。处在流通领域的商业经营者应注意研究这种供求矛盾的特点,努力提高采购和经营商品的水平,以适应商品供求结构的不断发展与变化。

3. 供求之间在生产与消费的时间对应方面存在矛盾。供求之间在时间方面的对应关系是指商品供求的数量和结构在时间方面的衔接关系。其矛盾的根源主要是:有的商品在产销之间存在常年生产但季节消费的矛盾,或者连续生产与间断消费的矛盾;反过来,有的商品存在季节生产但常年消费,或者间断生产但经常消费的矛盾。

4. 供求之间在空间对应方面存在矛盾。供求之间在空间方面的对应关系是指商品供求的数量和结构在地理位置方面的衔接关系。供求之间这方面矛盾产生的根源主要有二:一是有些商品存在分散生产但集中消费的矛盾;而有些商品却存在集中生产但分散消费的矛盾。二是有些商品存在甲地生产但在乙地消费的矛盾;或者是同类商品在甲地有比较大的需求量,而在乙地的需求量却比较小。

5. 供求之间在产需特性方面存在矛盾。供求之间在产需特性方面的对应关系是指商品生产的专业化、规模化特性与商品需求的多样化、零星化特性之间的矛盾。供求之间在这方面产生矛盾的根源在于:一是绝大多数商品生产者都是专业化生产,产品结构比较单一,但绝大多数消费者的消费都是多品种、多样化需求,两者之间存在不对应关系。二是绝大多数生产者都是规模化、批量化的生产,绝大多数消费者却都是零星化的消费,两者之间存在不对应关系。

### (三)供求关系与市场信号之间存在滞后性不对应

销售价格是商品供求关系外在的、现实的反映。但是市场价格信号与其所反映的实际供求关系之间存在"滞后性"的不对应关系。即当某类商品的实际供给量小于市场需求量时,生产经营者根本无法及时发现,只有在大量的市场交易过程中发现该类商品的销售价格上涨时,才会知道该类商品是供不应求的,此时,供不应求的状态已经形成。相反,当某类商品的实际供给已达到饱和,生产经营者也不可能立即发现,他们还在继续生产或者投资,只有在大量的市场交易过程中发现该类商品的销售价格下降时,才知道该类商品供过于求了,此时,供过于求的状态也已经形成。在这两种情况下,销售价格所反映的供求关系的信息是滞后的。当供过于求的状态已经形成时,总有一部分商品或者生产能力得不到社会承认,迫使部分资本和其他生产资源向新的商品或部门转移,在新的领域逐渐形成新的供给能力。同样,在新领域中商品供给能力也不可能及时发现供求大致均衡的准确时间,只有在市场销售价格下降时才会发现,此时,新领域中供过于求的格局早已形成。总之,供求关系与市场信号之间总是存在滞后性,这也是引发供求矛盾的重要原因之一。

供求关系与价格信息之间滞后性运行关系如图3-2所示。

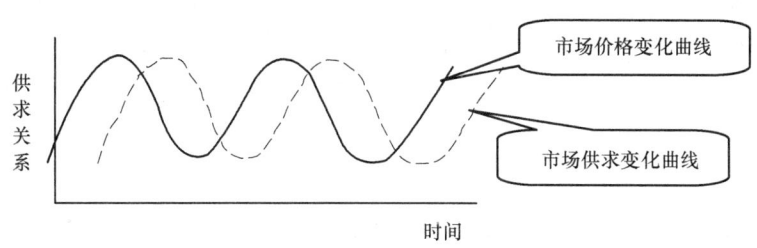

图3-2 供求关系与价格信息之间的滞后性运行关系示意图

### (四)不同经济体制对供求关系的影响不一样

不同经济体制下,对供求关系的影响以及具体表现方式存在很大的差别。我们在本章前面已经分析过,在计划经济体制下,供给与需求总体上总是呈现出"供不应求"的"短缺经济"运行特征。但是,由于计划经济对商品流通过程和市场交易过程(这时的市场交易并没有体现出市场经济条件下交易的特征与要求)的严格"管制",这时的市场价格由于是政府制定的价格,不是市场自发形成的价格,因此,"供不应求"的供求态势很难通过市场价格反映出来。换言之,此时的市场价格往往不能够反映全社会真实的商品供给与需求之间的对应关系。

在市场经济体制下,由于全社会资源配置和商品销售的市场化,使社会资源在价值规律的调节下得到比较有效的配置,也使各生产经营主体在追求利润最大化的激励下不断地"自动"寻找市场空缺和机会,主动为社会提供适销对路的商品。这样,市场经济运行机制就造就出"自动"、快速填补市场空缺的机制,形成了强大的市场"自动"供给商品的机制。在这种情况下,一方面,内在的市场经济运行机制会促使全社会的供求关系形成"供过于求"的总体态势,另一方面,市场交易价格也会直接地、灵敏地、全面地反映供给与需求之间的对应关系。

### 六、商品供求规律

#### (一)供求规律的内涵

所谓供求规律,是指商品供求矛盾与市场价格之间存在密切的、必然的联系与制约关系。当商品供不应求时,消费者之间就会产生竞争性购买行为,会促使相关商品的销售价格上涨,从而刺激供给,抑制需求;当商品供过于求时,生产经营者之间就会产生竞争性销售行为,会促使相关商品的销售价格下降,从而刺激需求,抑制供给。供求与价格之间的这种相互作用使市场商品供求总是沿着大体平衡的总趋势不断地运动与发展着。商品供求与价格之间的相互制约与相互联系,不断调节商品供求,使之保持大体均衡的矛盾运行过程,就是供求规律。

供求规律是价值规律的派生规律。价值规律是供求规律的核心内容,供求规律是价值规律在供求关系矛盾运动中的具体体现。在供求规律的调节下,商品流通领域的供给与需求之间总是沿着"不平衡—平衡—不平衡"这一基本运行轨迹运动,从而达到市场总供给与总需求之间大致的、动态的、趋势性的平衡,推动社会经济活动不断发展。

#### (二)供求规律的作用

供求规律是商品流通领域中的一个重要规律,它对商品流通过程起着十分重要的支配和调节作用。供求规律的作用主要表现在以下几个方面。

1. 供求规律调节着生产与消费之间的均衡关系。商品生产是为了满足社会需要而进行的,商品能否为社会所承认,需要通过市场供求关系来检验。若商品供过于求,有一部分商品便不会被社会所承认,迫使其销售价格下降,抑制该商品的生产。若商品供不应求,有一部分需求没有得到满足,就会迫使销售价格上涨,刺激商品供给的增加。供求规律的这种调节作用使供给与需求之间、生产和消费之间不断地达到动态的平衡。

2. 供求规律调节着商品价格的变化。价格是价值的货币表现,价值决定价格。商品价格必须真实地反映其价值。但是,在商品流通过程中,受供求关系的影响,价格与价值经常发生背离。"如果求过于供,价格就会上涨,因而就会刺激供应,只要市场上供应一增加,价格又会下跌。而如果供过于求,价格就会急剧下降,因而需求又增加。情况总是这样,从来未有健全的状态,总是兴奋和消沉相更迭,永无止境地摇摆不定。这个规律永远起着调节作用。"①另外,西方经济学也对供求规律的调节作用有类似的描述,例如,厉以宁在总结西方经济学中有关此类问题时讲:"供给和需求因价格的变化而变化,而价格也因供给和需求的变化而变化。供给减少会使价格上升,需求增加也会使价格上升;需求减少会使价格降低,供给增加也会使价格降低。而价格的升降又会相应地使需求和供给发生变化。"②

3. 供求规律调节着商品的流量和构成。商品的流量和构成主要取决于商品供给量与商品需求量的均衡状况及其构成。当某地区商品供求在数量和构成上发生不平衡时,供求规律就会发生作用,推动着其他地区的商品向该地区流通,从而调节商品流通的流量与构成。某地区商品的数量和结构不均衡的程度越大,由供求规律调节的商品流量也就越大。

4. 供求规律调节着商品流通方向和流通速度。商品流通的方向和速度主要取决于商品不均衡的空间位置和不均衡的程度。当某地区某商品供不应求时,供求规律就会调节同类商品流向该区域,这在客观上决定了商品流通的方向。同时,该区域商品供不应求的程度也决定了商品流通的速度。商品供不应求的程度越大,该区域与其他相对供求均衡区域的同类商品的价格差别也就越大,商品流向该区域的获利水平也就越高,刺激商品流向该区域的动力也就越大,商品流通的速度也就越快。

5. 供求规律对商品流通领域经营者的要求。在现实的生产经营过程中,从

---

① 马克思、恩格斯:《马克思恩格斯全集》(第 1 卷),人民出版社 1975 年版,第 613 页。
② 厉以宁:《简明西方经济学》,经济科学出版社 1985 年版,第 7 页。

事商品流通的经营者要根据市场供求矛盾的运行规律与要求,一方面及时组织、调运和经营适销对路的商品;另一方面也要根据消费者的潜在需求和生产者的潜在供给,及时预测市场供求矛盾的发展变化趋势,不断调整商业企业的经营内容和方向。商品经营者就是通过对市场供求矛盾信息的及时捕捉来正确决策商品经营的内容,提高商业企业的经营效率,追求利润最大化。

总之,没有供求矛盾,就没有商业机会,商品经营者没有对市场供求矛盾及时、准确的认识和捕捉,也同样没有商业机会。商品流通的经营者只有及时捕捉市场信息,正确分析供求矛盾运动,才能正确决策商业经营活动,使商品流通的经营活动取得较好的经营效果。

## 第二节 价值规律在商品流通领域的作用

### 一、价值规律对商品流通领域经营活动的调节与制约

#### (一)价值规律的基本内容与要求

1. 价值规律的内容。价值规律的概念和基本内容政治经济学中已经进行了全面详细的讲解,此处只将其基本内容与要求陈述如下:

价值规律是商品经济的基本规律。所谓价值规律,就是社会必要劳动时间决定商品的价值量的规律。所谓"社会必要劳动时间",是指在社会正常生产经营条件下,在商品生产者平均劳动熟练程度和平均劳动强度下生产商品所耗费的劳动时间。

理论界普遍认为,社会必要劳动时间有以下两层含义:

第一层含义:决定商品价格的商品价值量不是由个别企业的生产或者经营的个别劳动时间量决定的,而是在社会正常生产经营条件下,由同一生产或者经营行业的各个企业的社会平均劳动熟练程度和平均劳动强度决定的劳动时间。这一层含义的社会必要劳动时间代表了该行业生产或者经营企业的商品的社会价值尺度,是该行业生产经营的商品的价格形成基础和依据。

第二层含义:按照社会需要,社会总劳动时间分配给某一部门、某一行业生产经营某类商品的总量应使用的必要劳动时间。这个观点马克思已讲得十分明白:

"事实上价值规律所影响的不是个别商品的物品,而总是各个特殊的因分工而互相独立的社会生产领域的总产品,因此,不仅在每个商品上只使用必要的劳动时间,而且在社会总劳动时间中,也只把必要的比例量使用在不同类的商品上。""只有当全部商品是按必要的比例进行生产时,它们才能卖出去。社会必要劳动时间可分别用在各个特殊生产领域的份额这个数量界限,不过是整个价值规律进一步发展的表现,虽然必要劳动时间在这里包含着另一意义。"①

在现实的市场交易过程中,这两层含义的社会必要劳动时间共同决定、制约和调节着商品生产与经营的销售价格以及能够为市场提供的商品的总量。即不仅某一个部门或者行业所生产经营的商品的销售价格是由该行业或者部门的"第一层含义的社会必要劳动时间"来决定的,而且该部门或者行业为市场提供的商品总量也不是随意的,还受到"第二层含义的社会必要劳动时间"的制约与调节。

2. 价值规律的要求。价值规律的实现方式或者途径就是价值规律的要求。具体来讲,在商品流通领域,价值规律主要有以下三点要求:

第一,我们在进行商品流通体制改革、设计商品流通制度体系、制定有关商品流通政策时,都必须按价值规律的有关内容办事,绝不能做出违背价值规律的事情来。否则,我们出台的政策就有可能压制价值规律作用的充分发挥。

第二,我们要构造一个完全符合价值规律要求的商品流通和市场交易环境。例如,违背公平交易、阻碍商品流通的畅通性、制造市场壁垒等,都会极大地压制价值规律作用的充分发挥,造成阻碍市场经济运行机制正常作用充分发挥的后果。

第三,商品流通企业在开展经营活动和制定企业的发展战略时,必须充分考虑价值规律的要求。否则,可能当时感觉不到价值规律的作用,但是当发展到一定程度之后,价值规律的制约或者惩罚作用就会表现出来,此时企业已很难挽回损失了。

## (二)商品流通企业的社会必要劳动时间

按照马克思主义政治经济学的观点,进入流通领域的商品的价值包括两个部分:一部分是生产领域创造的、转移到流通领域的价值;另一部分是在经营商品过程中流通企业进行运输、仓储、保管、整理、包装、销售等新创造的价值。按照马克思主义政治经济学原理,商品流通企业在商品经营过程中新创造的价值部分不能

---

① 马克思:《资本论》(第3卷),人民出版社1975年版,第716~717页。

以商品流通企业的个别劳动时间来计算,必须以同行业在经营商品过程中的"运输、仓储、保管、整理、包装、销售"所耗费的社会必要劳动时间来计算其价值。

我们已经知道,商品的价格是其价值的货币表现,商品的价值决定商品的价格。因此,商品流通企业出售商品的价值以及价格便由两部分构成:一部分是由商品生产领域转移给商品流通企业的价值,具体表现为商品的采购价格;另一部分是商品流通企业新创造的价值,具体表现为商品的销售价格(其中当然要减去采购价格)。

## 二、价值规律对商品流通领域经济活动的调节与制约作用

价值规律对商品流通领域经济活动的调节与制约作用主要表现在以下三个方面。

### (一)价值规律决定和调节商品流通领域和市场上的价格体系

在正常的市场竞争环境下,商品流通领域和市场上的商品价格会自发地形成一个价格体系。我们已经知道,这个价格体系包括商品的比价、差价和同类商品的价格水平。

商品流通企业在从事经营活动的过程中必然面临着三种类型的价格决策:一是商品流通企业在进行采购、批发、储运、销售过程中,必须对所经营商品的差价(进销差价、批零差价等)水平进行选择和决策;二是商品流通企业在对所经营的不同商品制定销售价格的过程中,必须考虑和处理好不同商品之间的比价关系;三是商品流通企业在对所经营的某类商品进行定价时,必须考虑和参照该类商品在市场上已经形成的、公认的价格水平。一般来讲,商品流通企业是不能任意地自主决定这三类商品的价格水平的,只能参照市场公认的价格水平来制定本企业相关商品的价格水平,甚至被迫接受这些公认的价格水平。

形成、决定和调节市场公认的商品价格的差价、比价和同类商品的价格水平的基础,就是价值规律的核心内容——生产和经营商品的社会必要劳动时间,即由生产或者经营同类商品的社会必要劳动时间以及生产或者经营不同商品所耗费的社会必要劳动时间之间的比例关系来决定的。任何商品流通企业的经营活动都必然受到价值规律的制约和调节。若商品流通企业制定的销售价格高于"公认的价格水平",便很难让市场和消费者接受,其商品可能卖不出去;若商品流通企业想要获得更多的经济利益,在市场竞争中占有更大的竞争优势,就要求商品

流通企业在进货环节和经营管理环节所付出和耗费的"个别劳动时间"要低于"社会必要劳动时间"。

### (二)价值规律决定和调节各类商品流通企业的利润率水平

剩余价值转化为利润,剩余价值率转化为利润率,利润率又进一步转化为平均利润率,是价值规律在发达市场经济条件下演变与转化的必然方向。这个规律作用在商品流通领域中,会促使商品流通企业内部的各行业和各企业在利润率方面产生两种情况:

一种情况是:商品流通领域同行业内部的各个企业在竞争的过程中会促使单个企业的"个别利润率"趋向同行业的"平均利润率"。例如,在经营大型综合超市的同行业之间,在经营大型百货商场的同行业之间等,都会逐步形成一个行业的"平均利润率水平"。这种行业内部的平均利润率水平的作用有两个,一是由于"平均利润率"的制约作用,使同行业中各企业只能按平均利润率水平来制定本企业的商品销售价格,而不能任意自行提高销售价格。否则,如果制定出高于同行业平均利润率水平的商品销售价格,市场就不可能接受这种价格水平,该企业就会在市场竞争中处于商品销不出去的不利境地。二是由于"平均利润率"的调节作用,使同行业中各企业想要获得更多的利润额,只有通过提高本企业的经营管理水平、降低经营成本的途径来提高"个别利润率"水平,从而达到获取更多利润的目的,这就会促使商品流通企业提高自身的经营管理水平。

另一种情况是:如果商品流通领域内部各行业之间的利润率水平差别较大,也会在价值规律的调节下,使资金等资源向利润率水平高的行业转移。例如,若经营化妆品行业的企业利润率高,可能会吸引其他行业的资本转向该行业,使该行业的资金供给量不断增加,迫使该行业的利润率水平逐步趋同于其他行业的平均利润率水平。

### (三)价值规律决定和调节商品流通企业的经营管理水平与服务质量

在平均利润率规律的制约下,商品流通领域同行业内部的各企业想要提高个别利润水平,途径只有两条:一是通过提高企业的经营管理水平,使个别企业的经营管理成本降到社会必要劳动成本以下,以此来提高个别企业的利润率,这样必然促使经营管理水平和劳动效率的不断提高。二是通过提高企业的服务质量,提高企业在商品经营过程中的附加价值的办法来提高商品的销售价格,达到提高利润率水平,获取更多利润的目的。例如,某生鲜超市所经营的商品一贯安全、卫生、绿色、货真价实,享有良好的市场信誉,其销售的商品价格便可以高出同类商品的价格,使该企业获得更高的利润率水平。

## 第三节 商品流通与消费者行为规律

### 一、研究消费者行为规律的意义

随着我国社会主义市场经济体制改革的不断深化,我国消费者行为规律的产生与发展受以下因素的影响:

第一,从市场供求关系来看,市场上商品供给的品种、款式、花色、质量和方式越来越丰富,我国商品供给的短缺时代已经一去不复返,市场供求关系将长期保持在"供求平衡"与"供过于求"的态势中。换言之,我国将长期处在"买方市场"的状态之下。在这种情况下,广大消费者在选择性、购物的舒适性、消费内容的丰富性方面都会产生更高、更复杂的要求。

第二,从消费者的收入水平和消费水平来看,我国广大消费者的收入水平长期保持持续稳定的增长,消费结构正在发生本质上的变化。从恩格尔系数所提出的分类标准来看,我国绝大多数城镇和大部分农村消费者已经进入了"小康生活阶段",部分经济发达的大城市的消费者已进入了"富裕阶段"。因此,消费者在消费结构、消费内容、消费方式、消费习惯等方面正在发生快速的变化。我国广大消费者的消费知识水平和消费心理的成熟度也越来越高。

第三,从商品经营者的角度来看,我国商品流通领域的经营组织形式和经营业态越来越多,商品流通企业的数量(特别是在城镇)已达到饱和,商品流通企业之间的竞争越来越激烈,商品流通企业为广大消费者提供的经营与服务方式也越来越丰富。

以上三个方面决定了,适应我国上述特点的新的消费者行为正在广大消费者中逐渐形成和发展,消费者的消费行为正对我国经济发展和企业的生存产生着越来越大的影响。因此,探索和研究消费者行为规律,具有以下四个方面的意义:

(1)对国家进行宏观经济运行调控方法和政策选择具有重要的指导意义。在市场经济运行机制下,市场供求关系、居民存款的储蓄量与使用方向、消费者的购买意向等,都是影响国民经济健康运行的重要因素,也是宏观经济调控的重要对象,而这些因素都与我国广大消费者的消费行为有着密切的关系。正确把握广大消费者的消费行为规律,是国家正确制定宏观经济调控方法和科学合理政策的重要依据之一。

(2)对体现党和国家构建"和谐社会""以人为本"的施政精神,制定相关的消费制度、消费政策等,不断满足广大人民群众的生存、发展与享受的各项需求,都具有重要的指导意义。

(3)对城市商业街区和商业网点的规划与建设具有重要的指导意义。近年来,我国城市化的发展速度越来越快,城市规模越来越大,城市中商贸业的发展越来越繁荣,商贸业对我国经济的贡献越来越大。正确把握城市消费者的行为规律,是搞好城市商业街区和商业网点的规划与建设所必须认真考虑的重要因素之一。

(4)对生产经营企业的商品生产、经营以及服务的内容等方面具有重要的参考价值。在我国"买方市场"格局下,商品生产经营企业之间的竞争越来越激烈,只有正确把握消费者的行为规律,生产或者经营适销对路的商品,才能够获得更好的经济利益,在市场上更好地生存与发展;反之,若不了解消费者行为规律,便有可能被市场淘汰。

## 二、影响消费者行为的因素

### (一)经济因素

在我国社会主义市场经济体制下,人们取得劳动报酬的形式是代表一定劳动时间的货币收入,人们相互换取劳动成果的方式是以货币为媒介的商品交换。换言之,人们的消费行为必须在商品经济关系的制约中,依照商品交换的规律和原则,在有货币支付能力的前提下实现其意愿。因此,影响消费者购买行为的经济因素主要有以下几个方面:

1. 消费者的货币收入水平。在市场经济环境下,货币是充当一般等价物的特殊商品,货币的价值尺度、流通手段、支付手段这三大职能决定了广大消费者的货币收入水平对其购买力、购买结构、购买行为具有相当重要的影响。不仅不同收入层次的消费者会形成不同的购买行为特点,而且我国广大消费者的总体收入水平的发展变化也会对总体消费行为规律产生影响。

2. 消费品的价格水平。价格是价值的货币表现,价格水平与消费者用货币买来的消费品的"量"成反比。因此,我国市场上不同种类商品价格水平的高低,以及市场上总体价格水平的变化，都会对消费者的购买行为产生十分重要的影响。

3. 市场供求状况。市场上商品供给与需求关系之间的变化与波动对消费者的购买行为均有很大影响。例如，在广大消费者认为某些商品可能"供不应求"时，会产生抢购商品、囤积商品的行为；在广大消费者认为某些商品可能"供过于求"时，则会产生的"持币待购"行为；等等。

4. 通货膨胀程度或者纸币发行量的多少。由于纸币是国家发行并强制流通的价值符号，纸币本身无价值，它不具备金属货币的贮藏职能，所以纸币发行量的多少对通货膨胀和商品价格等都有十分重要的影响。

### （二）心理因素

消费者心理是产生、促进、制约和影响消费者购买行为的重要因素。除了少数在饥饿、寒冷等情况下产生的消费者纯生理性购买欲望之外，一般情况下，市场上不同消费者的不同心理活动会对购买行为产生较明显的差别性影响。一般来讲，消费心理的产生与成熟包括两个阶段：首先是消费心理形成的阶段。由于年龄、消费实践、个性、文化、家庭、外界环境等复杂因素的综合影响，消费者的消费观念、消费习惯、消费心理有一个逐步形成的过程，处在这个阶段的消费者一般都是比较年轻的消费者，我们称为"不成熟消费者"。这类消费者的特点是受消费时尚、广告宣传、心理冲动等因素影响很大，"感性消费"的特点比较突出。其次是消费者心理成熟的阶段。随着消费者长期购买经验的积累、年龄的增大、收入水平的提高，其消费心理逐渐成熟起来，我们称之为"成熟消费者"。这类消费者的特点是，受消费时尚、广告宣传影响较小，购买心理和购买行为比较稳定，已经形成了一定的消费习惯，"理性消费"的特点比较突出。

### （三）社会因素

消费者总是处在一定社会的消费观念、消费导向、社会风俗（包括民族风俗）、文化教育等社会因素的影响下。虽然这些社会因素对不同的消费者产生的作用有所不同，但消费者都会在不同程度和方式上受到影响，做出一定的购买行为。

## 三、消费者购买行为的心理规律

消费者的购买心理是十分复杂的，这些复杂的购买心理需要在消费心理学领域进行专门的研究，此处仅就广大消费者购买行为影响最大的三个"通用性"购买心理规律介绍如下。

### (一) 消费者"求实、求廉"的心理规律

任何消费者,无论其收入水平如何,他们在购买商品和服务时,一方面肯定十分关注所购买商品的质量(包括商品的耐用性、适用性、安全性等);另一方面总是希望以尽量低的价格购买到"量"尽量多、"质"尽量好的商品。因此,商品流通企业所销售商品或者服务的价格水平及其质量能否满足消费者的这种"求实、求廉"购买心理,是能否不断地"抓住"消费者的重要因素。

### (二) 消费者"求名"的心理规律

在激烈的市场竞争条件下逐步形成的商品的"名牌"或者商品流通企业知名"商号",是商品或者服务优秀质量的代表或标志。消费者在购买商品时,在支付能力和商品销售价格一定的情况下,对商品的"品牌"或者"商号"的知名度和信誉度具有很强的需求,是引导消费者购买行为的重要心理规律。消费者在购买价格水平大致相同但品牌不同的同类商品时,品牌知名度对消费者的购买行为具有很强的吸引力。同理,在业态相同的不同流通企业的竞争中,市场信誉好、知名度高的企业会更多地得到消费者的青睐。

### (三) 消费者"求新"的心理规律

在商品供给的种类、数量、花色等日益丰富,商品的更新换代速度加快的市场供给态势下,一般情况下,广大消费者总是希望购买到在商品的质量、花色、款式、功能等方面有所创新、有所完善,或者是比较独特的商品。消费者在这种"求新"的心理规律的引导下,对各类创新商品的需求往往代表了消费的热点或者消费的主流方向。

## 四、基于消费者购买行为的商业网点与业态选择规律

在城市特别是大城市中,基于消费者购买行为的商业网点与业态选择规律对城市商业网点布局是否科学,以及各商业业态选址是否合理,具有十分重要的影响,甚至决定了商品流通企业经营的成败。

一般来讲,基于消费者购买行为的商业网点与业态选择主要有以下规律:

第一,消费者在购物时的行走距离与所购买商品的价格密切相关。消费者所

要购买的商品价格越高,在购买过程中对商品的选择性要求就越强。为了买到满意的商品,消费者宁可到多个商场或市场上进行对比,在这种情况下,消费者可能或者愿意行走的路程更远一些,愿意选择的商场更多一些。相反,消费者所购买的商品价格越低,购买过程中对商品的选择性要求就越弱,消费者就不大可能或者不愿意花费更多的时间到较远的购物地点去购买商品。

第二,消费者的购物行走距离与所消费商品的频率和数量密切相关。消费者在购买低值易耗的日常生活用品时,其购买频率比较高、价格比较低,此时消费者的便利性、实惠性的购买心理要求就强一些,消费者希望到比较近且比较方便的地方购物。但如果一次购买商品的数量比较大,或者购买商品的种类比较多,消费者也愿意到比较远但商品种类多、选择余地大、价格便宜的商场去购物(如到大型综合超市购物就是这种心理)。另外,如果虽然购买频率比较高,但一次购物的数量或者种类很少,消费者也不会或者不愿意花费很多时间到较远的商场去购物。

第三,消费者的消费行为存在临时性、应急性和方便性特点。例如,充饥、解渴、临时发现缺少某调味品等而发生的临时性需求,这时,消费者希望花费很少的时间到最近的商场去购物。

第四,消费者的消费行为与商场的服务质量以及商品质量有关。每个消费者都希望买到物美价廉、货真价实的商品,也希望在购买商品时得到周全的、合理的销售服务。如果商场的服务与商品质量都很差,消费者就有可能舍近求远,寻找服务与商品质量好的商场去购物。如果商场的服务与商品质量很好,也有可能吸引更多、更远的顾客前来购物。

**复习思考题:**
1. 供求关系的市场运行特征有哪些?
2. 商品供求矛盾产生的主要原因是什么?
3. 供求规律的内涵是什么?
4. 价值规律对商品流通领域的经济活动有哪些调节与制约作用?
5. 基于消费者购买行为的商业网点与业态选择规律主要包括哪些内容?研究这个规律有何现实意义?

# 第四章 商流、物流与供应链

**学习重点**

- 1.商流的概念、内容与运行方式；
- 2.商业的职能与作用；
- 3.物流的概念、构成、内容以及物流的运行模式；
- 4.供应链及供应链管理的概念、内容和类型。

## 第一节 商流与商业

### 一、商流的内容与运行方式

#### （一）商流的概念

所谓商流，就是商品价值形态的流通，其具体表现形式是商品交易过程中有关货币的支付、转账、结算等的运行过程。

在现实的商品流通过程中，形式上，"商流""物流"和"信息流"三者看起来似乎是分开的，实际上"商流""物流"与"信息流"三者是相互关联、密不可分的商品流通的体系化过程，是商品流通内在矛盾的外在表现。其中，"信息流"是商品流通的"导航器"与"方向标"，没有有关市场供求的信息，商品经营者就找不到市场机会，商品流通便失去了目标和方向；"商流"是商品流通的"动力"和"目的"，商品经营者从事商品流通的目的是获取经济利益，如果没有赚钱的市场机会，商品经营者就没有组织和经营商品流通的目的和动力，商品流通也不可能发生；"物流"是商品流通的"物质实体"或者"价值载体"，没有实实在在的能够"承载"商品价值的"商品实体",商流的目的也不会实现,商品流通的组织者和经营者也不会最终获得经济利益。

## (二)商流的表现方式

1. 现货交易过程中的"商流"。在现代市场经济条件下,现货交易过程中的"商流"呈现出多样化的特点,归类起来大致有四类情况。第一类是"一手交钱,一手交货"的方式。即买卖双方在交易过程中,钱与货的交换同时发生。这类现象多发生在零售领域中消费者购买零售商品时,在厂商与厂商、厂商与批发商、批发商与零售商等企业之间进行大宗商品的现货交易时,这种钱货交换同时发生的情况就很少了,往往是"商流"与"物流"分开的。第二类是商流与物流往往表现为"先付款后发货"或者"先发货后付款"的"商流"方式。即卖方先将商品发运,再凭运输凭证通过银行办理托收手续;或者买方先通过银行付款(或先付部分货款,待收到卖方的货后再付清剩余货款;或一次性给卖方先付清全部货款),买方接到商品验收合格后再向卖方付款。第三类是赊销或者预购的信用交易方式,在这两种方式中,商品的"商流"与"物流"已完全分开。第四类是在复杂的市场交易过程中,往往会出现商品的实体在库房中未动,但是商品已发生过多次交易,"商流"当然也发生过多次运动。

2. 期货交易过程中的"商流"。在期货市场中交易的"商品"是"期货合约"而不是现实的商品。商品的"期货合约"在期货交易市场上大量买卖的过程,一定伴随着交易货款的流动,即"商流"的大量流动,此时,"期货合约"中的商品实体并未发生任何流动,甚至还没有生产出来。关于期货交易的内容,本书将在后面的章节中专门讲述,此处不再重复。

3. 有价证券或者资本市场的"商流"。股票市场上各类股票的交易也是一种典型的"商流"方式。因为股票是企业股份的票据证明,而股票市场上股票的交易活动已经完全与股份制企业的生产经营活动分离开来。同样的道理,在资本市场上,交易者利用不同国家币种在利率上的差异进行不同币种的交易,也是一种典型的"商流"行为。

4. 银行业务与企业财会业务的"商流"。在银行业务中的大量存贷款业务、转账业务等,以及企业财会业务中的各类账务的记录、核算、收款、付款等,都是"商流"活动的典型表现。

## (三)商业资本

商业资本是指在商品流通领域中发挥媒介作用,并通过资本经营来获取利润的职能资本。商业资本包括商品经营资本和货币经营资本。所谓商业经营资本,是指专门投资于商品交易活动,用于获取利润的职能资本。例如,商业企业投入的固定资本和流动资本。所谓货币经营资本,是指专门承担与货币流通技术性业务有关的资本,如兑换、出纳等。

在我国社会主义市场经济条件下,商业企业经营的实质就是商业资本的经营。没有商业资本,也就谈不上商业经营。商业企业经营的根本目的,就是使商业资本不断得到增值。商业经营偏离了这个根本的目的,也就违背了资本运动和经济规律的本质要求,商业经营也就难以维持下去。

资本主义生产方式以前的商业资本与资本主义生产方式中的商业资本在产生和增值方面都有很大的区别。前资本主义生产方式的商业资本有三个特点:①商业资本的来源主要是一些富裕的农业生产者或手工业者日常积累的货币,他们将其投入流通领域专门从事商品买卖,这些人也转化成专营商品买卖的商人。②商人将商业资本投入交易活动中,主要是为生产和消费的买卖双方的直接需求服务。③商业利润主要是商人凭借闭塞的市场信息和悬殊的购销差价,以贱买贵卖和商业欺诈的方式获得。

资本主义生产方式下的商业资本与前资本主义生产方式下的商业资本的特点完全不同:①商业资本主要是从产业资本的商品资本运行中分离出来,转化成专门用于商品经营活动的商业资本。商业资本家也是由一部分产业资本家脱离生产领域转化而来,他们不再从事生产活动,而专门从事商品买卖。②商业经营活动主要是为各产业部门追求剩余价值服务。③市场经济条件下,市场信息畅通,流通渠道发达,商人已无法以贱买贵卖和欺诈的方式获取商业利润,商业资本只能按照平均利润率的规律获取剩余价值。

从欧洲国家的历史发展过程来看,资本主义社会进行原始积累的资本就是商业资本或者商人资本。这种商人资本积累的典型代表就是欧洲历史上有名的重商主义思想。重商主义的基本观点是:只有金银才是一国真正的财富,因此,除了开采金银矿之外,对外贸易并在对外贸易中保持出超,使金银进口,才是积累财富的途径。重商主义在资本主义原始积累时期起到了促进货币资本积累的重要作用,也对促进封建社会制度的瓦解和资本主义制度的产生起到了重要作用。

在我国社会主义市场经济条件下,处在流通领域中专门媒介商品交换的资金实际上也是商业资本。无论是社会主义制度还是资本主义制度,只要整个社会的经济关系是基于商品经济的运行关系,只要实行的是商品经济或市场经济的经济体制,其推动和支持商品流通的商业资本,在性质、获利方式和运行特点等方面都是一样的、没有区别的。

**（四）商流的主体与载体**

1. 商流的主体。专门从事商品流通经营与服务活动的流通企业（包括批发与零售企业、配送企业、储运企业等）是推动"商流"的主体。

马克思主义经济理论认为,商品是用来交换的劳动产品,在商品体内"天生"存在三个内在矛盾:使用价值与价值的矛盾、具体劳动与抽象劳动的矛盾、私人劳动与社会劳动的矛盾。商品流通企业经营商品流通的过程,实际上就是化解和释放商品体内这三对矛盾的过程,因此,这三对矛盾决定和推动着商品流通企业的运行,以及商品交换关系的演变与发展。

2. 商流的载体。前面已经分析过,商品的价值流通必须依靠一定的载体才能实现。从承载商品价值流通的"载体"的角度来看,我国社会主义市场经济环境条件下,承载商品价值流通的"载体"主要包括以下几个方面:

（1）物质商品。物质商品是指存在于一定的物理、化学和结构特性之中的,具有使用价值和价值的劳动产品。物质商品属于有形商品的范畴,所有的生产资料和消费资料都属于物质商品,物质商品是商业经营的主要内容。

（2）科学技术商品。科学技术商品是指以专利、生产技术、设计、计算机软件、管理知识等科学知识形式存在的商品。科学技术作为推动社会进步的重要物质力量,越来越显示出其巨大的能量与作用,科学技术商品在商业交易中所占的比例也越来越大。一个国家经济越发达,科学技术商品的交易规模和交易范围也就越大。

（3）劳务商品。劳务商品是指以提供和消费各种劳动服务形式或过程而存在的商业交易。劳务商品属于无形商品的范畴。在市场经济条件下,运输、金融、广告、咨询、信息、修理、美容、洗浴等都属于劳务商品交易的范畴。劳务商品有两个特点:第一,它不是以实物形式存在,而是以为他人提供某种劳动服务过程的形式存在。第二,劳务商品具有非贮存性、非转移性,劳务商品同其劳动服务过程不能分离。因为,劳务商品是为他人提供的劳动服务过程,劳动服务结束,劳务商品的使用价值也随之消失。

（4）金融商品。金融商品是指一切能够在市场上交易的有价证券。有价证券交易包括为了追求票面价值增值而进行的不同国别的货币交易、股票交易、债券交易等。在市场经济条件下,除了物质商品,代表商品价值量的货币和各种有价证券也成为财富的重要表现形式。在比较成熟的市场经济条件下,为追求票面盈利而进行的各种有价证券的交易也十分繁荣。

（5）劳动力商品。劳动力商品是指通过市场进行交易的人的劳动能力。马克思主义经济学认为，劳动力是指人的"体力和智力的总和"，是存在于活劳动之中的无形的"物"。劳动力商品的"使用价值本身具有成为价值源泉的特殊性。因此，它的实际使用本身就是劳动的物化，从而是价值的创造。货币所有者在市场上找到了这种特殊商品，就是劳动能力或劳动力。"①

## 二、商品流通的要素

商品从生产领域生产出来之后，一般要经过商品流通领域才能到达消费领域。商品流通领域要能够承担商品流通的"任务"，必须具备三个方面的要素：一是商品流通企业，也可统称为"商业企业"。二是为商品流通提供的仓储、道路、通信、交易市场等基础设施。三是商品流通的相关制度、法规、政策、管理与服务。

### （一）商品流通企业

1. 商品流通企业的构成。在我国社会主义市场经济体制条件下，商品流通企业的构成主要包括三个方面：一是专门从事商品流通领域各类经营业务的企业，包括批发企业、零售企业、物流企业、储运企业等；二是必须是"产权清晰、责权明确、政企分开、自主经营、自负盈亏"的流通企业；三是必须在人员、资本、设备等方面具备从事商品流通相关经营业务的能力与要求。

2. 商品流通企业的特点。一般来讲，与工业企业相比，商业企业具有十分明显的两个特点，一是资本有机构成比较低。政治经济学原理告诉我们，所谓"有机构成"，就是"反映资本技术构成的价值构成"。商业企业的全部"价值构成"中，库存商品、待售商品以及企业的流动资金在整个商业企业的总资本中所占的比例非常大，而房产、仓储加工包装设备、运输工具、电脑和收款机、商品陈列设备等固定资本占总资本的比例相对较小。有些有房产、有仓库、有一定包装和加工设备的商业企业，其库存商品、待售商品和流动资金所占的比例大约在50%左右；有些没有房产（经营用房是租来的）、没有加工设备的商业企业，其库存商品、待售商品和流动资金所占的比例高达70%左右。二是企业设备的科技含量与技术水平相对较低。虽然许多现代商业企业都已经大量采用了电脑管理技术、信息技

---

① 马克思：《资本论》（第1卷），人民出版社1975年版，第190页。

术、网络技术、自动控制仓储技术等,但是与工业企业和科技企业相比,这些技术设备的科技含量或者技术水平都是比较低的。

3. 商品流通企业的盈利途径。工业企业或者科技企业的盈利途径虽然也缺少不了企业管理、营销、信誉、销售方法等因素,但是技术创新、推出新的产品、提高产品的质量等仍是这类企业盈利的"核心"途径。工业企业和科技企业如果没有品质"过硬"的产品,其他途径也很难充分发挥作用了。但是商业企业的主要盈利途径与工业企业和科技企业有所差别。商业企业主要的盈利途径有:

(1) 商业企业是否具备采购、运输、组织与销售能够在激烈的市场竞争中适销对路的商品的能力和服务水平。因为,组织"适销对路"的商品是商业企业经营的核心功能,特别是在我国商品供给的种类和数量越来越丰富,卖方之间的竞争越来越激烈的市场态势下,商业企业能否组织适销对路的商品,关系到商业企业能否在激烈的市场竞争中占据更多的市场份额。

(2) 商业企业是否具备高水平的企业管理能力和商业信誉。其中,企业管理能力包括财务管理、物流管理、员工管理、成本控制、市场营销、服务水平等。因为,在我国流通领域内各行业平均利润率水平不断下降的情况下,企业管理水平决定了商业企业的成本控制能力和运行效率,也就决定了在平均利润率较低情况下商业企业的盈利能力。良好的市场信誉会使商业企业在激烈的市场竞争中占据更多的市场份额,从而取得较高的销售收入和利润。

(3) 商业企业是否具备良好的销售网点资源。"销售网点资源"包括两个方面的内容:对单店商业企业来讲,其店铺的选址是否占据了良好的商业地理位置;对连锁经营企业来讲,是否具备了规模化的、商业地理位置良好的连锁分店。商业企业特别是零售商业企业是直接面对广大消费者的,因此,商业企业销售网点地理位置的优劣是关系到商业企业能否取得良好销售业绩、获得较理想的利润的相当重要的因素,甚至是决定性因素。

## (二) 商品流通的基础设施

商品流通的基础设施主要包括以下三个方面的内容:

1. 大型商品集散中心,大型批发市场,物流运输的重要节点、车站、码头、机场等物流园区以及仓储设施的建设。

在我国商品流通越来越发达,商品流通的规模越来越大的情况下,上述基础设施的建设水平对我国商品流通水平具有全局性的影响。我们在进行这类基础设施的规划与建设时,应该注意两个方面的问题:一是抓好相关基础设施的规划,使基础设施的建设体现出系统性、配套性、科学性;二是要注意因地制宜、结合实际,不能因相关基础设施建设滞后而阻碍了商品流通的发展,也不能过于超前,或者不符合当地的技术要求,从而浪费了大量的建设资源。

2. 社会能够为商品流通提供畅通、快捷服务的道路、交通、运输、通信的公共设施和相关服务配套水平。

这类基础设施和相关的服务配套水平与一个国家或者地区的公共交通设施建设水平、通信技术水平以及相关服务水平有关。这类基础设施的建设也直接影响着一个国家或者地区的商品流通效率和水平。

3. 城市,特别是大城市的物流园区、批发市场、商业网点、商业街区的分布与建设,以及与之相配套的道路、停车场等设施。

随着我国社会主义市场经济的繁荣发展,城市商业对经济发展的拉动力越来越明显,城市商业基础设施的建设水平直接影响着城市商贸业的发展。同时,城市道路与公共交通的顺畅性要求与城市中大型商业网点交通运输繁忙的矛盾越来越突出。因此,规划、建设和管理好这类商业基础设施,是有效推动城市商品流通繁荣发展,充分发挥城市商贸功能的重要因素。

### (三) 商品流通的制度、法规、政策、管理与服务

1. 政府有关商品流通的管理制度。随着我国商品流通的繁荣发展,我们必须不断地改革、创新与完善与不断繁荣发展的商品流通要求相适应的商品流通管理制度和管理方法。例如,市场交易的开放性和公平性的制度与法规、道路交通的畅通性政策与法规,等等。

2. 国家制定的有关商品流通工具和技术的标准化制度。如货柜汽车、集装箱、装卸机械、托盘、包装箱尺寸的标准化和统一化等。随着我国商品流通设施、装备、工具、技术等越来越复杂,其应用范围也越来越广泛,这些设施、装备、工具等的标准化、统一化、通用化、体系化水平的高低,对提高我国商品流通的运行效率具有关键性影响。

3. 政府有关商贸业的职能管理部门对商业的管理与服务水平。政府有关商贸业的职能管理部门对商贸业的管理和服务水平直接影响着其效率和效益。例如,我们常讲某地方"投资与经营环境好与不好"的问题,实际上就是这些地方政府对经济发展的政府管理与服务水平问题。

政府对商品流通领域的管理与服务水平主要体现在以下两个方面,一是政府对有关商品流通的管理制度的设计是否科学合理;二是在比较科学合理的商品流

通管理制度下,政府相关执行部门能否认真、规范、全面、到位地落实有关制度与政策,使管理与服务都达到比较高的水平。

### 三、商业的概念、职能与作用

#### (一)商业的概念

商业是专门从事媒介商品交换业务,并通过媒介商品交换业务来获取经济利益的行业。商业是社会分工、商品生产和商品交换发展到一定阶段的产物。在现代市场经济与现代商务条件下,商业的概念包含以下三个方面的含义:

1. 商业属于在商品经济活动中起媒介交易作用的经营行业。在社会分工与专业化深化发展的过程中,不同生产领域之间、不同生产环节之间、企业与企业之间、生产与消费之间、地区之间等,客观地形成了在产品、物资、信息、劳务等方面相互依赖的复杂的社会生产与消费的交流系统。商业就是介于这些不同的领域、环节、地区、企业之间,以交易、联系、储运、中转等方式,专门从事媒介性经营活动的行业。

2. 商业是融汇于市场经济活动方式之中的产业系统。传统理论认为,商业不是物质生产领域,商业经营不会增加社会物质财富,只是连接产销与供求,为劳动产品的价值和使用价值的最后实现起"桥梁"、"纽带"和"媒介"作用,为生产领域生产物质财富提供辅助作用。这是在商品经济不发达情况下或者在计划经济体制条件下的典型观点。

在市场经济条件下,特别是在发达市场经济条件下,商业不仅具有"中介"作用,而且它作为一个产业的特征以及所具有的创造价值的作用,越来越明显地在整个国民经济运行体系中表现出来。具体表现在以下两个方面:首先,在市场经济条件下,对社会财富的概念以及相应的国民经济发展情况的计算,不仅注重物质生产量指标,更注重按货币关系表示出来的价值量的指标。只要能够创造价值的行业,都是产业。毫无疑问,商业作为一个创造价值的行业,必然属于产业范畴。其次,在市场经济条件下,任何企业的运行都必须按照资本运行规律进行,即投入一定量的资本,目的是追求和获取更多的利润。典型的商业资本运行规律的公式就是马克思所描绘的"G—W—G′"过程。也就是说,无论是处在生产领域的企业,还是处在流通领域的企业,有所区别的只是从事的经营项目不同,抽出这些具体的经营项目,任何企业都是完全一样的资本经营,都是按"G—W—G′"的资本运行规律经营的。因此,不存在生产领域的企业或行业就是产业,而流通领域的企业或行业就不是产业的问题。现实的经济运行早已表明,市场经济越发达的国家,包括商业在内的"第三产业"在国民经济中所创造的财富的比例就越大。

3. 商业企业的构成要素包括四个方面:①专职人员,即具有专业商品经营与交易知识和能力的专门业务人员。②专项资本,即包括专门从事商品交易的专项资金,以及各种设施和专用固定资产。③专门组织机构,即由一定的机构设置、管理模式、营运方式构成的不同商业经营组织。如批发商业企业的组织机构、连锁经营企业的组织机构等。④专用设备与技术,即运输、仓储、销售、结算等使用的各种设备、工具与技术。

### (二)商业与商品经济

商品经济是商业产生与存在的基础与条件,没有商品经济,也就不可能产生商业。

商品经济主要有五个方面的特点:第一,从内容和范畴来看,商品经济是以价值范畴为内容,以商品货币关系来维系,以商品交换和追求剩余价值为目的的交易经济。第二,从交易规则来看,商品经济是以市场法则为准绳,以自主经营、公平竞争、等价交换为原则的平等经济。第三,从内在规律和调节方式来看,商品经济是以价值规律为基本的、内在的调节规律,以维持市场供求关系的大致平衡为外在运行轴心的关系经济。第四,从经济活动主体之间的关系来看,商品经济是在公开、公平、公正的市场交易法则约束下的平等竞争、优胜劣汰的竞争经济。第五,从经济管理方式来看,商品经济排斥条块分割、市场壁垒、经济封锁等经济管理方式,是渠道发达、信息灵通、市场开放、交易自主的开放经济。

商业是商品经济乃至市场经济总体运行机制中不可缺少的有机构成部分。商业一方面完全依赖于以上述五个特点为内容的商品经济运行方式从事商业经营活动,另一方面以上述五个特点为内容构成的商品经济运行方式又要以商业的经营活动来体现、维持与发展。

### (三)商业的职能

1. 交换职能。交换职能是商业的基本职能,也是其最原始、最本质、最主要的职能。

在市场经济的社会化大生产条件下,各个经济主体之间的经济联系是社会经济运行的重要环节。因为,第一,从整个国民经济的宏观运行体系来看,在商品经济社会,商品交易是经济主体实现相互间经济联系的基本形式,商业的职能就在于媒介这种经济联系。商品生产的目的能够在多大程度上实现,取决于商业交换职能发挥作用的深度和广度。第二,从每个市场经营主体的微观运行过程来看,商业企业通过不断的媒介商品交换,使各经营主体创造的价值不断得到实现并获取经营利润,使这些经营主体的再生产不断地延续和扩大,这正是商业最原始、最本质的职能,同时也是商业企业本身经营的基本内容和目的。如果商业企业失去了交换的职能,不仅使处在生产领域的企业无法高效率地实现其创造的价值,商业企业本身也失去了创造价值的基本方式。

从商业交换职能的角度出发考虑问题,在现实的经营管理与改革过程中,商业主体在企业体制、管理模式、组织形式、经营方式等方面的选择,都必须服从于商业的交换职能。也就是说,从充分发挥商业企业的交换职能出发,以现实经济发展对交易形式的要求为基础来设计商业企业的体制、管理、组织和经营等问题,而绝不能不考虑现实经济发展对商业企业的要求,脱离实际地事先人为设计商业企业的某种体制、管理模式、组织形式或经营方式。

2. 调节职能。在现代市场经济条件下,由于社会分工和专业化生产十分复杂,生产需求与生活需求更加多样化,因此,在经济运行过程中,生产与消费之间、供给与需求之间不可避免地存在数量、结构、时间和空间四个方面的不协调。这些矛盾的直接表现是:在同一市场上商品供求不平衡或在不同市场之间商品供求余缺的不协调而产生的市场价格的波动,给了商业企业组织商品流通的市场机会,以及通过媒介商品交换而获利的内在经济动力。商业企业组织商品流通、媒介商品交换的行为客观地为调节市场的供求矛盾、衔接产需关系起到了十分重要的作用。如果商业企业没有调节市场供求矛盾的职能,商业企业自身就失去了获利的市场机会。

3. 传递信息职能。包括市场价格、供求关系、市场发展趋势等内容在内的市场信息是整个国民经济运行关系中存在的各种矛盾在商品交易领域的外在综合反映。商业企业在主观和客观上都具有"天然"传递市场信息的职能。这是因为:第一,商业企业处在生产和消费的中介地位,不仅与生产领域和消费领域有着直接和广泛的联系,而且十分熟悉市场情况,因此,它能够及时、准确、全面地掌握市场信息;第二,商业企业为了追求经营利润的最大化,必然要积极主动地搜集各种市场信息,寻求市场机会,从事商品流通与交易活动。因此,商业企业的经营活动过程就是不断地适应和反映市场信息要求的过程;第三,商业企业根据市场信息从事的商业经营活动必然将有关的市场信息传递到生产领域和消费领域,引导生产领域和消费领域也按照市场信息的要求进行生产和消费。

### (四)商业的作用

商业企业以媒介商品交易活动的方式来谋求经济利益的过程,客观上对整个社会再生产过程起到了积极的作用。具体如下:

1. 商业企业利用生产和需求矛盾,寻找市场机会,组织商品流通和媒介商品交易的过程,客观上起到了有效衔接产需关系、缓解或调节产需矛盾、保证社会再生产和消费正常运行的作用。

2. 商业企业为了加快资本的周转速度,提高企业的经济效益,尽可能加快交易速度和扩大交易量的过程,客观上起到了加快整个社会商品流通速度、节省商品流通总时间、加快社会再生产周转速度的作用。

3. 作为专门从事商品经营的商业资本,为了追求利润的最大化,一定会千方百计地提高资本的经营管理水平和营运效率,降低流通费用,这在客观上起到了节省全社会总资本在流通领域的投入总量、提高整个社会资本的营运效益的作用。

4. 商业企业之间争夺市场机会、购销渠道、市场占有率等经营与竞争的过程,客观上起到了扩大交易空间和范围,促进部门之间、企业之间、城乡之间、地区之间、国家之间经济联系的作用;也间接地起到了催化社会分工不断裂变,促进社会生产向规模化、专业化、国际化方向不断深化发展,促进市场化的社会经济关系不断深入的作用。

## 第二节 物流理论与实践

### 一、物流的概念与构成

#### (一)物流的概念

中文的"物流"一词是从英文"logistics"一词翻译而来的。目前,国内外理论界对物流的概念表述不一致,具有代表性的有以下四种观点。

第一种观点:由我国国家质量监督检验检疫总局和国家标准化管理委员会发

布的《中华人民共和国国家标准：物流术语（GB/T 18354—2006）》中，对物流的定义是：物流是物品从供应地到接收地的实体流动过程，根据实际需要，将运输、储存、装卸、搬运、包装、流通加工、配送、信息处理等基本功能实施有机的结合。

第二种观点：物流是指为了满足客户的需求，以最低的成本，通过运输、仓储、配送等方式，将原材料、半成品和成品，由产地运送到消费地的计划、实施和管理的全过程。

第三种观点：物流中的"物"是具备物质实体特点，并可以进行物理性位移的物质资料。"流"是物理性运动，是相对于地球而发生的物理性运动。流的范围可以是全球性的大范围运动，也可以是在较小的同一区域的小范围运动。因此，物流是人类为了达到经济目的、社会目的、军事目的，与实物之间构成的"物"与"流"的组合。

第四种观点：现代物流不仅包括从生产者到消费者的货物配送，而且包括从供应商到生产者对原材料的采购、运输、保管、销售和信息等全过程，是以提高经济效益和效率为目的。因此，现代物流是以满足消费者的需求为目标，把制造、运输、销售等市场情况统一起来考虑的一种战略措施。

归纳与总结以上四种观点，可以清晰地看出，"物流"的概念包括以下三个范畴：一是物流是包括了经济目的、社会目的和军事目的的广义的物流；二是物流是仅限于经济运行范畴，为了达到经济目的，"从供应地到接收地的物品实体的流动过程"的狭义的物流；三是物流是在经济运行范畴内将物品实体从供应地到接收地流动过程中，充分运用信息技术、网络技术、通信技术、运输技术、仓储技术、冷链技术等现代化的技术，大大提升物流的质量和效率的"现代"物流。

本书研究的"物流"的概念是：在市场经济运行环境下，企业、机构或个人等为了追求经济利益，由商品交易而带动或者引起的，商品实体从供应地到接收地，通过运输、搬运、储存、保管、包装、装卸、流通加工和物流信息处理等环节和手段实施的位移过程。

具体而言，本书提出的物流的概念要注意以下三个要点：

第一，本书所说的物流是建立在市场经济和商品货币经济关系基础上的，为了追求经济利益而发生的物流，是狭义的物流。

第二，本书所说的物流不是单纯的物流，而是由商品交易引起或者带动的物流，是商流、物流与信息流三者相互关联的物流。

第三，本书所讲的物流是提供劳务、创造价值、使所运送的商品价值增值的物流。

## (二)现代物流的概念

现代物流是指,在市场经济运行环境下,企业、机构或个人为了追求经济利益,由商品交易而带动或者引起的,商品实体通过运输、搬运、储存、保管、包装、装卸、流通加工和物流信息处理等环节和手段,从供应地到接收地流动的过程中,充分运用信息技术、网络技术、通信技术、运输技术、仓储技术等现代化的技术,大大提升了物流的质量和效率的物流。从上述现代物流的概念可以看出,现代物流与一般物流,在运输、仓储、装卸、包装、流通加工、配送等基本内容方面并没有区别,只是在物流基本内容的基础上加上"现代"特征或者元素。

现代物流除了包括前面提到的一般物流的三个要点之外,还增加了以下两个要点:

第一,现代物流是与信息技术、网络技术、自动化技术、通信技术、智能化技术、仓储技术等紧密结合的,大大提高了质量和效率的物流。

第二,现代物流是充分满足客户在时间、地点、包装、质量、生产、消费等需求前提下的、一体化的物流。

## (三)物流的构成

构成物流的主要环节和内容包括:运输、仓储、包装、搬运装卸、流通加工、配送和物流信息。

1. 运输。即使用汽车、火车、船舶、飞机、管道,以及相应的其他装运设施和工具,将商品实体从一个点向另一个点运送的活动。

2. 库存。即在商品实体运送过程中发生的商品实体在仓库中的存放、保管,以及对库存的种类和数量进行管理的作业活动。

3. 包装。即为方便储运、保管和销售,按商品实体的物理和化学特性,采用合适的容器,按照合适的数量和体积的技术要求,对商品实体进行分装、捆扎、包裹、密封等的作业。

4. 搬运。即商品实体在运输、库存、包装、加工过程和环节中发生的装卸和位移活动。

5. 流通加工。即商品实体在运送过程中,根据用户要求,对商品实体进行分割、分拣、清洗、计量、打包、刷标志、拴标签等作业活动。

6. 信息管理。即对物流的市场供求、货运量、库存量、仓储的进出货、配送时间和种类、运营成本等作业和环节所产生的相应信息进行收集、记录、整理和分析,并运用这些信息对物流过程进行调整、控制和决策的过程。

## 二、物流管理的概念与类型

### (一)物流管理的概念

无论是一般物流,还是现代物流,必须要有经营者和管理者的参与,对整个物流的过程、环节和业务进行安排、协调、控制等管理,物流才能有序、高效的运行。只有物流没有物流管理的物流,不是完整的、有序的、高效的物流。据此,本书将物流管理的概念表述如下:物流管理(Logistics Management)是指在社会生产过程中,从事物流业务的经营者和管理者根据物质资料实体流动的要求和规律,应用管理的基本原理、科学方法和信息技术,对物质资料实体的流动过程进行计划、组织、指挥、协调和控制,使物质资料在流动过程中的环节、数量、时间、地点等实现最佳的协调与配合,以达到降低物流成本,提高服务质量、物流效率和经济效益的目的。

### (二)物流管理的类型

从社会运行实践来看,物流管理大致有四种类型:

1. 企业或者工厂内部的物流管理。生产产品的工厂、大型物流配送企业、大型专业运输企业等,对发生在企业内部的物流业务所实施的管理。

2. 物流园区或者物流中心的管理。这类大型物流园区内集聚了多个物流企业,存在车辆、仓储、堆码、装卸、搬运等复杂的物流运行业务。物流园区的管理者要对这些复杂的物流运行业务进行科学、合理、有序的布局、安排、组织、指挥和管理,才能使物流园区或者物流中心有序、顺畅、高效的运行。

3. 物流信息服务业的管理。专门从事物流信息服务业务的中介机构一方面收集社会各个行业、企业、单位、经营户等对物流运输的需求信息,并将这些社会物流运输信息进行登记、整理、分类和信息发布,另一方面联系中小型专业运输企业和大量的个体运输经营户,根据物流需求者的要求,进行联系、调度、协调、指挥等方面的服务与管理活动。

4. 物流供应链的管理。处在供应链主导环节上的企业,对物流供应链上涉及的相关环节、过程等全部物流活动进行谋划、组织、协调与控制的管理(后面有专节论述)。

## 三、物流企业、物流模式与物流机构

### (一)物流企业

物流企业是指专门从事商品实体的运输、仓储、保管、配送等物流业务,并能够按照客户的物流需求对运输、储存、装卸、搬运、包装、流通加工、配送等进行组织和管理,具有与自身业务相适应的信息管理系统,实行独立核算,独立承担民事责任的经济组织。

现实中,物流企业的类型较多,主要有储运公司、快递公司、配送中心、航运公司、从事运输业务的服务机构等。

### (二)物流模式

1. 企业内部物流。大型生产企业、仓储企业等企业内部原材料、物资、商品等在企业内部的调动与运行。

2. 第三方物流。这是指独立于物资的供给者和需求者,专门为用户提供商品实体的运输、保管、配送等物流业务的专业机构和企业。大部分仓储公司、快递公司、航运公司等都属于第三方物流范畴。第三方物流的发展是社会化大生产条件下,专业化的社会分工不断发展的结果。

3. 冷链物流。对一些保鲜要求和温度要求很高的食品类货物,以冷冻工艺学为基础、以制冷技术和相关设备为手段,使该类货物在生产、贮藏、运输、销售的各个环节始终处于规定的低温环境下,以保证食品质量,减少食品损耗的物流输送系统。

### (三)物流机构

物流机构主要包括物流中心和物流节点。

1. 物流中心。物流中心一般是指具有比较完善和一定规模的场所、仓储、信息、办公、停车场等物流基础设施,专门面向社会物流企业和仓储、中转、配送等物流业务,提供公共的物流服务平台的机构。

目前,我国许多大中城市还设有"物流园区"。实际上,物流园区与物流中心在本质上没有区别,构建的目的都是为物流企业和物流业务提供集聚化的、具有完善配套设施的、规模化的运营场所。

从物流中心的覆盖面来看,又分为地区性的物流中心、区域性的物流中心和全国性的物流中心。

2. 物流节点。物流节点是指在合适的地理位置上设置的,能够为社会物流提供集散、中转、仓储、集配、分销等物流业务的物流园区、物流中心、大型仓库、码头、货场等。

## 四、物流业的管理体制与发展规划

### (一)我国物流业的改革过程与现状

在我国计划经济时代,与其他行业一样,运输行业(当时没有"物流业"的提法,也没有物流行业)只有国营运输企业、集体运输企业和一些大型企业自有的运输机构,没有民营运输企业,更没有个体运输户。从运输业的管理体制来看,社会生产过程中的所有运输业务基本上都是由相关的行政管理部门来管理、计划和调度,任何国营运输企业、集体运输企业和大型企业自有的运输机构,既没有自主经营权,也没有自主定价权。

改革开放之后,我国的运输行业在三个方面进行了改革:一是放开了运输行业的管理权限。各类运输行政管理机构不再对企业层面的运输业务进行直接管理、计划与调度。除了少数关系国计民生的重大运输业务之外,其余的运输业务全部放开经营。二是放开了运输企业的经营自主权和服务收费价格,除了铁路运输、民航运输、公交运输等少数领域实行国家登记式管理和实行指导性价格管理之外,全社会大量的日常物流业务,政府不再进行任何行政干预,运输企业完全走上了自主经营、自负盈亏的道路。三是放开了运输业务市场,运输业务的供给者和需求者可以自主到市场上寻找交易对象、自主选择运输方式和线路、自主定价。

改革开放之后,我国物流行业发生了以下四个方面的变化:

1. 原来计划经济体制中存在的大量国有和集体运输企业的生存环境发生了变化,这类企业或改制,或改行,或倒闭,随之逐步兴起的是大量的个体运输户和一些按现代企业制度构建的专业运输公司,我国物流运输领域和行业已经步入市场化的运行状态。同时,国外一些大型物流企业也进入我国市场,形成了国内物流企业、国外物流企业和大量个体运输户并存发展与竞争的格局。

2. 网络技术、电子技术、光电技术、通信技术、感测技术等现代信息技术正在我国物流业的信息、交易、订单、库存、运输管理、结算等业务中大量运用;同时,随着网上购物的快速发展,快递企业和快递业务也在快速发展。

3. 包括国际物流业务、全国物流业务、区域性物流业务、地区物流业务和企业内部物流业务等在内的物流业发展速度很快,我国社会物流总额已经达到了数百万亿元的规模,我国已经成为世界物流业大国,物流业也发展成为我国国民经济的支柱产业和重要的现代服务业。

4. 我国的物流基础设施建设水平和物流营运模式也有了很大的提升与完善。近年来,我国许多大中城市的港口、车站、码头等都建立了大量的物流园区、物流中心、各类仓储中心等;同时,我国的物流配送形式、供应链物流组织形式、冷链物流形式等也相应地发展起来。

(二) 我国物流管理体制存在的问题

1. 物流业的管理体制不顺。我国物流业管理权限涉及国家发改委、商务部、交通部、公安部、国家质检总局、工商总局、税务总局、海关总署、邮政局、工信部、民航总局、建设部等多个部门,在地方上还涉及公路、城管等部门。这种管理格局导致我国物流业管理权限部门分割、条块分割的现象比较突出,不利于我国物流业市场化、规模化、国际化、高效化的深入发展。

2. 我国虽然制定了《物流术语》、《商品条码》、《储运单元条码》和《数码仓库应用系统规范》等物流标准,但这些标准仍然存在得不到有效应用和推广、有些企业或者单位不按标准执行、物流设施和装备的标准化程度较低、物流设施标准与物流包装器具标准之间缺乏有效衔接等问题。这类问题的存在影响了我国物流运行的效率,增加了物流运营成本。

3. 相关物流法规与管理制度环境不合理。一方面,我国有些物流方面的法规还是从过去计划经济体制下延续下来的,这些法规已经难以适应市场经济环境下物流业发展的要求;另一方面,面对我国现代物流业的快速和大规模发展,我国相关法律体系还存不健全、不完善之处,在物流管理方面乱收费、乱罚款、政出多门、执法标准不一致等现象仍然存在。

总之,我国物流业管理体制和法制环境的改革任务仍很艰巨。

(三) 物流业的发展规划

由于我国物流业已发展成为国民经济的一个重要行业,因此,各地区都将物流业视为发展现代服务业的重点产业之一,相应地出台了许多有关物流业的发展战略、发展规划之类的纲领性文件。大量的实践经验表明,我们在制定有关物流

业的发展战略或者发展规划时,一定要注意以下两个方面的问题:

1. 制定物流业的发展规划或者发展战略,一定要与本地区的产业特点、区域特点相结合,制定的相关文件既要能够有效促进物流业的健康发展,又要能够反映本地区的产业优势或者经济优势。

2. 制定物流业的发展规划或者发展战略时,一定要注意与本城市、本地区的经济发展规模和发展水平相适应。有些城市或地区在发展物流业时盲目追求规模、追求先进,使物流业在园区规模、运行模式、产值等方面严重脱离本地区的实际情况。

## 第三节 供应链与供应链管理

### 一、供应链的概念与类型

#### (一)供应链的概念

国内外理论界对供应链(supply chain)概念的界定从文字到内容表述方面都不统一。例如,我国国家质检总局和国家标准委发布的《中华人民共和国国家标准:物流术语(GB/T 18354—2006)》文件中,对供应链概念的表述是:生产及流通过程中,为了将产品或服务交付给最终用户,由上游与下游企业共同建立的网链状组织。我国学者张成海在《供应链管理技术与方法》一书中认为,供应链是在产品或服务的生产和流通过程所涉及的所有实体,以及它们的活动相互关系组成的网络系统。国外学者哈里森(A. Harrison)认为,供应链是执行采购原材料,将它们转换为中间产品和成品,并且将成品销售给用户的功能网链。史蒂文斯(Stevens)认为,通过增值过程和分销渠道控制从供应商到用户的流就是供应链,它开始于供应的源点,结束于消费的终点。

根据国内外学术界的主要观点以及供应链在实践中的运行情况,再结合我国的国家标准,本书认为,供应链是指根据核心企业对外部物流的要求,通过契约关系将所涉及的供应商、制造商、运输商、零售商等多个物流环节和经营主体联系起来,并对这些环节和经营主体的物资流、信息流和资金流进行科学管控,构建成一个整体的链状物流运行结构,使核心企业和相关企业之间的多个物流环节和过程形成系统化、高效化、无缝连接的一体化物流过程。

理解供应链概念时,需要注意以下三个问题:

第一,构成供应链的供应商、制造商、运输商、零售商等企业和组织都是具有独立法人地位的企业。在供应链的构建过程中,处在供应链上的主导企业或者核心企业是通过相关的协议、合同等契约关系,将处在各环节的企业的物流过程对接和联系在一起。

第二,处在供应链上的核心企业和相关企业通过物流过程的紧密合作,使各个企业的长远利益都能够得到实现,如果处在供应链某个环节上的企业的自身经济利益得不到实现,该供应链就很难建立起来,即使勉强建立起来,也很难有效、长久地维持下去。因此,处在供应链上的核心企业和相关企业在经济利益上是一种平等的战略合作伙伴关系。

第三,在现实运行中的供应链可能是单一的链条格局,也可能是比较复杂的网络链条格局(如图4-1和图4-2所示)。

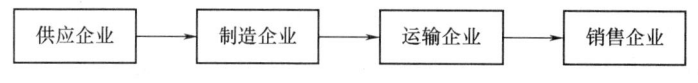

图4-1 单一供应链条

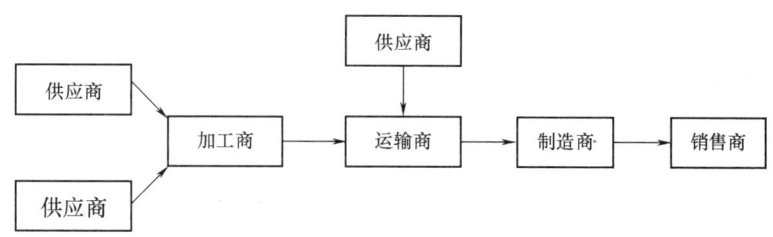

图4-2 网络供应链条

(二)供应链的类型

1. 内部供应链与外部供应链。

内部供应链是指企业内部产品生产过程所涉及的采购部门、生产部门、仓储部门、运输部门和销售部门等物流环节构成的供需网络。企业内部供应链起到了提高企业内部物流运行效率、降低运行成本、增强企业竞争能力的作用。有学者认为,企业内部供应链应该属于企业管理的范畴。

外部供应链是指企业外部的,与企业相关的产品生产和流通过程中涉及的原材料供应商、生产厂商、储运商、零售商以及最终消费者组成的供需网络。本书研究的供应链就是企业外部的供应链。

2. 稳定型供应链和动态型供应链。

稳定型供应链是指供应链所涉及的每个环节、作业流程、上下游关系等,在供应链的结构和流程方面都是基本不变的、长期稳定的。

动态型供应链是指由于受到原材料供给的季节性影响、可替代原材料的价格变动影响、市场需求变化的影响等,使供应链在结构上和流程上处于变化的状态,以更好地适应市场竞争的需要。有的学者将这种动态型供应链称为反应型供应链,即根据市场需求以及客户要求的变化,及时调整供应链结构的类型。

3. 盟主型供应链与非盟主型供应链。

盟主型供应链是指处在供应链中某一节点上的企业在整个供应链中占据主导地位或者核心地位,以该核心企业为中心构成的供应链。例如,以大型制造商为核心构成的供应链,或者以大型零售商为核心构成的供应链等。

非盟主型供应链是指供应链中各企业的地位彼此差距不大,对供应链的重要程度基本相同。例如,某些农副产品在农户、收购商、仓储批发商、分销商之间构建的供应链。

## 二、供应链管理

### (一)供应链管理的概念

与供应链的概念一样,理论界对供应链管理概念的表述也不统一,但就其核心内容来看,供应链管理(supply chain management,简称SCM)是指在满足客户需求、提高服务水平的目标下,为了使整个供应链系统的运行成本达到最小化,物流的运行效率达到最优化,把供应商、制造商、运输商和销售商等有效地进行组织、控制、协调和指挥的管理活动。

搞清楚供应链管理的概念,要注意以下四个要点:

第一,供应链各个环节上的企业都有各自的经济利益,在供应链管理过程中,要将各企业的经济利益与供应链的整体利益有效地协调与统一起来,才能使供应链形成一个利益共同体,才能维持供应链的正常、高效运行。

第二,供应链是一个全过程的信息管理。如果供应链运行过程中信息内容失真、信息传递不灵、信息沟通不畅,都会对供应链的正常运行造成不利影响。

第三,对供应链的整体运行要有高效、科学的协调与控制能力。供应链上的一些最薄弱的环节,如库存环节、配送环节等,需要进行统筹规划、调度、协调与指挥,才能使供应链发挥其应有的作用。

第四,供应链还需要做到运输工具、信息技术、核算方式、管理模式等方面的有效衔接。因此,对相关的技术性对接问题进行有效整合也是供应链管理的重要内容。

### (二)供应链管理的内容

供应链的日常运营管理主要包括以下八个方面的内容。

1. 采购管理。主要包括:①采用智能订单生成技术,按照当前库存和销售计划来决定和管理所需要采购的商品种类和数量;②运用数据交换技术,实现对订单从签订、执行、物流配送到货款收付的全程跟踪与管理;③全面协调采购部门、仓库配送、财务部门之间的业务关系;④建立完善的供应商资料和供应商评估信息,实现对供应商的分类管理和业务分权限管理。

2. 生产管理。主要包括:①根据销售计划、生产能力和物料供应情况,制订有效的生产计划,进行生产管理;②根据生产计划生成物料需求计划和物料采购计划,通过系统与供应商协同,根据供应商的供应能力调整生产计划;③进行 JIT (just in time)供料模式管理,即根据生产计划和生产工艺路线,制订和管控供料计划,使物料供应部门能够在准确的时间,将准确的物料,用正确的方式,将准确的数目送到准确的工位。

3. 仓储管理。主要包括:①对来货的签收、入库、出库、发货、库存盘点、库内移位和库间调拨进行管理;②科学分配商品的存放库位和拣货库位,减少拣货错误,提高仓库的作业效率;③随时准确查询商品的库存数目和存放库位,全面了解仓库的库容情况。

4. 库存管理。主要包括:①根据每种商品的历史周转情况,对商品的库存上下限进行设置,以达到对不同商品库存的容量和分类管理的目标。②随时掌握处在供应链中每一个环节的库存情况。

5. 配送管理。主要包括:①通过各种通信与联络技术,及时掌握需要发送的商品,以及下达配货与发运指示。②根据不同的配送方式和线路,生成费用清单,并进行收发货和转运的适时管理。

6. 销售管理。主要包括:①细化和完善客户的资料管理;②对货款、应收账款、账款风险等进行管理;③对订单进行全程跟踪,实现对订单从签订、执行、物流配送到货款收付的全程跟踪与管理。

7. 财务管理。主要包括:①对总账、明细分类账、现金日记账、银行日记账会计账户等的管理;②对资产负债表、利润表、现金流表等财务报表进行管理;③对统计、报表等进行分析,为决策者提供参考数据。

8. 办公管理。主要包括对整个供应链的信息、业务衔接、工作效率、运营成本以及出现的问题等进行管理。

### (三)供应链管理的目的

1. 提高客户满意度。这是供应链管理与优化的最终目标,供应链管理和优化的一切方式方法都是朝向这个目标努力的,这个目标同时也是企业赖以生存的根本。

2. 提高企业管理水平。供应链管理与优化的重要内容就是流程的再造与设计。随着企业供应链流程的推进和实施,企业管理的系统化和标准化将会有极大的改进,这些都有助于企业管理水平的提高。

3. 节约运行成本。科学组建和整合供应链系统,能够大大降低供应链内各环节的运行效率,降低营运成本。

4. 降低存货水平。供应链所带来的物流的顺畅性和系统性,使供应商能够正确掌握存货信息,没有必要维持较高的存货水平,使库存降到最合理的水平。

5. 减少循环周期。供应链的构建使处在供应链各个环节的物流业务能够更顺畅地衔接,提高了整个物流运行的速度,减少了相关企业特别是核心企业的生产周期。

6. 增强盈利能力。供应链的优化可提高企业的整体管理水平、节约运行成本、降低库存水平、提高运行速度,这些对提高企业的盈利能力具有十分重要的影响。

**复习思考题：**

1. 什么是商流？其运行方式是什么？
2. 商业的职能与作用有哪些？
3. 推动商品流通的要素有哪些？
4. 构成物流的要素包括哪些内容？
5. 物流的运行模式有几种？
6. 供应链与供应链管理有何异同？
7. 常见的供应链有哪几种类型？

# 第五章 商品流通环节与流通渠道

## 学习重点

1. 批发交易的功能、批发市场的性质与类型；
2. 商品流通渠道与环节的含义、内容以及形成不同商品流通渠道的原因；
3. 电子商务环境下我国商品流通渠道的变化。

## 第一节 商品流通的批发环节

### 一、批发交易的含义与功能

#### （一）批发交易的含义

在我国改革开放之前的计划经济体制下，批发交易的含义主要包括两个方面，一是特指工厂与批发企业之间、批发企业之间、批发企业与零售企业之间进行的大宗商品的交易；二是批发业务是由政府指令的批发环节中的各国营批发企业来承担的，其他企业无权从事批发业务。而在当今市场经济体制与现代商务环境下，批发交易是指商品流通过程中所发生的厂商与中间商之间、各中间商之间、中间商与零售商之间的大宗商品交易行为，或者大批量买卖生产资料和生活资料商品的交易行为（例如，工厂大批量购进原材料的批发交易，大专院校的后勤部门大批量购进蔬菜、粮食的交易行为等）。

市场经济体制下批发交易的含义与计划经济体制下批发交易的含义的重要区别有两点：第一，虽然批发交易主要由批发商业企业来实施，但生产企业、零售企业和其他形式的商业经营者也可根据市场的供需状况进行批发交易。也就是说,批发交易是由交易的"量"来决定的,而不是由商品流通的环节(是否批发环节)和企业的性质(是否是批发企业)来决定的。只要交易能够达到一定的"量",便可称为"批发",交易双方便可以按批发价格来成交。而这个"批发量"的界限也是市场上约定俗成的量,或者是买卖双方通过讨价还价来确定的量,国家、行业、企业并没有也不可能有明确的规定。第二,任何企业或者个体经营者都可以在符合国家有关法规与政策的前提下从事批发业务,不存在对企业性质的限制问题。

批发交易同零售交易相比,具有以下特点:①一般不与单个消费者发生直接的交易关系;②每次交易的商品数量比较大,且品种比较少;③交易结束后商品仍然处在流通领域,或者进入另一生产环节,以满足生产或者经营的需要;④批发交易的参加者一般是生产者和商品经营者,而不是广大消费者个体。

### (二)批发交易的功能

1. 调节产销矛盾。生产与消费之间存在两类矛盾:一类矛盾源于,生产领域的商品生产特点是数量规模化、规格标准化、种类单一化,而零售领域的消费特点是数量零星化、规格个性化、种类多样化。另一类矛盾源于,有些商品是季节生产全年消费,有些商品是全年生产季节消费;有些商品是集中生产分散消费,有些商品是分散生产集中消费。批发业作为生产者与零售商的中介,可以有效地调节、过渡和衔接生产与消费在批量、品种、时间、空间等方面的矛盾,更好地促进生产与消费的顺利衔接。

2. 调节供求矛盾。供给与需求之间存在各种复杂的矛盾关系,批发业的调运、储存等业务客观上起到了商品流通的"蓄水池"作用,具有调节供求矛盾的重要功能。

3. 维持规模化生产的顺利运行。生产领域中的规模化、体系化大生产需要大批量的、连续的、环环相套的原材料与零配件供应,批发业务能够提供生产所需的原材料、半成品的批量化流通服务,使生产企业能够连续地生产。

总之,批发交易既联系着生产,又联系着零售交易,在商品流通中处于枢纽地位,它掌握着商品流通的命脉,是社会再生产的"枢纽"。

## 二、批发业务和批发商业企业的类型

关于批发业务和批发商业企业的类型,由于理论界和企业界的分类方法以及看问题的角度不同,可以做不同的划分。下面从不同的角度对批发商的业务和批发商业企业的类型进行讲解。其中,有些分类在内容上有交叉,有些不同的分类实际上是同一批发企业与业务从不同角度来观察而已。

### (一)按业务和企业性质的分类

根据批发业务和批发商业企业性质的不同,可做如下分类:

1. 独立批发商。它是指不依附于生产部门的独立的批发商业企业。独立批发商拥有自己的资金、运输和仓储设备等,通常采用先购进批量商品,取得商品所有权,然后再批发出售给其他用户或者零售企业的商业经营方式。

独立批发商向生产厂商采购商品的特点一般是"批次少、数量大",而零售商向生产厂商直接采购的特点往往是"批次多、数量少、用户杂",两者相比,生产厂商与独立批发商打交道能够节约各项费用、时间和精力,对生产者有利;同时,独立批发商又对零售商提供运输、储存、保管等业务,对零售商也有利。独立批发商因专门从事批发业务,可以专门研究批发环节的商品流通渠道、方式与营销技术,专门提供批发流通环节的各种服务,所以,独立批发商的存在促进了生产者之间的联系,使大宗商品的流通能较顺利地从生产环节向零售环节过渡,同时还能节约商品流通的总时间和总费用。

2. 生产企业批发商。这是指大型生产企业自己设立的、专门为本企业的产品进行批发交易的批发商业机构。大型生产企业自己设立批发商业机构的目的在于,社会专职批发商业企业由于种种原因不能满足本企业批量化、高效率的产品调运及销售,生产企业按照自己经营管理的要求和指标直接从事批发业务,能够提高本企业产品的流通效率和销售服务质量。

3. 批零兼营或者零批兼营。这是指根据市场供求的需要,或以批发业务为主兼顾零售业务,或以零售业务为主兼顾批发业务的经营方式。在激烈的市场竞争环境下,这种"批零兼营"和"零批兼营"的交易方式已被中小商贸企业普遍采用,其目的是以灵活的经营方式取得更好的经济效益。

### (二)按批发交易经营的范围分类

根据批发交易经营范围的不同,可以做如下分类:

1. 普通批发商。普通批发商是指经营商品的种类和规格较多的批发商。常见的有经营日用百货的批发商、经营五金交电的批发商等。这类批发商主要为各类零售商业企业服务。目前,有些普通批发商已经发展配送业务,即将原来简单的批发业务发展为集采购、加工、集配、送货于一体的服务性批发业务,扩大了经营的范围,提高了批发服务的质量。

2. 专业批发商。专业批发商是指专门经营某类商品的批发商,常见的专业批发商有钢材批发商、某类化工原料批发商、粮食批发商、水果批发商、家用电器批发商、文化用品批发商等,也有专门经营某个知名品牌的专业批发商。

### (三)按销售地区分类

根据销售地区的不同,批发商可分为如下几类:

1. 全国性批发商。全国性批发商是指企业资金雄厚、在全国范围内具有广泛销售网络、批发业务覆盖全国的大型批发商业企业。

2. 区域性批发商。区域性批发商是指介于全国性批发商和地方性批发商之间的批发商,其经营范围往往覆盖一个比较大的经济区域。

3. 地方性批发商。地方性批发商是指在一个城市或者一个较小的经济区域内经营批发业务的小型批发商业企业。

4. 产地或销地批发商。所谓产地批发商,是指从当地生产企业购进商品,再将当地的产品批发到外地的批发商业企业。所谓销地批发商,是指从外地批发商(这里的"外地"可能是某类商品的产地,也可能是某类商品的集散中心地)购进商品,向当地零售商再批发商品的批发商业企业。

### (四)批发市场

1. 批发市场的作用。所谓批发市场,是指在一个专门的大型交易场所内,由大量的批发交易企业、相关的仓储运输设施和结算机构等构成的以批发业务为主的交易场所。

批发市场是在我国当前市场经济运行环境下,商品流通过程中批发环节的一种重要形式,在我国商品流通过程中具有十分重要的地位与作用。具体表现在以下三个方面:第一,在我国商品流通过程中,有许多商品的批发环节仍是通过"批发市场"的形式来完成的,批发市场已经成为我国商品流通体系的一项重要构成内容;第二,随着我国国民经济的快速发展和产业结构的变化升级,商贸业在整个国民经济结构中所占的比例越来越大,其中,由批发市场、批发企业和批发业务构成的批发商业是我国商贸产业的重要内容;第三,批发市场在带动某些城市和地区经济发展的过程中起着关键性作用,是商品流通先导产业的关键环节。

2. 批发市场的性质与类型。

(1) 从批发市场的性质来看,可以分为"产地性质"的批发市场和"销地性质"的批发市场。

所谓"产地性质"的批发市场,是指依托当地某产业、某行业的产品生产已形成一定规模,且产品具有相当强的市场竞争力与开拓力的基础上形成或者建立的,将当地生产的商品销售到其他地区甚至其他国家的批发市场。产地批发市场将当地生产的产品集中、大量地销售到外地,对带动和促进当地相关商品生产企业的发展,以及与生产企业相关的其他环节和行业的发展,都具有十分重要的积极作用。从我国大量的实践经验来看,往往一个大型产地批发市场便可以带动一个产业的形成与发展,甚至可以带动当地经济的全面繁荣与发展。

所谓"销地性质"的批发市场,是指商品来源主要是从产地批发市场或者外地的生产企业将商品批量化购进后,在市场上再批发给当地用户的批发市场。"销地性质"的批发市场在带动当地相关产品的生产方面没有任何作用,但是"销地性质"的批发市场对调剂和满足当地生产与生活对相关商品的需求、繁荣市场供给、促进商贸业的发展、增加当地财政收入等方面具有相当重要的意义与作用。

从我国批发市场的现实运行情况来看,纯粹的产地批发市场或者销地批发市场并不多见,绝大多数情况下都是在一个批发市场内,既有产地批发性质的业务,也有销地批发性质的业务。如果产地批发性质业务占整个批发市场业务的比重大,我们就可以称该市场为产地批发市场;如果销地性质业务占整个批发市场业务的比重大,我们就可以称该市场为销地批发市场。

(2) 从批发市场的范围来看,可以分为"国际性"和"全国性"的大型批发市场,有"区域性"的中型批发市场,也有"地区性"的小批发市场。

所谓"国际性"和"全国性"的大型批发市场,是指在社会上具有公认的知名度,其批发业务已经达到了全国范围,甚至达到许多国外市场的大型批发市场。形成这类批发市场的条件比较高,相关影响因素比较复杂。这类批发市场往往比较少,但对经济的发展具有十分重要的促进与带动作用。

所谓"区域性"的中型批发市场,是指其批发业务的范围覆盖了一个比较大的区域性经济圈的批发市场。例如,某几个相邻省、几个相邻的城市形成的经济圈。"区域性"批发市场对繁荣商贸业、带动地区经济发展具有十分重要的作用。

所谓"地区性"的小批发市场,是指其批发业务只涉及某些城市、某些乡镇等较小范围的批发市场。这类批发市场在我国大量存在,对满足当地生产与生活需求具有重要的作用。

(3) 从批发市场的类型来看,可分为综合性批发市场和专业性批发市场两类。

所谓综合性批发市场,是指批发市场内所经营的商品种类比较多的批发市场。综合性批发市场还可以细分为以下两种:一种是经营跨行业范围商品的综合批发市场。例如,有些日用百货批发市场经营的商品包括服装、鞋帽、床上用品、厨房用品、五金电料、洗涤用品、玩具、文化用品等多种不同行业、不同领域的商品。另一种是经营同一范围的商品,但商品种类比较多的综合性批发市场。例如,有些农副产品(同一范围)批发市场内的经营内容包括蔬菜、水果、肉禽蛋、水产品、粮油等,涉及的商品种类比较丰富。这些经营商品种类比较丰富的批发市场都属于综合性批发市场。

一般来讲,综合性批发市场对市场的管理有比较高的要求,要提高综合性批发市场的经营规模和市场覆盖面也比较困难。这是因为,由于批发市场内所经营的商品种类丰富,市场布局、现场管理、仓储、物流等都比较复杂,如果扩大经营规模和市场覆盖面,必然对市场内所经营的商品的交易量、物流体系(包括仓储、装卸、运输、停车等)、相关基础设施、市场管理等都有更高的要求。

所谓专业性批发市场,是指所经营的商品种类比较少,甚至只有一个商品种类的批发市场。常见的专业性批发市场一般有:钢材批发市场、建材批发市场、粮食批发市场、水果或者蔬菜批发市场、布匹批发市场等。这类批发市场由于所经营的商品种类单一,在市场基础设施、物流体系、市场管理等方面可以有针对性地进行专业化的规划、设计、建设与管理,因此,这类市场可以有效地提升交易规模和市场覆盖面。

(4) 从批发市场的分布区域来看,可分为城市批发市场和农村批发市场。

城市批发市场的种类比较多,有各类生产资料批发市场和生活资料批发市场,也有一些农副产品批发市场。

农村批发市场主要是经营各类农业生产资料、生活资料和土特产品的批发市场。目前分布在我国广大农村中的各类大型批发市场是各类农副产品流通的主渠道。

为了进一步加强农村批发市场对带动农业经济发展的作用,我国商务部专门发布了《商务部关于实施"双百市场工程"的通知》(商建发〔2006〕42号)。"双百市场工程"的指导思想是,通过政府政策引导和企业自主建设,培育一批面向国内外市场的大型农产品批发市场和流通企业,构建与国际市场接轨的农产品现代流通体系,拓宽保障农产品流通安全、促进农民持续增收的新路子。"双百市场工程"的主要内容有:商务部会同农业部、国家税务总局、国家标准委等部门,一是选择100家左右辐射面广、带动力强的全国性和跨区域农产品批发市场,进行重点改造与建设,加强这些市场的物流配送、市场信息、检验检疫、交易大厅、仓储及活禽交易屠宰区等基础设施项目建设,进而发挥标准化市场的示范作用和辐射效应,带动和引导农产品批发市场的全面创新,完善设施,优化服务,规范经营。二是选择100家左右有实力的大型农产品流通企业和农村流通合作组织(不含农产品批发市场),重点推动农产品流通标准化和规模化,提高优势农产品的市场营销水平,组织开展农商对接,探索和推广贸工农一体化、内外贸相结合的经营模式。

特别要强调的是,上述对批发市场性质与分类的介绍是理想化的、纯粹的模式,在现实的批发市场运行模式中,其性质与分类往往是综合在一起的。例如,在现实中存在的可能是"产地性质的全国性某专业批发市场",也可能是"销地性质的区域性某综合批发市场",也可能是"以'销地为主'、以'产地为辅'的批发市场"等。

## 三、批发业在商品流通中的地位与演变过程

### (一)批发业地位与作用的演变过程

从西方发达市场经济国家的商品流通发展过程来看,批发业的地位与作用大致经历了以下三个发展阶段:

第一个阶段是生产者主导商品流通的阶段。即生产者生产什么,批发商和零售商只能销售什么。这是早期市场经济时代的特征。形成生产者主导商品流通的原因是:这时的商品种类比较少,许多商品还处在供不应求的稀缺状态,买方市场还未形成,批发企业和零售企业只有跟随生产企业所生产的商品种类和数量来决定自己的经营内容。

第二个阶段是批发商主导整个商品流通过程的阶段。此时批发商在商品从生产领域到达零售领域的过程中起着十分重要的采购、调节、中转、输送的作用,是整个商品流通过程的"枢纽"。形成批发商主导商品流通的原因:一方面是此时商品生产的种类已经比较丰富,商品供不应求的市场稀缺时代已经基本结束,生产商"坐等"批发商"上门求货"的条件已经消失,生产厂商只有依赖批发商的"中间性"调节与调运作用,才能够寻找到更多的买方;另一方面,此时零售环节

中各零售企业的实力和规模相对弱小,还没有直接与生产厂商打交道的实力,只有依赖批发商的供货才能保证正常的经营。

第三个阶段是以大型连锁零售企业或者大型百货商场的配送机构替代批发商地位,主导商品流通的阶段,也有学者称为零售商主导商品流通的阶段。此时批发商主导整个商品流通过程的格局已经消失。零售商主导商品流通的原因有:一方面,由于此时许多大型零售企业、连锁经营企业的实力已经相当强大,其市场占有率和销售规模也相当大,电子商务交易方式日益成熟和普及,它们已经具备了直接与生产厂商打交道的实力和能力。另一方面,由于此时供过于求的买方市场已经形成,卖方之间的市场竞争相当激烈,各行业和各企业的平均利润率下降,产销双方都希望尽量减少流通环节、降低流通费用、提高流通效率,因此,有些实力强大的大型零售企业便甩开批发环节,直接从生产厂商进货;生产厂商也希望直接与这些实力强大的零售商打交道,以便减少流通环节,提高销售利润和销售效率。

**(二)我国市场经济运行环境下批发业地位与作用的演变**

1. 我国批发业地位的演变。随着我国社会主义市场经济运行方式的不断完善与发展,原来以国有批发企业为主导的商品流通格局正发生着以下三个方面的变化:

第一,我国计划经济体制赋予批发业在商品流通中的"绝对主导"地位已全面消解。在我国计划经济体制下,为了达到"生产与消费全面计划性"的目的,商品流通过程和流通渠道必须设置成在各级政府严格管理下的,以"三级批发环节(当时的一级批发、二级批发和三级批发)"为主导,通过"三固定"(环节固定、地区固定和价格固定)的管理模式来全面控制商品流通体制。随着我国市场经济体制建设的不断完善,越来越开放的市场化商品流通关系和越来越有效的市场机制作用力使商品流通的目的全面转变为"追求经济利益最大化和效率最优化",那些完全为计划流通服务而设置的批发环节及其功能显然是排斥和压制经济规律作用的,从经济效益和效率的角度来看,许多批发环节显然是多余的。这样,市场经济及其运行机制必然将为计划流通服务的批发环节无情地、彻底地淘汰掉。

第二,现代科学技术的应用正改变着传统的批发交易方式。建立在互联网和信息技术基础上的现代电子商务交易方式正在我国得到迅速普及,电子商务的交易方式彻底改变了传统商品流通过程中的物流方式,也使一些批发环节成为多余。

第三,一些规模化零售企业替代了部分批发交易的业务。我国目前已经出现了许多实力较强的大型连锁经营企业和大型零售企业(如大型百货商场、购物中心等),这类零售企业在经济实力、市场占有率和商品销售规模方面已经具备了直接与生产厂商直接打交道的实力和能力。同时,从总体上看,我国供过于求的买方市场已经初步形成,卖方(包括生产企业和流通企业)之间的竞争已经相当激烈,这些变化导致我国批发业地位的下降以及批发业务一定程度上的萎缩。

2. 我国批发业与零售业的发展趋势。虽然我国流通领域中的批发环节和批发业在整个商品流通领域的地位与作用都有所降低,但是这并不意味着我国商品流通过程中的批发环节将逐步萎缩,更不会消亡。淘汰的或者"消亡"的是那些具有计划流通功能的、不符合市场商品供求关系要求和不适应现代电子商务技术要求的批发环节,而那些真正能够为"追求经济利益最大化和效率最优化"发挥作用以及符合现代电子商务交易方式的批发环节仍具有相当大的发展空间。同时,我国现实交易过程表现出来的批发环节中零售业务销售额的不断下降、批发业务销售额不断增加的客观现象也说明,我国批发环节的批发业务功能将越来越突出,有向规模化、功能化(减少批发环节中零售业务量,更加突出批发业务在商品流通过程中相关商业企业在追求经济利益最大化和效率最优化基础上的真正作用)和服务化方向发展的明显趋势。

从大量的理论研究成果和我国批发业与零售业近年来的发展过程来看,今后我国批发业与零售业在商品流通中的地位与作用会呈现以下四个方面的发展趋势:

第一,我国"批发环节多余论"或者"批发商业消亡论"的观点是以偏概全、没有实践依据和不科学的。我国批发环节和批发业务不可能消亡,批发环节和批发业务将在激烈的市场竞争中,按市场经济规律、竞争机制和电子化信息化交易方式的要求进行重新整合、创新与发展。不符合流通经济规律、竞争机制和相关科学技术要求的批发环节和批发业务将被淘汰,而符合这些要求的批发环节与批发企业将会在竞争中进一步发展与壮大。

第二,从批发环节的地位和作用来看,我国计划流通体制赋予的批发环节全面连接生产与控制零售的"主导"地位与作用,正在向批发环节全面"服务"于生产厂商、零售环节与用户改变。为各类用户在"追求经济利益最大化和效率最优化"过程中提供优质的批发"服务",将是今后批发环节应发挥的作用。

第三,符合我国社会主义市场经济运行机制要求的批发环节仍在我国国民经济运行与商品流通过程中承担着十分重要的作用。虽然我国批发环节在计划经济体制条件下的那种全面控制零售环节,在商品流通居于"绝对主导"与"中心环节"的地位已经全面消解,但是符合我国社会主义市场经济运行机制要求的批发环节中的"批发市场"与"批发企业",无论对我国城市经济还是农村经济,在提高商品流通效率、集散商品流通、调节商品产销矛盾、带动"上游"相关产业发展、促进零售交易繁荣发展等方面,都有不可替代的重要作用。

从批发与零售环节的企业数量和销售规模来看,我国批发环节中的企业数量有所下降,但单个企业的批发业务更加突出,批发销售规模不断增大;零售环节中的企业数量不断增加,零售业务更加突出,其中,销售规模不断扩大的大型、特大型零售企业的数量也在增加。

特别要强调的是,我国批发与零售环节的这些变化与美国、日本等西方发达市场经济国家 20 世纪中期至末期批发与零售环节的演变情况基本一致。

第四,批发环节已不是所有商品流通过程的必经环节。根据商品的自然属性(商品的物理、化学特性等)、社会属性(商品供求关系等)、类别(生产资料与生活资料等)和现代电子商务交易方式等要求的不同,商品流通渠道将呈现如下演变趋势:具有需求面窄、需求量大、保鲜要求高等特点的商品将会甩掉批发环节,形成高效、快捷、低成本的"直销"、"厂商——→零售商"等流通渠道;具有需求面宽、需求量小、供求关系复杂等特点的商品仍需要批发环节来调节各种产需关系与供求矛盾;一些懂经营、服务优的批发企业还会在激烈的市场竞争中发展壮大。

目前,我国商品流通体系处在按社会主义市场经济体制和运行机制的要求,不断探索、改进与完善的过渡阶段,我们仍需深入研究和探寻市场经济体制下批发与零售环节的演变趋势与规律。同时,在尊重经济规律的前提下,政府及有关部门要及时主动地推出相应的改革措施、政策与法规,积极引导符合我国市场经济体制与运行机制要求的完善的新型商品流通体系尽快形成。

## 第二节 商品流通的零售环节

### 一、零售交易的含义与功能

(一)零售交易的含义与特点

1. 零售交易的含义。零售是指生产企业或者流通企业将小批量的商品或者劳务,按商品流通最终环节的销售价格出售给需求者,并获取一定利润的经营活动。一般情况下,零售交易是商品流通的最终环节,零售交易的对象大多都是商品的最终消费者。

虽然理论界普遍认为,零售交易是将商品或者劳务直接出售给最终消费者的销售活动,但是在现代市场经济的竞争环境下,生产企业和流通企业为了争取更多的顾客和市场,往往采取比较灵活的销售手段,使零售交易包括了更多的内容。例如,有些消费者为了获得更便宜的购买价格,便联合多个有共同需求的消费者,使一次购买某类商品的总量达到批发交易的销售量,从而以批发价格的优惠条件购得商品。从环节上看,这类交易似乎属于零售交易,但在现实交易过程中,买卖双方却是按批发交易的量和批发交易的价格成交的。再如,某些生产企业在产品的生产或者装配过程中往往会出现因缺少个别零配件而发生的小量购买行为,虽然这类生产经营行为不是商品流通的最终环节,但是由于这类购买行为的交易量很小,又是临时的交易行为,因此,在现实交易过程中,这类交易往往是按零售价格进行的。

总之,零售交易的含义在大多数情况下是指将商品或者劳务直接出售给最终消费者的经营活动,但是在现实的商品交易过程中,常常还存在这样一种现象:无论交易对象是谁(无论是生产环节、批发环节,还是零售环节中的交易者),只要达到一定的购买量,交易双方就按批发价格成交,如果低于一定的购买量,交易双方就按零售价格成交。

2. 零售交易的特点。总结现实中发生的大量交易现象,我国零售交易总体上呈现出以下三个特点:第一,零售交易主要发生在最终消费者的购买行为环节,也有少量的单位零星消费行为。由于购买方绝大多数都是普通消费者,因此,在零售交易过程中一般都呈现出一次交易的量比较少,交易的内容比较复杂,交易的频率比较高的特点。第二,由于广大普通消费者的构成十分复杂,因此,消费者的选择性、个性化、多样化的要求比较突出。第三,传统意义的零售交易是指消费者到零售商场购买生活消费品的零星商品交易。在现代商务环境下,我国零售交易的范围正在不断扩大,不仅包括生活资料的零售交易,还包括大量的服务性交易。例如,娱乐、健身、旅游、餐饮、休闲等,都应该属于最终消费的环节。

零售企业在考虑销售网点的布局、经营与管理等问题时,要特别注意零售交易的上述三个特点,使企业的经营与管理尽可能地符合这些特点,才有可能在经营与发展过程中取得较好的业绩。

## (二)零售交易的功能

1. 零售交易对不断满足广大人民群众日益丰富的生活消费需求、实现社会生产目的、保证社会再生产的顺利进行具有十分重要的作用。

零售环节是与广大人民群众的各类消费活动直接接触的最终环节,因此,零售交易"天然"具备了不断满足广大人民群众日益丰富的生活消费需求、实现社会生产的最终目的、保证整个社会再生产顺利进行的重要功能。

零售交易虽然"天然"具备了上述功能,但是我国零售环节能否充分发挥这些功能,还要在零售领域的企业组织结构、经营模式、管理水平、服务方式以及政府相关制度与管理等方面不断地进行探索、改革、发展与完善。例如,随着我国劳动生产力水平和广大人民群众收入水平的不断提高,我国消费领域的零售交易呈现出以下三个特点:一是为广大人民群众提供的消费品的种类、款式、花色等越来越多,广大人民群众购买各类消费品的选择余地越来越大;二是为广大人民群众提供消费服务的领域越来越宽,方式也越来越多;三是各类消费品更新换代的速度越来越快,新的商品层出不穷。我国商品流通的零售环节如何不断地适应零售领域出现的这些新特点,保证其"功能"的正常发挥,是我国政府部门、理论界与企业界必须研究与探索的重要内容。

2. 在整个商品流通过程中,零售环节对协调产销矛盾,衔接生产、批发与消费具有不可替代的作用。

商品在生产领域的批量化、单一化、标准化、集中化生产很难适应广大消费者零星化、个性化、分散化、多样化的消费特点。因此,在商品流通的生产与需求关系、批发与零售关系、零售与消费者的关系中,零售环节具有生产企业和批发企业所不可替代的,化解矛盾、调节供需、衔接流通、适应消费特点、满足消费需求的重要作用。

3. 零售业是我国流通产业的重要组成部分,对我国国民经济的发展,特别是城市经济的发展具有十分重要的作用。

随着我国国民经济结构的演变与发展,第三产业在国民经济产业结构中所占的比例越来越大。其中,零售产业已经成为国民经济的一个十分重要的产业,特别是在城市经济领域,零售业对城市经济发展的贡献非常大。我国有些城市或者城区,社会商品零售总额对城市或者城区GDP的贡献率已经超过了50%,最高的甚至达到了80%以上。零售业已经成为我国城市经济发展的重要产业,对我国城市经济的发展具有十分重要的作用。

4.零售业是政府进行宏观经济调控,拉动消费,保证国民经济快速平稳运行,体现党和国家富民政策的重要领域之一。

在我国社会主义市场经济体制下,市场约束型或者买方市场的特征越来越突出,消费环节能否正常运行,广大人民群众的消费额能否不断增长,是保证国民经济正常平稳运行的关键环节。因此,零售市场的供求关系、商品的零售价格水平、广大人民群众的消费水平与消费信心指数等,对保证我国国民经济的快速平稳运行,体现党和政府的富民政策,实现我国经济体制改革与社会主义市场经济体制建设的目标,都具有十分重要的影响。同时,零售领域也是政府对国民经济运行进行宏观调控、出台相关政策、拉动消费、保证广大人民群众对各类消费品需求丰富而平稳的供给、避免市场供求关系大幅波动、保持国民经济快速平稳发展的重要领域。

## 二、零售交易与零售企业的分类

### (一)对零售交易与零售企业进行分类的原因

考察和总结国内外零售业的发展历史与演变过程,我们可以得出这样的结论:零售业的交易方式、经营模式、组织机构等不是一成不变的,也不是随意由企业自主设置的,而是与一个国家或地区的经济体制、经济发展水平、市场供求特征、消费者的收入水平和消费水平这些综合因素紧密相关的。一定的经济体制、经济发展水平、市场供求特征、消费者收入水平和消费水平,必然地、内在地要求有一定的交易方式、经营模式、组织机构等与之相适应。同时,随着这些综合经济因素的发展变化,也必然地、内在地要求零售交易方式、经营模式和组织机构等进一步发生相应的变化,以适应新的经济形势对零售交易的要求。

在我国社会主义市场经济条件下,零售交易的类型、内容、模式等已经发展得相当复杂,而且仍在不断地演变与发展。零售交易演变与发展的原因主要有以下三个:

1.市场竞争机制和市场供求关系因素。在我国当前的零售领域中,总体上看,由于买方市场的形成,使卖方之间的竞争十分激烈。为了争夺市场与顾客,各类零售企业必须在交易方式、经营模式、组织机构等方面不断创新和发展,力求不断适应新的市场环境,不断提高企业自身的竞争力。

2. 消费者购买行为因素。我国消费品市场在供给的数量、品种等方面日益丰富,在商品供求平衡或者供过于求的买方市场已初步形成的条件下,广大消费者的购买心理已逐步成熟起来,消费者购买商品时的选择余地很大,消费者对销售服务的要求也不断提高。在这种市场态势下,各类零售企业为了提升对顾客的吸引力,在不断地细分目标顾客和目标市场的基础上,进行有针对性的精细化经营与管理,在经营方式等方面进行创新。

3. 科学技术在零售领域的应用水平因素。近年来,由于互联网技术、电脑软硬件技术、各类销售机械设备与技术等在商业领域的应用水平不断提高,大大拓宽了零售企业进行经营方式创新的物质基础,使各种建立在科学技术基础上的新的零售经营方式不断出现,如网上交易方式、自动售卖机方式等。

我们应该不断研究影响零售交易的方式、内容等演变与发展的相关因素,才能够大致把握零售交易的发展方向与具体内容。

### (二)零售交易的具体表现形式与内容

1. 零售交易表现形式的一般分类。

总结国内外理论界与实际经营部门对零售交易具体表现形式的分类,我们可以从五个不同的角度对零售交易的表现形式进行分类,具体分类情况参见表 5-1。

表 5-1 零售交易与零售企业的类型

| 分　　类 | 表现形式 |
| --- | --- |
| 1. 按所经营的商品范围分类 | 百货商场<br>超级市场<br>专业店、专卖店<br>便利店 |
| 2. 按是否设立销售门店分类 | 有店铺商场销售方式<br>自动售货亭、柜销售方式<br>网络、电话、电视等无店铺销售方式 |
| 3. 按开店的企业类型分类 | 厂商开设的直销商店<br>"前店后场"式的销售店<br>批发商业企业开设的零售商店<br>零售企业开设的商店 |

续表

| 分　类 | 表现形式 |
|---|---|
| 4. 按零售企业的组织机构分类 | 单店形式<br>总店与分店形式<br>连锁经营形式<br>商业企业集团形式 |
| 5. 按零售企业的服务方式分类 | 有柜台的售货员服务方式<br>顾客自选的开架销售方式<br>送货上门服务方式 |

需要强调的是，在我国理论界和企业界，上述分类中零售交易的许多具体形式是以"零售业态"的概念及相应的内涵表示出来的。"零售业态"的详细内容将在本书第七章专门陈述。

2. 零售交易在我国城市中的具体表现形式。

近年来，城市中的零售交易在表现形式、交易规模、繁荣程度以及对经济发展的关联度和贡献率等方面，已经成为我国零售业的"主战场"，因此，对我国城市零售业的研究是一项十分重要的工作。下面将我国近年来城市零售交易具体表现形式的演变及发展趋势大致归纳总结如下：

（1）单店零售店铺形式。所谓单店零售店铺形式，就是指这些零售交易是以一个具体的营业场所（店铺、营业大楼等）为交易平台的交易形式。例如，我国城市中普遍存在的"百货商场""购物中心""超级市场""商城""专业店""专卖店""便利店""杂货店""菜市场"等。这些单店形式可能是一个零售企业，也可能是多个零售企业在一种交易形式内经营（如"购物中心"或者"商场"内就存在多个或多种零售企业）。

（2）连锁零售店铺形式。所谓连锁零售店铺形式，就是指这些零售交易形式都是在连锁经营模式下从事零售交易的。例如，我国城市中普遍存在的"超市连锁""便利店连锁""专业店连锁""餐饮店连锁""美容美发店连锁"等。

（3）商业街形式。近年来，随着我国城市商贸业的不断繁荣发展，城市中的"商业街"得到了快速发展，不仅成为我国零售环节的重要形式，也是我国城市商业街区发展的重要趋势。总结我国城市商业街的类型与发展趋势，主要有以下四种类型：一是大城市中的大型中心繁华商业街；二是具有悠久历史和深厚文化底蕴的"老字号"商业街；三是城市中的区域性繁华商业街；四是特色化、专业化的商业街。以上四种商业街形式将在后面的章节中专门讲解,此不赘述。

(4)交易市场形式。目前,在我国城市中存在的交易市场的形式主要有以下三种类型:第一种是大型的专业化或者综合性的批发市场,包括生产资料批发市场、农副产品批发市场、日用工业品批发市场等。第二种是中型零售集贸市场形式。例如,农副产品集贸市场、日用百货集贸市场、花鸟虫鱼集贸市场等。第三种是小型菜市场。这类市场一般布局在居民集中居住的街区内。菜市场内经营着菜、果、肉、鱼、蛋、豆制品、熟食等各类食品。第一种市场属于批发环节,后两种市场则属于零售环节。

随着我国现代化大城市街区管理和环境要求的不断提高,许多大城市中的大型特大型批发市场已经不适合在"闹市区"经营,正逐步向郊区转移。中小型零售集贸市场和菜市场,在经营环境、卫生、交通等方面的管理要求和标准也不断提高,有些城市正在进行"农改超(农贸市场改造成为超市)"试点。总之,在我国大城市中,各类集贸市场的生存方式问题是流通经济学应该进一步深入研究的问题。

(5)无店铺交易形式。所谓无店铺交易形式,是指实施零售交易的具体过程并不需要以现实的"商场"或者"市场"为基础,而是通过互联网技术、通信技术等现代沟通与结算手段,在不需要传统商场或者传统市场的任何时间和地点实施的零售交易形式。

随着我国互联网技术、通信技术、零售机械技术等的不断发展、应用与普及,网上交易方式、电视电话购物方式、自动售货方式(设在繁华街道、车站等场所的自动售货柜等)也快速发展。特别是以互联网技术为基础的零售交易方式,俗称"网上交易",在我国的发展十分迅速,广大消费者通过网络实现的交易内容已经十分广泛,除了生鲜食品等少数特殊商品之外,几乎涉及日常生活所需的各种商品。

近年来,我国网上零售交易的发展十分迅速。同时,在网上交易的商品几乎无所不有。网上交易的发展对我国有店铺交易方式的冲击是十分巨大的:第一,网上交易在很大程度上改变了具有悠久历史的传统有店铺现场交易的模式,已经成为一种十分重要的零售交易模式。第二,网上交易对我国传统的百货商场、专业店等零售业态的顾客占有率和销售额都造成了巨大的冲击。第三,网上交易模式催生了配合网上交易的新的物流配送体系,使相应的物流企业和送货到门的物流方式得到了快速发展。

虽然网上交易已经十分普及(特别是在城市),每年的交易量也在不断增长,但是网上交易与有店铺交易相比,既有其优势,也存在难以克服的劣势。

第一,从销售价格水平来看,同类商品,网上交易减少甚至没有批发等中间环节,销售价格往往比较低;有店铺交易由于有店铺租金(或购买、建设商店成本)和进货成本等因素,销售价格往往比较高。

第二,从销售商品的种类来看,由于网上交易需要包装、运输、送货等物流环节,因此,诸如蔬菜、水果、鲜肉、活鱼、鲜花等生、鲜、活商品无法销售;而有店铺方式却可以销售任何商品。

第三,从消费者的购物体验来看,在购买服装、鞋帽、家用汽车等需要顾客亲自体验的商品购买过程中,有店铺交易方式具有很大优势。而网上购物方式,消费者无法直接体验,经常会买到不合适的商品。

第四,从购买商品出现质量问题、维护消费者权益的角度来看,有店铺交易方式相对容易一些,而网上交易方式由于受到空间、质量认定等因素的制约,相对麻烦,甚至无法得到合理的保护。

第五,从销售过程的物流配套要求来看,有店铺交易方式除了消费者购买大家电、家具、装饰材料等商品,商店一般要送货上门之外,在消费环节基本再没有其他的物流配送要求。网上交易则必须以十分强大的物流配送体系为基础,否则任何一件小商品都无法实现网上交易。换言之,没有物流配送体系,就没有网上交易。随着我国网上交易的发展,相关物流配送企业也越来越多,对物流配送企业的管理也提出了更高的要求。

现将网上交易与有店铺交易的优劣在表5-2中对比如下:

表5-2 网上交易与有店铺交易的优劣对比

|  | 有店铺交易方式 | 网上交易方式 |
| --- | --- | --- |
| 销售价格水平 | 价格较高 | 价格较低 |
| 销售的商品种类 | 所有商品都能销售 | 无法销售生、鲜、活商品 |
| 购物体验性 | 可在现场直接体验 | 无法在现场直接体验 |
| 交易的方便性 | 要付出行走时间到购物现场 | 方便、快捷 |
| 商品的质量保障 | 追究责任比较容易 | 追究责任比较难 |
| 物流配套要求 | 销售环节的物流配送要求低 | 要有强大的物流配送体系 |

3. 零售交易在我国农村的具体表现形式。

(1)设在大型乡镇中的超级市场、百货商场。我国一些交通便利的乡镇中,特别是经济比较发达的乡镇中,集中了一些中小型的专门为广大农村消费者日常生活消费服务的超级市场和百货商场,其中有些超级市场是城市连锁经营企业向农村市场发展分店设立的。

(2)各类农村集贸市场。各类农贸市场是我国广大农村最常见、最普及的市场形式。从这些市场的交易内容来看,有日常百货商品交易市场,有粮、果、菜、肉交易市场,有土特产品交易市场,有牲畜、活禽交易市场。从交易的时间来看,这类交易市场一般都有约定俗成的固定的交易日,有时也有一些不定期的交易。

(3)在"万村千乡工程"扶持下的"农家连锁店"。我国国务院和商务部为了更好地为"三农"服务,建立新型农村市场流通网络,改善农村消费环境,保障农民方便消费和放心消费,由国务院专门下发了《国务院办公厅转发商务部等部门关于进一步做好农村商品流通工作意见的通知》(国办发〔2004〕57号)。同时,商务部根据国务院这个文件的精神,又专门下发了《商务部关于开展"万村千乡"市场工程试点的通知》(商建发〔2005〕45号),决定从2005年起在全国选择部分县市开展"万村千乡"市场工程建设试点。

"万村千乡"市场工程的方针是:坚持以企业为主体,政府推动与市场机制相结合;坚持以市场为导向,"农家店"建设与当地实际相结合;坚持以效益为中心,企业长效发展与农民受益相结合。该工程的主要内容是:引导城市连锁和超市向农村延伸发展"农家店"。乡镇级"农家店"原则上以批零结合的综合性服务为主,鼓励其从事农资、日用小商品的批发与零售经营,以及政策允许的农副产品购销业务等。村级"农家店"以零售服务为主。该工程的具体建设方式是:引导各类大中型流通企业直接到试点县市的乡村投资建立、改造连锁"农家店";鼓励各类大中型连锁企业通过吸引小型企业加盟的方式到乡村建立、改造"农家店";支持各类中小型企业通过自愿连锁,即企业自愿结合,统一采购、统一建立销售网络的方式建设"农家店"。

目前,在我国广大试点农村,"农家店"的发展已经取得了初步的成效,但距"建立新型农村市场流通网络,改善农村消费环境,保障农民方便消费和放心消费"的目标还有一定的距离,对"万村千乡工程"的进一步研究与完善是流通经济学应该关注的重要问题之一。

(4)农民或者个体户自办的一些小型日用商品杂货商店。这类小型日用商品杂货商店一般都设在村子中,由农民或者个体户开办,满足农民日常生活的零星消费需求。

需要强调的是,分布在我国广大农村的大型农副产品批发市场是我国农副产品流通的主渠道之一,因这类市场属于批发环节,此处不再赘述。

### 三、零售业演变与发展的理论探索

从零售交易与零售企业的形式来看,零售业经历了长期而复杂的演变与发展过程。为了寻求这种演变过程的规律,国内外有关学者研究和提出了许多零售业演变规律的观点。下面对一些主要的观点进行简要的介绍,仅供研究、学习与参考。

#### (一)轮回说

轮回说是哈佛商学院零售学专家麦克奈尔(M. P. McNair)教授提出的理论。他认为,新型零售商业机构的变革像旋转的车轮一样具有周期性发展趋势。这种周期性轮回说的演变过程如下:

第一步,新的零售机构最初都采取"低成本、低毛利、低价格"的经营策略。

第二步,当该零售机构取得成功后,必然使许多企业效法,结果引起零售机构之间的竞争,迫使该机构改善经营设施,提供更多的服务。

第三步,设施的改善和更多的服务等又会引起各项费用的增加和成本的提高,迫使其提高销售价格,最后就会和它所代替的旧零售机构一样,转化为高费用、高价格、高毛利的零售机构。

第四步,又有更新的零售机构以低成本、低毛利、低价格的特色进入市场,于是"轮子"又重新转动,完成下一个轮回。

麦克奈尔以美国零售商业发展的实践证明:超级市场、折扣商店、连锁商店等都是因追求低价格销售而出现的,但随着时间的推移,都不能始终如一地贯彻"三低"政策,不得不提高商品价格,而当价格提高到一定程度,又必然走向反面,而被另一新的零售机构所替代。他认为,一百多年来的美国零售业正是按照这种"轮回"发展的。

#### (二)综合化与专业化循环说

综合化与专业化循环说假设零售商业机构总是在综合化经营与专业化经营之间循环发展。其循环发展的轨迹是:①零售业以经营尽可能多的品种占主导的阶段;②通过加深专业化程度,进入各具特色的专业化经营占主导的阶段;③再次回归到品种多的综合化零售经营阶段。

按照综合化与专业化循环说,美国等西方发达国家零售业的发展可大概划分为五个时期:①杂货店时期(品种综合化时代);②专业店时期(品种专业化);③百货店时期(品种综合化时代);④超级市场时期(专业化时代);⑤商业街时期(综合化时代)。这个过程也可描述为如图 5-1 所示的循环周期。

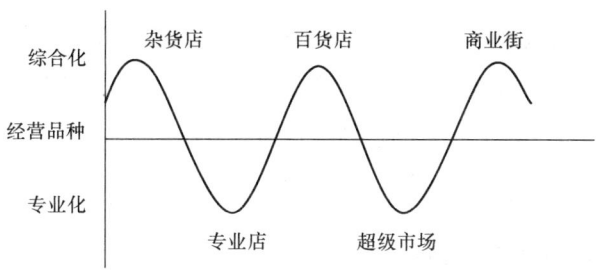

图 5-1　零售业的综合化与专业化循环说示意图

### (三) 进化说

进化说是以达尔文"适者生存"的进化理论来说明零售业发展的规律。该理论认为,零售业必须同社会经济环境的变化相适应,才能不断发展,否则就会被淘汰。零售机构就是在这种优胜劣汰、适者生存的"进化"过程中不断地演变与发展的。

### (四) 辩证发展说

辩证发展说是根据黑格尔哲学中的"正、反、合"原理来说明零售机构发展规律的。所谓"正",是指旧的零售机构;"反"则是指它的对立面——新的零售机构;"合"则是前两者相互学习、取长补短的产物。例如,第二次世界大战后,在城市商业中心设置百货商场,拥有丰富齐全的商品和热情周到的服务,很受消费者欢迎。到了 20 世纪 50 年代初期,传统百货商店却被它的对立面——折扣商店所代替。折扣商店注意压缩商店开支,实行自我服务,降低价格,不设免费服务项目。竞争的结果是,在 20 世纪 60 年代又出现了更新的零售机构——商品种类齐全的折扣商店。在这种变革的过程中,传统的百货商店就属于"正",早期的折扣商店就属于"反",商品种类齐全的折扣商店则属于"合"。

### (五) 生命周期说

生命周期说认为,同产品生命周期一样,零售机构也有生命周期。随着时代的发展,零售机构要经历"创新阶段""发展阶段""成熟阶段""衰退阶段"。

创新阶段是指对某种传统的经营方式进行改革,研究和创造出新的经营方式。发展阶段是指新的经营方式在市场竞争中逐步发展,销售额和利润额上升的比率较快的阶段。成熟阶段是指虽然新的经营形式所占的市场份额相对稳定,但利润水平开始下降,同时,另一种更新的经营形式开始进入"创新阶段",对该零售商业形式构成威胁。衰落阶段是指该经营形式的市场份额大幅度下降,利润水平显著降低,甚至出现亏损,在成熟阶段的市场主导地位完全被新的经营形式所取代。随着市场竞争的加剧,各种零售经营形式的生命周期将越来越短。

### (六)"真空地带"创新说

"真空地带"创新说认为,在若干比较成熟的零售业态的边缘地带,形成这几种业态都不涉及的经营"真空",一些经营者以弥补这种"真空"为内容,找到市场发展空间,形成新的零售业态。当这类新的零售业态再次出现饱和后,另一些经营者又会从某种经营的"真空"地带寻找到新的经营形式,形成另一种新的业态。零售业就是以这种方式不断演变与发展的。

### (七)零售业的"三次革命"说

国内外理论界普遍认为世界各国的零售业都经历了"三次革命",具体观点如下:

1. 零售业的第一次革命。零售商业的第一次革命是大型百货商场经营模式的产生。19世纪中叶以前,零售商业的主要经营模式是小商店、小杂货商店等。欧洲产业革命后,西方国家城市化的发展速度加快,广大消费者的消费行为完全货币化,消费者越来越集中,人数也越来越多,消费需求也变得十分复杂,对购物环境的要求也越来越高,小店铺的经营模式已经不能适应这些消费需求了,因此,大型百货商场经营模式便应运而生。

大型百货商场完全突破了小店铺的经营模式,营业面积很大,商场内按商品的种类分不同的营业部,所经营的商品花色品种全、质量好、明码标价、购物环境舒适,成为19世纪中期到20世纪末期最受城市消费者欢迎的、市场竞争能力很强的零售商业。

2. 零售业的第二次革命。零售商业的第二次革命是连锁经营模式的出现。大型百货商场经营模式产生后,经济比较发达的市场经济国家的零售业逐渐进入了激烈竞争的买方市场时代,零售商业企业之间的激烈竞争使商业平均利润率不断下降,经营成本不断上升,市场占有率很难进一步扩大。为了进一步提高零售商业企业的规模化程度,扩大市场占有率和保持更强的获利水平,零售商业企业突破了单店经营模式,逐步向连锁经营模式发展。

连锁经营模式产生以后,以网点多、销售额大、市场占有率高、竞争力强、运行成本低、经济效益好的特点和优势,很快成为世界各国零售业的"老大",使大型百货商在它面前也相形见绌。

3. 零售业的第三次革命。零售商业的第三次革命是超级市场经营模式的出现。最早的超级市场产生于20世纪30年代的美国。超级市场以其开架自选的购物方式、适合消费者日常消费所需的商品结构、低廉的商品价格、一次性快捷的结算方式和接近广大消费者住宅区的商业网点布局,受到了广大消费者的欢迎,并在全世界迅速传播。同时,超级市场经营模式和连锁经营组织形式结合起来,形成了更加强大的市场竞争优势,造就了许多特大型、跨国化、现代化的超级市场连锁经营企业,成为当代零售业中最具发展潜力的经营模式。

4. 关于零售业三次革命说的顺序争论及其原因。理论界关于零售业经历了三次革命的理论是被广泛承认的,但关于三次革命的发生顺序却有三种不同观点。第一种观点是:"大型百货商场产生——→连锁经营模式产生——→超级市场产生";第二种观点是:"大型百货商场产生——→超级市场产生——→连锁经营模式产生";第三种观点是:"大型百货商场产生——→连锁经营与超级市场产生——→电子商务模式产生"。

产生这三种不同观点的原因如下:第一种观点主要产生于美国,因为美国的零售业就是按"大型百货商场——→连锁经营模式——→超级市场"这样的演变过程发展的;第二种观点主要产生于日本,因为日本的零售业就是按"大型百货商场——→超级市场——→连锁经营模式"这样的演变过程发展的;第三种观点产生于包括中国在内的发展中国家,因为中国的零售业就是按"大型百货商场——→连锁经营与超级市场——→电子商务模式"这样的演变过程发展。因此,这三种不同的观点没有对错之分,它们都比较准确地描述了本国零售业的发展过程。

5. 第四次零售革命说。近年来,包括网上购物在内的电子商务零售模式的发展十分迅速。据我国商务部的数据,截至2014年,我国电子商务交易总额增速达到28.64%,全年网络零售额增速较社会消费总额增速快37.7个百分点。我国移动电子商务也呈现爆发性增长。2014年,我国移动购物市场交易规模达到

8 956.85亿元,年增长率达234.3%。特别是涉农电子商务,得到了快速发展。商务部和财政部联合启动了"电子商务进农村综合示范"项目,在全国8个省56个县开展了电子商务应用示范项目。商务部建设开通了全国农产品商务信息公共服务平台,累计促成农副产品销售2 300多万吨、交易额达870多亿元。基于上述这些新的发展趋势,有些学者认为,继零售业的"三次革命"之后,由于电子商务在零售领域的广泛应用,而正在引发第四次零售业革命,即零售业的电子商务革命。

## 第三节 商品流通渠道和流通环节

### 一、商品流通渠道与流通环节的概念

#### (一)商品流通环节

商品从生产领域向消费领域的运动过程,从物流的角度可分为收购、运输、储存和销售四大环节;从商品的经营方式的角度可分为批发和零售两大环节。因此,商品流通环节是指商品从生产领域到消费领域转移的过程中所经过的批发与零售,以及相关的收购、运输、储存和销售等业务环节。商品流通环节的运行过程参见图5-2。

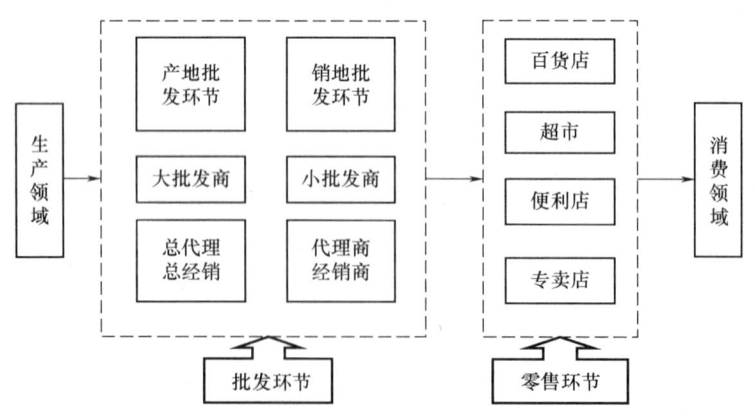

图5-2 商品流通环节运行过程示意图

## (二) 商品流通渠道

商品流通渠道是指商品在各交易主体从事商品交易活动的推动下,从生产领域向消费领域转移过程中,由不同的批发、零售、收购、运输、储存等流通环节连接而成的、具体的商品位移路线。

在市场经济的社会化大生产条件下,由于商品的供求之间与产销之间在数量、结构、时间和空间等方面存在各种矛盾和特性,客观上要求有不同的商品流通渠道来适应这些矛盾和特性。因此,商品流通渠道不是单一的,而是多样化的。不同商品有不同的流通渠道,同种商品也可能有不同的流通渠道,商品流通企业必须根据不同的情况,选择不同的批发、零售、收购、运输、储存方式和环节,构成适当的商品流通渠道,将商品输送到消费领域。现将这种复杂的流通渠道通过图 5-3 表示出来。

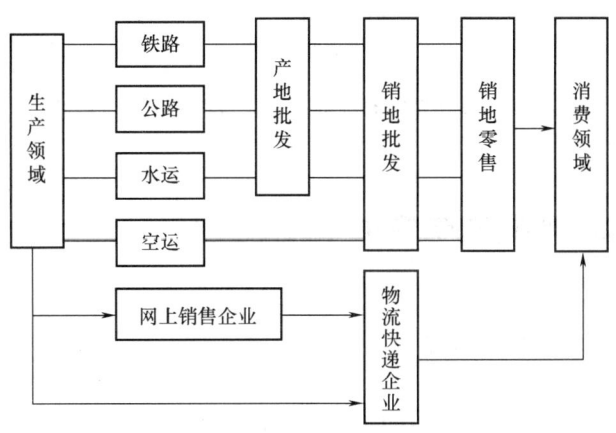

图 5-3 现实商品流通渠道的示意图

## 二、商品流通环节与渠道的关系

商品从生产领域向消费领域转移的过程并不是紊乱、无序的,而是在经济利益的推动下,按照一定的流通环节和渠道运行的。

商品流通要达到快捷、有序、有利的目的,必然要经过各种必要的环节,同时,每一个具体的商品流通过程又受各种因素的影响和制约,会选择不同的商品流通渠道。因此,商品流通环节是构成商品流通渠道的基本框架,商品流通渠道则是以商品流通环节为基础构成的商品流通的具体路线和方向。商品流通环节与渠道是相辅相成的,没有商品流通环节,商品流通渠道就失去了赖以存在的基本框架,只有商品流通环节而没有商品流通渠道,商品流通就失去了具体的路线、方向和目的。商品流通环节和渠道共同构成了商品流通过程的全部内容。一般来讲,商品流通渠道是包括商品流通环节在内的商品流通渠道(参见图5-4)。

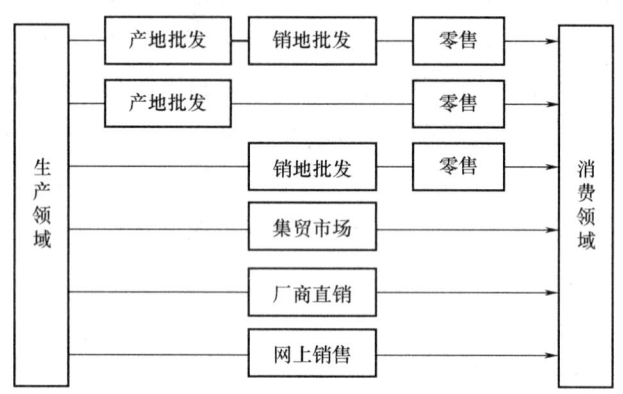

图5-4 流通环节与流通渠道结合在一起的示意图

## 三、商品流通渠道的类型

### (一)产销合一的流通渠道

产销合一的流通渠道是指商品生产者兼生产职能与流通职能于一身,既从事商品生产,又直接参与商品流通业务而构成的流通渠道形式。商品生产出来以后,生产企业不需要商业企业作为中间媒介,而是直接与消费者联系,商品经过一次性买卖转手便完成了流通过程。

产销合一的流通渠道的特点是渠道短,环节少,产销直接见面,商品实体运动和价值形态的变化通过一次交换即完成。

适合产销合一流通渠道的商品流通有三种情况:一是在商品经济不发达阶段所采用的主要流通渠道方式。这个阶段由于生产与需求在内容、范围、方式等方面都比较狭小和简单,因此,产销合一的流通渠道可以用最少的流通时间和流通费用将商品从生产领域输送到消费领域。二是在发达市场经济条件下,某些生产和消费地点都比较集中、需求规模比较大、需求品种比较单一的生产资料、农副产品等的商品流通也采用产销合一的流通渠道。例如,钢板制造厂商与汽车制造厂商之间的钢板交易;农业生产者对大型肉食品加工企业的原料供应交易等,都属于产销合一的商品流通渠道类型。三是在当前互联网十分发达的时代,许多处在生产领域的厂商为了扩大市场覆盖面,提升销售额,通过相关的电子商务销售网站销售自己生产的产品,买方在网上购买其产品之后,生产厂商直接通过第三方物流甚至本企业的物流配送系统将产品送到购买者手中的购买方式,等等,这些都属于电子商务环境下新型产销合一的渠道类型。

### (二)产销分离的流通渠道

产销分离的流通渠道又称商业渠道,是指由独立的商业部门专门组织商品流通,媒介生产与消费关系的商品流通渠道。产销分离的流通渠道是商品经济发展到一定阶段,社会化分工发展到一定程度,使流通职能独立化的结果。产销分离的流通渠道是商品流通过程中专业化分工程度最高的一种渠道形式,是发达市场经济条件下商品流通渠道的主要形式。

产销分离的流通渠道的具体内容是:商品生产出来之后,在市场供需的引导下,经由批发商和零售商的收购、运输、储存、加工、集配和销售等中间性经营活动,最后到达消费者手中的形式。

产销分离的流通渠道存在的客观原因有:①商品经济的发展和市场的扩大使商品流通在时间和空间上的矛盾日益突出,商品空间移动的距离和范围不断延长和扩大,这就在客观上要求有商品流通的专门机构来组织商品流通,提高商品流通效率。②由于不少商品的常年生产、季节消费特性和季节生产、常年消费特性,造成产销与供求之间的不平衡,客观上需要在生产与消费之间有一个专门从事商品流通的行业来起协调、平衡和衔接作用,化解和理顺这些矛盾。产销分离的流通渠道具体有四种类型:

1. 生产者──→产地批发商──→销地批发商──→零售商──→消费者。
2. 生产者──→销地批发商──→零售商──→消费者。
3. 生产者──→销地零售商──→消费者。
4. 生产者──→代理商──→用户或者消费者。

### (三)产销结合的流通渠道

产销结合的流通渠道是指由生产企业内部设立的专职推销商品的机构来承担商品流通职能的流通渠道形式。产销结合的流通渠道可分为两种类型:一种是生产部门设立的专职推销商品的机构将所经营的商品直接销售到最终消费环节的流通渠道;另一种是先由生产企业的销售机构将所经营的商品通过交易的方式输送到流通领域的专职商业企业,再由商业企业继续完成商品从流通领域到消费领域的流通渠道。

在现代市场经济条件下,生产企业设立专职推销机构构成产销结合的商品流通渠道的好处有:①生产企业可以根据产品特性、市场需求、竞争对手情况等,自主设计出符合竞争要求和自身经营理念的流通渠道;②生产企业可以对自设的专职商品流通渠道实施直接管理,从而有效提高商品流通效率和服务质量;③生产企业可以更准确、更及时地掌握市场供求信息,对市场发展变化趋势进行更科学的预测。

此外,还有一种供应链式商品流通渠道。供应链式商品流通渠道是指大型主导商业企业或者工业企业为了最大限度地满足快速变化的市场与消费需求,通过契约关系和科学管理方法,将商品在产销过程中所涉及的相关制造、供应、仓储、运输和销售方面的企业、环节和机构有机地结合成一个有序的"链条"化整体商品流通系统,通过对这个链条化流通系统的管理与协调,使商品流通过程在环节、路线、储运方式、库存数量与结构、商品配送数量与结构、商品配送时间与地点等方面达到协调化、最优化和高效化,使商品流通运行成本最低化,从而达到全面提高这个链条中所有企业的市场竞争力的目的。

综上所述,虽然商品流通渠道的类型十分复杂,但是商品流通渠道绝不可以任意设定,商品流通渠道的形成是商品供求关系、经营与竞争、产销特点、商品的物理化学特性、流通技术手段等因素相互制约与相互影响而客观形成的。

现将商品流通渠道的类型用图 5-5 表示出来。

## 四、商品流通主渠道

### (一)计划经济体制下商品流通主渠道的内容

在我国计划经济的流通体制中,商品流通主渠道就是以国营商业企业控制购、运、存、销以及批发与零售环节的日用工业品商品流通渠道;以供销合作社控制的农业生产资料和部分日用工业品供应的商品流通渠道;以国营物资供销部门控制的生产资料产品的"调拨"渠道。没有国营商业企业的主渠道作用,也就没有计划商品流通,全社会的计划经济体系也就无法运行。当时的国营商业企业完

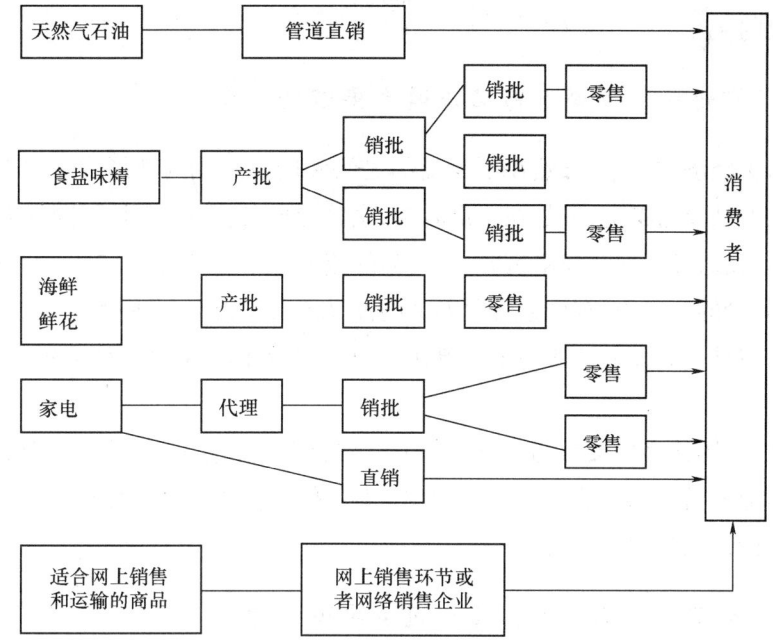

图 5-5 商品流通渠道的类型示意图

全主导了全社会的商品流通,成为所有商品流通的"主渠道"。

### (二)市场经济体制下商品流通渠道的形成

在我国社会主义市场经济体制下,上述国营商业企业主导下的商品流通主渠道已经完全消亡,取而代之的是除极少数特殊商品(国家的储备粮食、重要稀缺原材料和资源、关系人民身体健康的医疗卫生产品等)由国家有关部门及相关国有企业控制其流通过程之外,其余绝大部分的生产资料和生活资料的商品流通渠道都是由各生产企业和各商业企业在市场经济规律的要求、商品的特性、市场供求关系、企业经营目标、自然条件等因素的影响和制约下"自主"和"自发"形成的。

### (三)市场经济体制下商品流通渠道的复杂性与多样性

市场经济体制下"自主"和"自发"形成的商品流通渠道不仅在不同商品之间形成了复杂的、多样化的多条流通渠道,而且同种商品也形成了复杂的、多样化的多条商品流通渠道。例如,不仅作为生产资料的钢材产品的流通与作为生活资料的服装商品的流通形成了不同的商品流通渠道,而且钢材产品本身的流通或者服装产品本身的流通也不是只靠某单一流通渠道完成,而是通过多条不同的流通渠道来完成的。

### (四)市场经济体制下商品流通主渠道的概念

在市场经济体制下,虽然在不同商品之间和同种商品内部形成了复杂、多样化的多条商品流通渠道,但是在一定时期,全社会同种商品(不是不同种商品)的流通总量,在通过不同流通渠道时,其商品的流通量不是平均分配的,而是有主有次、有多有少的。其中,有少数流通渠道的商品流通量很大,在同类商品的各流通渠道中起主导该类商品流通的主渠道作用,其他多条同类商品的流通渠道则起着辅助作用。

因此,我国社会主义市场经济体制下商品流通主渠道是指在同类商品通过多条商品流通渠道流向消费领域的过程中,其中商品流量最大、承担衔接产销关系主要任务的商品流通渠道。

### (五)市场经济体制下商品流通主渠道的作用

在现代市场经济体制下,具有社会化、现代化、规模化、国际化特点的生产与需求关系客观上要求大市场、大流通的方式来支撑,这就必然要求流通领域中的市场交易关系与流通秩序要能适应大市场、大流通的流通主渠道存在。同时,我国地域辽阔,区域间、部门间、行业间、企业间、供求间、产销间的经济关系十分复杂,如果没有主渠道,就很难构建符合社会化大生产和现代市场经济运行要求的新型的、有序的产销关系。只有建立一套全新的、完善的、符合我国国情的商品流通主渠道体系,才能充分发挥市场运行机制的调节作用,有效配置资源和衔接复杂的产销关系,总体上保证我国国民经济的平稳运行。

在国外发达市场经济国家的流通体系中也存在各类商品的流通主渠道,这些商品流通主渠道构成了有序的商品流通体系,支撑着整个国民经济的正常运行。

### (六)市场经济体制下商品流通主渠道的构成

市场经济体制下同类商品流通主渠道的形成过程是:在价值规律、供求规律等经济规律的内在要求和调节之下,在不同商品的供求关系、物理化学特性、贮运技术水平、交通运输条件、商业地理位置等多种因素的制约下,在长期的市场交易过程中,自发地、逐渐地形成全社会公认的、在同类商品流通中流通量最大的、在衔接该类商品的产销关系中起关键作用的商品流通渠道。

构成我国新型商品流通主渠道的内容比较复杂,常见的主要有以下八大类别:各类工业生产资料产品的流通主渠道(钢材、煤炭、石油、木材、化工原料、机械设备等);各类农业生产资料产品的流通主渠道(化肥、农药、种子、地膜等);粮食流通的主渠道;日用工业品的流通主渠道(家电、服装、鞋帽、家具、厨具、小五金等);各类农副产品的流通主渠道(菜、禽、肉、蛋、果等);建筑与装饰材料的流通主渠道;文化体育用品流通的主渠道;电脑软硬件设备的流通主渠道。

### (七)商品流通主渠道中的主导流通企业

前面已经讲过,商品流通渠道中包括了购、存、运、销以及批发和零售等环节。在商品流通主渠道的各个环节中承担商品流通业务的主导企业也绝不是由政府行政力量指定的,而是在平等的市场竞争条件下,企业通过自己的努力奋斗"争"来的。同时,在商品流通主渠道中承担商品流通业务的企业往往不是一家,而是多家并存,相互竞争。因此,能够"挤入"商品流通主渠道各环节的企业不是一成不变的,而是动态的、不断变化的。

**复习思考题:**

1. 批发交易的功能是什么?
2. 批发市场的性质、类型与作用主要有哪些?
3. 影响和制约零售业分类的因素和条件主要有哪些?
4. 如何理解国内外零售业演变与发展的有关理论?
5. 我国网上交易的发展趋势是什么?
6. 商品流通渠道与环节的含义主要包括哪些内容?
7. 形成不同商品流通渠道的原因是什么?

# 第六章 商品流通的交易方式

**学习重点**

- 1.影响交易方式演变与发展的因素；
- 2.常见的现货交易的种类；
- 3.期货交易的概念、功能、组织结构、交易类型和方式；
- 4.代理交易的概念、特征与类型。

## 第一节 现货交易

### 一、现货交易的概念与构成

#### (一)现货交易的概念

现代市场经济条件下的现货交易已不仅仅是"一手交钱一手交货"的概念了，而是指在非期货市场、非远期合同市场、非证券交易市场、非资本市场上，交易双方在平等自愿的基础上进行当期的、现实的商品(期货交易、证券交易等都不是当期的、现实商品的交易)与货币的交易。常见的现货交易主要有以下三种类型：

1. 商品交易双方在同一时间、同一地点进行钱货同时交换"商品"或者"服务"的买卖行为。这种交易行为在零售环节和批发环节都可以采用：在零售环节，消费者(一般是商品的最终消费者)在商场、市场或者其他场合中，用货币、信用卡或者电子银行的结算方式购买现实商品或者服务的交易行为，称为现货交易。在批发环节，买卖双方在市场上用货币、信用卡或者电子银行的结算方式进行批量化现实商品交易的行为，也称为现货交易。

2. 包括先付款再交货、先交货再付款、分期付款、信用卡结算等交易方式在内的信用交易行为。例如,在网上零售交易过程中,一般采取购买方在网上购买商品,物流方送货到门之后,购买方确认商品没有问题时再由第三方给卖方付款的交易方式。

3. 包括拍卖交易、信托交易、租赁交易等在内的其他交易。

交易的手段与方式不是一成不变的,也不是任意变化的,而是沿着一定的"轨迹"发展变化。约束和促进交易手段和方式不断发展变化的因素主要有以下三个方面:

第一,社会生产力发展水平、社会分工程度、商品经济关系的发展程度、经济活动对交易的要求,必然影响、要求和促进交易方式的不断演化与发展。

第二,不同商品流通的内容、特点、环节和目的等因素决定了不同交易方式的采用。

第三,销售、管理、运输、储存、包装、通信、信息技术等相关科学技术的发展和应用水平对交易方式的演变也起到了重要的促进作用。

(二)现货交易的构成

人们的交易活动是在一定的交易方式下进行的。交易方式是人们在交易过程中公认的、通用的、规范的交易模式。交易方式由交易主体、联系途径、交易手段、交易规模、结算方式和交割程式六个因素组成。其中,交易主体是指参与交易活动的经济人或法人。联系途径是指交易双方或者多方寻找对方、沟通信息的具体方式,如是通过市场联系,还是通过中介人联系,还是通过通信工具联系等。交易手段是指交易者之间进行具体交易的方式,如谈判交易、竞争交易等。交易规模是指交易数量的多少或者批量的大小。结算方式是指交易双方约定的"算账"办法,如现金结算、分期付款、票据结算、易货结算等。交割程式是指储存、验货、送货、接收的具体过程和方式。

在现实的经济活动中,交易的目的、内容、范围、规模、空间、时间、频率等方面千差万别,为了适应这些复杂的情况,就必须有针对性地对交易的联系途径、交易手段、结算方式和交割程式进行选择,甚至对这些交易构成因素进行必要的改进、创新和演变。对交易因素的选择、改进、创新、演变、组合等的结果便构成了不同的交易方式,如批发交易、零售交易、期货交易、信托交易、代理交易等。

## 二、交易方式与商品流通企业之间的关系

### (一)交易方式决定着商品流通企业的类型与组织结构

1. 交易方式决定了商品流通企业的类型。在现代市场经济条件下,由于交易方式在内容、范围和技术等方面的复杂性,使商品流通企业在经营类型方面必须不断地专业性细化,以适应越来越复杂的交易要求。

交易方式促使商品流通企业进行专业性细化发展的途径有:一是促使商品流通企业的类型在商品流通过程和环节方面的专业性细化,例如,细化为批发业、代理业、储运业、零售业等类型;二是促使商品流通企业在经营内容分类方面的专业性细化,例如,在批发业中,细化为日用百货批发、小食品批发、体育用品批发、农副产品批发等类型;在零售业中,细化为百货、服装、家电、食品等类型;三是在经营业态方面,细化为超级市场、仓储店、专卖店、百货店等类型。

2. 交易方式决定了商品流通企业的组织结构。由于交易方式的规模、特性和市场竞争特点等的不同,迫使商品流通企业必须在组织结构方面不断地发展变化,以适应交易方式的这些特性。例如,当卖方之间竞争激烈且需要不断地扩大市场占有率时,可采取连锁经营的组织结构或者"总店—分店"的组织结构;当企业的经营内容较多且达到一定规模时,为了提高管理效率,可采取集团化的组织结构形式;当既需要扩大农副产品的市场销路又需要保障农副产品的供给时,可采取"公司+农户"的组织结构;等等。

### (二)先进的商品流通企业类型和组织结构也会促进交易方式的发展变化

一定的交易方式决定着相应的商品流通企业类型和组织结构,但是先进的商品流通企业类型与组织结构也会促进交易方式的发展变化。例如,在传统的单店经营组织结构模式下,商品流通的典型过程是"生产企业——批发企业——零售企业"。但是,在现代连锁经营的企业组织结构模式下,由于规模化的连锁经营企业内部设有效率高、规模化的物流配送机构,导致传统的商品批发环节弱化和批发企业的衰退,形成了"生产企业——连锁经营零售企业"的商品流通模式。

## 三、现货交易的类型与内容

现代市场经济条件下的交易方式十分复杂,从不同的角度可将这些交易方式大致分类如下:按交易环节的不同,可分为批发交易、零售交易、代理交易等;按交易内容的不同,可分为证券交易、信用交易、信托交易、拍卖交易、补偿交易、投标交易、租赁交易、许可证交易等;按交易时间的不同,可分为现货交易、远期合同交易、期货交易等;按交易技术的不同,可分为网上交易和线下交易等。

### (一)信用交易

信用交易包括商业信用和消费信用两种。

1. 商业信用。

(1)商业信用的概念。商业信用是指在商品交易过程中,交易双方不是采用商品与货币的即期现货交易,而是采用延期付款或提前付款等信用形式进行交易的方式。商业信用交易方式是在厂商与商品流通企业、商品流通企业内部(批发商、代理商与零售商之间)的交易过程中经常采用的方式。

商业信用交易的方法是:卖方以赊销或者延期收款的方式向买方提供信贷,进行商品交易,或者买方以预购预付货款的方式向卖方提供信贷,进行商品交易。

(2)商业信用的作用。在现代商务环境下,商业信用有以下两个方面的重要作用:

第一,在企业的生产经营过程中,各相关企业在产需的时间、空间、环节等方面经常不一致。例如,有些企业生产出来的商品等待出售,而需要这些商品的企业暂时缺乏现款,或者有些企业有生产能力却暂时缺少生产所需资金,等等。商业信用能够有效地衔接产销关系和供求关系,保证生产经营的正常进行。

第二,当市场供求关系处在供过于求的条件下,卖方为了抢占市场,便提供给买方先供货后付款的信贷优惠,以促进或刺激商品的销售;或者市场供求关系处在供不应求的条件下,买方为了争夺货源,必然采用向卖方先预付货款后取得商品的信贷优惠,从而稳定货源渠道。商业信用有助于开拓销售市场,稳定货源渠道,提高企业的竞争力。

(3)商业信用的局限性。虽然商业信用具有上述重要作用,但是商业信用也存在以下三个方面的局限性:

第一,商业信用受信贷规模的限制。商业信用是生产经营企业之间提供的信用交易方式,没有银行参与,因此,其信用交易的资金规模受到限制。大规模的生产经营用资金很难通过商业信用方式来解决。

第二,商业信用受企业资金周转时间和周转速度的限制。由于商业信用交易双方在正常的生产经营条件下不断地需要资金,因此,双方都不可能为对方提供长期的信用贷款(如预付商品后却长期不结算,预付资金后却长期不供货等),只能提供短期的信用贷款。

第三,信贷内容和方式的限制。商业信贷双方互为对方提供的只是生产经营所需的有关商品、原材料和少量资金,不可能为对方提供企业发展所需的基础建设、更新设备、产品开发、市场开拓等其他用途的大批量资金。

2. 消费信用。

(1)消费信用的概念。消费信用是商品经营企业或者银行对家庭或个人消费提供的信用交易方式,主要包括赊销和消费信贷两种类型。

①赊销。赊销主要有分期付款方式和信用卡交易方式。分期付款方式是消费者与销售企业签订购买某商品的分期付款合同,然后由销售企业先将商品提供给消费者使用,消费者按合同的要求分期偿付货款。信用卡交易方式是消费者先在银行按要求存入一定的资金并办理购物信用卡,消费者持信用卡可在指定的销售企业购买商品,也可按规定在一定范围内"透支"信用卡,销售企业定期与银行统一结算消费者应付货款。

②消费贷款。消费贷款是金融机构提供给消费者个人用来支付购买所需商品的资金的信贷方式。消费贷款包括短期消费贷款和长期消费贷款两种。

短期消费贷款适用于资金数额小、周转快的消费贷款项目。例如,消费者购买大型家用电器、高档家具等的贷款。长期消费贷款适用于贷款数额较大、还款期较长、高档耐用消费品的项目,如购买房产、家用汽车等的贷款。如果贷款者在规定期限内无法偿还消费贷款,一般按规定将所购买的房产或者汽车收回,以抵消贷款。

(2)消费信用适用的条件。

第一,采用消费信用交易的商品一般都是供过于求的商品。生产经营者为了促销,不得不采用这种方式来刺激消费者的购买行为。如果是处在供不应求的市场格局下,就没有必要采取这种交易方式。

第二,消费信用所涉及的商品一般都是市场价格比较稳定的中高档耐用消费品,如房产、家用汽车、高档家用电器等。低值易耗商品和鲜活商品等不适用消费信用交易。

(3)消费信用的作用。

第一,消费信用可以刺激消费者的购买欲望,扩大消费规模。由于种种原因,价格昂贵的消费品有些消费者难以一次性付清全部货款,消费信用便可以有效地解决这个问题。

第二,消费信用可以保证生产经营企业的正常生产,防止产品大量积压和生产经营的大起大落。在市场不景气的时候或者市场竞争激烈的情况下,灵活地运用消费信用可以促进产品的销售,保持市场需求的相对稳定,保证生产经营的正常运行。

第三,消费信用可以更广泛地提高消费者的物质生活水平。例如,只有较高收入或者较多资金积累的消费者才有可能买得起诸如家用汽车和舒适的房产等这类商品。这类消费者的年龄普遍较大,而年龄较小的广大消费者则没有资金实力实现这些购买欲望。采用消费信用方式,可以使年龄较小的广大消费者或者因种种原因一时无法一次性偿付全额货款的消费者能够尽早地、及时地实现这些购买需求。

### (二)信托交易

1. 信托交易的概念。信托交易是指信托企业接受其他企业委托,以自己的名义代理其他企业从事购销商品或者经营业务,并取得报酬的交易方式。实施信托交易的企业主体一般是信托交易商行、信托公司、寄售商店、贸易货栈、拍卖公司等。

2. 信托交易的业务。

(1)委托代销业务,即企业或者个人将欲出售的商品交给信托企业,由信托企业代理出售的交易。

(2)委托代购业务,即企业或者个人将欲购买的商品交给信托企业,由信托企业代理购进的交易。

(3)委托投资业务,即企业或者个人将富余又寻找不到合适投资项目的资金委托专业信托投资公司进行投资的交易。

3. 信托交易的特征。信托公司与委托企业或者委托个人签订信托合同后,信托公司一般都以自己的名义来进行信托经营活动,并按合同规定承担相应的责任和义务,与委托人无关。信托公司在未得到委托人同意或者授权的情况下,一般不得擅自变更委托人的要求,否则要承担一切后果。

信托交易与代理交易的根本区别在于,在信托交易活动中,信托公司是以自己的名义开展业务的,要独立承担相应的法律责任,而代理商对所代理的商品不拥有直接的所有权,不承担相应的法律责任。

### (三)拍卖交易

1. 拍卖交易的概念。拍卖交易属于信托交易中一个特殊的交易方式。拍卖交易是指欲出卖商品者委托拍卖行在拍卖市场上通过竞买人的竞争,将拍卖标的(所拍卖的商品)拍归最高出价者的买卖交易方式。

实施拍卖交易的企业是经有关部门正式批准成立的拍卖公司、拍卖中心、拍卖行等实体。拍卖经营实体的收入是拍卖成交后,按事先商定的比例,向卖方、买方或者双方收取的佣金。

在拍卖交易中经常使用的术语有:

拍卖标的:依法可以通过拍卖方式出售的商品或转让的财产。

委托人:委托拍卖企业拍卖享有商品所有权和处置权的商品或财产的自然人、法人或者其他组织。

竞买人:到拍卖市场中竞购拍买标的的自然人、法人或者其他组织。

受买人:在拍卖市场上通过竞拍购得拍卖标的的竞买者。

起拍价:拍卖市场在开始拍卖交易时,宣布竞买拍卖标的的起始价。

加价幅度:拍卖市场在拍卖师竞价叫卖过程中每次加价的最低价格标准。

2. 拍卖交易的交易方式。拍卖交易主要有以下五种交易方式:

(1)买方叫价拍卖,又称"有声拍卖",即以拍卖市场当众宣布预先确定的最低价格为起点,由竞买人竞相加价,直至某竞买人出价最高且无人再应价时,由主持人以木槌击板宣告成交。

(2)卖方叫价拍卖,又称"无声拍卖",即在拍卖时竞买人不叫价,由拍卖市场主持人按一定的加价幅度叫价,竞买人以约定的手势或者举牌等方式示意,表示应价或者加价,直至某竞买人出价最高且无人再出更高的价格时,由拍卖主持人以木槌击板方式宣告成交。

(3)减价拍卖,即由拍卖市场主持人先喊出所拍卖商品的最高评估价格,然后逐次喊出按一定幅度降低的价格,直到有竞买人表示接受而成交。这种方法不常使用。

(4)无底价拍卖,即拍卖市场不宣布拍卖标的的起拍价,直接由竞买人叫价竞买,直至产生最高出价后成交。这种方式适用于难以事先估价的商品。

(5)密封递价拍卖,即由拍卖市场先公布所要拍卖商品的详细情况和拍卖条件,然后由竞买人在规定的时间内将事先商议好的密封竞买标书递交拍卖市场,由拍卖市场在事先公布的时间公开开启,经比较后选择出价最高者成交。

3. 拍卖交易的要求具体如下:

(1)拍卖必须事先发出公告,将所拍卖的内容、时间、地点和要求提前公布。

(2)拍卖必须是现货交易。拍卖成交后,双方必须进行现货交易,不能拖欠货款或不按时交出所拍卖的商品。为了保证拍卖交易的顺利成交,对拍卖双方的要求是:在拍卖交易开始以前,所要拍卖的商品实物必须运到拍卖场所,并让买主亲眼察看,由于技术原因无法运达的,要事先公布所拍卖商品的所在地,让买主事先察看。同时,竞买者要按所拍商品的评估价格预交一定比例的"押金"。预交"押金"的目的主要是防止出现买主在拍卖过程中不负责地随意加价,将所拍卖的商品价格加到不合理的高度后又不想交款成交,导致拍卖"流产"的现象。若所拍卖商品的最后买主出了最高价后又不想成交,拍卖人就将其"押金"没收。

(3)拍卖必须是公开竞买的交易,必须在程序、内容和方式方面体现公开、公平与合理性,才能够保证拍卖交易的顺利成交与良性运转。

4. 拍卖的程序。

(1)委托。卖主先委托拍卖人或者拍卖市场,将要拍卖的商品运到拍卖市场或者指定的地点,然后由拍卖者进行鉴定、评估、整理、编号等工作,再由拍卖市场向社会公开发出拍卖公告和有关信息。

(2)验货。买主事先要对所拍卖的商品进行察看,对某些商品还可抽出样品以供分析或试用。

(3)预交押金。买主按所拍卖商品的评估价,预交一定比例的押金。

(4)拍卖。按拍卖市场公布的拍卖地点和时间,依照拍卖程序和规则进行公开拍卖。拍卖成交后,买主在标准合同上签字认可。

(5)付款提货。拍卖成交后,买主必须按规定按时付清全部货款并将所买的商品提走。

(四)补偿交易

1. 补偿交易的概念。补偿交易是指交易的出口方向进口方提供机器、设备、产品样品、技术和服务等项目,而进口方则按对等的金额为出口方提供合格的产品或劳务等进行价值补偿的交易方式。补偿交易既适用于国际交易,也适用于国内交易。

2. 补偿交易的种类。补偿交易有以下四种类型:

（1）工缴费补偿交易。出口方向进口方提供装配生产加工设备、装配线、零部件、原材料等，进口方按对方的委托要求装配或加工成成品或半成品交付对方后，用应得的工缴费偿还对方提供的设备和物资等的价款。补偿期满后，装配线或加工设备等归进口方所有。

（2）产品直接补偿交易，又称返销交易。进口方用引进出口方的技术、设备等生产产品，再将这些产品以等额价值补偿的原则提供给出口方的交易方式。

（3）间接补偿交易，又称互购交易。进口方不用由出口方提供的设备或技术等生产出来的产品返销给出口方，而是用交易双方商定的其他间接产品，按等价数额补偿给出口方的交易方式。

（4）综合补偿交易。进口方用一部分产品、一部分资金给出口方进行等额价值补偿，或用一部分直接产品、一部分间接产品给出口方进行等额价值补偿的交易方式。

3. 补偿交易的优缺点。

（1）补偿交易的优点有：

①对进口方来讲，可以利用出口方先进的设备和技术等，快速提高所生产产品的档次和质量；可以快速扩大生产规模，拓宽销售渠道，占领更多市场份额，取得更好的经济效益；可以吸收出口方的先进技术和管理经验，提高进口方的生产经营水平。

②对出口方来讲，有利于将剩余的设备、材料、技术等固定资产或知识转化为资本，获取更多的利润；可以利用出口方比较廉价的劳动力来降低生产经营成本，提高产品的竞争力。

（2）补偿交易的缺点：

①出口方为了确保自己在市场竞争中的领先地位，向进口方出口的设备、技术等一般都不是最先进的，甚至不是比较先进的，同时在关键设备、技术诀窍等方面还会给进口方设置种种制约，使进口方处于十分不利的地位。

②出口方在返销进口方提供的补偿产品时，往往会由于市场价格的变化等种种原因而造成出口方减少返销量，或者进口方提供的产品不符合要求，使出口方无法接受等矛盾。

4. 补偿交易的合同。补偿交易比较复杂，为了减少纠纷，防止欺诈，双方必须按有关法律规定，认真地签订合同。

5. 补偿交易的程序。

第一步，确定欲引进的项目，寻找合适的合作伙伴，并与合作伙伴签订补偿交易意向书。

第二步,对所欲合作的项目进行可行性分析,以及进行基础建设、设备安装、生产规划等方面的筹划,并在此基础上编制项目建议书。

第三步,如果是国际合作,经办企业必须将编制好的项目建议书、与合作方签订的补偿交易意向书、可行性分析报告书,向政府有关主管部门和审批部门上报立项、审批。如果是国内合作,只要按国家有关工商管理法律法规和有关政策办理就行。

第四步,经审批同意后,正式签订补偿交易合同。

第五步,合同签订完毕,上报政府主管部门批准,并向国家工商行政管理部门申请营业执照。若是国际合作,还必须向海关部门办理有关手续。

第六步,按合同要求,进行设备、技术等的交接。

第七步,对进口设备进行安装、调试、试生产和正式生产。

第八步,按合同要求进行产品返销,偿还价款,直至合同终止。

### (五)投标交易

1. 投标交易的概念。投标交易是指购货商(或被承包商)对所需求的商品(或需要经营的项目)向社会公开发出招标信息,有意竞标的供货商或承包商在规定的时间内按招标要求,将竞标的"标书"报给招标者,招标者对所报来的"标书"进行认真的评议后,挑选最合适的供货商(或承包商)作为成交对象的交易方式。

2. 投标交易的作用。对于招标者,可以在不同投标的竞争中选择最适宜的合作对象和成交方案,减少招标人的经营费用,提高经营项目的质量,也可以有效避免交易双方营私舞弊,进行"地下交易";对于投标者,能够有效地运用市场经济的竞争法则,通过公平、公正、公开的竞争取得项目的经营权,同时还可以提高投标者企业的经营管理水平。

3. 投标交易的特征。投标交易是买方选择卖方的交易方式。在投标交易中,买方只有一家,卖方却有若干家,因此,买方可以有充分的选择余地。投标交易中的投标人一旦递交"标书"后,要么被选中,要么被淘汰,没有任何协商的余地。若招标者认为全部标书都不符合要求,也可宣布招标无效,再组织另一次招标活动。

4. 投标交易的程序。

第一步,招标者首先公开向社会发出招标信息,将所要招标的项目、内容、要求以及投标的时间等信息向社会公布。

第二步，按照规定的时间，投标者向招标者提出正式的书面申请。

第三步，招标者要对所有送来的材料组织预审，预审投标者的经营能力、技术水平、管理水平、资金实力等情况，然后选择若干家作为入选的投标者，以书面形式公布预审投标者的结果。

第四步，若是大型项目或大宗交易，预审通过的投标者还要进行必要的考察，力争做到投标时心中有数。

第五步，考察完项目后，各投标者各自正式编制投标的"标书"。在"标书"中要将招标者的要求十分详细地回答清楚。例如，项目所用资金或者造价、所要达到的标准、交货日期等。"标书"编制完密封好以后，按要求正式报送给招标方。

第六步，招标者按时间要求，将各投标者报来的"标书"进行开标、议标（或评标）。许多项目在评议时还要请相关专家参与评议，最后确定一家中标企业，并与该企业签订正式交易合同。

### （六）租赁交易

1. 租赁交易的概念。租赁是指出租人依照租赁契约的规定，在一定时间内把租赁物租给承租人使用，承租人按规定付给出租人租赁费（或称租金）的交易行为。

现代租赁交易有以下三个特征：一是租赁将融物与融资结合在一起，对出租人而言，它是一种资本投资行为；对承租人来说，它是一种筹措设备或物资的方式。二是租赁业务范围已进入工商企业、公共事业和其他事业单位，有别于用于个人消费用途的传统租赁方式。三是租赁期内，租赁物的所有权与使用权是相分离的，即租赁物的所有权归出租人，而使用权归承租人。

2. 租赁交易的种类。租赁交易主要有以下三种：

（1）融资性租赁。融资性租赁是指承租人选定欲承租的机器、设备、物品后，由出租人出资购置这些设备，再出租给承租人使用。承租人按合同规定的方法向出租人交付租金。融资性租赁的时间一般都比较长，约在几年至十几年不等。在出租期间，出租人对设备的性能、质量、管理、维修等不负责任，全部由承租人负责。但对出租期满后设备的质量和完好情况，在租赁合同中必须事先有明确的规定和违约处置办法。

（2）经营性租赁。经营性租赁是指出租方为承租方专门提供出租设备，通过出租设备收取租赁费的交易方式。这种租赁方式一般是中短期租赁交易，其业务主要有运输工具出租、机械设备出租、房产出租、生活用品出租等。

(3)租金。租金是出租人在转让租赁物品使用权时向承租人索取的费用,也是出租人在租赁交易中追求的利润来源。租金的理论计算方法如下:

每期应付租金 = [(租赁物品购置成本 − 估计残值) + 利息 + 利润 + 管理费] ÷ 租期

其中,租赁物品购置成本包括设备原价、运杂费等。

## (七)许可证交易

1. 许可证交易的概念。许可证交易是指技术输出方(售证人)将其技术使用权通过许可证协议出售给技术输入方(购证人)使用的一种交易方式。许可证交易不是商品的买卖交易,而是一种知识产权交易。在许可证中,要将技术转让内容、方式、时间、费用等事项明确写明。

2. 许可证交易的种类。许可证交易又有以下七种:

(1)普通许可证交易。这是指在协议规定的区域和时间内,售方将技术等通过许可证方式转让给购方之后,售方仍有对该项技术的使用权和再出售给别人使用的权利。

(2)排他性许可证交易。这是指在规定区域内,购方享有单独使用所购技术的权利,售方不得将已售出的技术再转售给任何第三方,但售方仍有自己使用该技术的权利。

(3)独占许可证交易。这是指在规定区域内,只有购方能够单独享有所购买的技术,包括售方在内的任何人都不能在指定地区和售证有效期内使用已转让的技术。

(4)可转让许可证交易。这是指购方在协议规定的时间和区域内,不仅使用有关技术的权利,而且有将该项技术的使用权转售给任何第三方的权利。

(5)交换许可证交易。这是指交易双方以价值相当的技术进行互惠性交换许可证的交易方式。

(6)专利许可证交易。这是指专利所有人通过签订许可证协议的方法,将专利的使用权出售给购证人,购证人在规定的时间和区域内使用专利进行生产经营的方法。一般情况下,专利许可证交易转让的是专利的使用权,而不是专利的所有权。在进行专利许可证交易时,购证方要注意专利登记的国别、使用范围、有效期等内容,防止出现纠纷。

专利许可证交易的销售理论价格计算公式如下:

$$排他性专利许可证销售价格 = (A + B) \div C \times D$$

$$\text{普通专利许可证销售价格} = (A + B \times E\%) \div C \times D$$

其中，$A$ 为发明该项专利所投入的费用；$B$ 为使用该项专利所能够获得的利润或者超额利润；$C$ 为该项专利的注册有效期；$D$ 为购证人的使用年限或时间；$E$ 为一定的百分比例。

(7) 商标许可证交易。这是指商标所有者通过签订许可证协议，将商标的使用权出售给购证人使用的交易方式。一般情况下，商标许可证交易转让的是商标的使用权而不是所有权。

商标许可证交易的销售理论价格计算公式如下：

$$\text{商标许可证的销售理论价格} = A \times 5\% \times C + [B \div (D + C)]$$

其中，$A$ 为单位时间内使用该商标比未使用该商标所得到的超额利润额；$B$ 为设计、注册和宣传该商标的费用总和；$C$ 为购证人使用商标的年限或者时间；$D$ 为商标所有者自己使用商标的时间；$5\%$ 是惯例，可以根据商标获利的具体情况增加或者减少。

## 第二节 期货交易

### 一、期货交易的产生

商品经济越发达，市场范围越大，商品生产与消费之间、供给与需求之间的时空距离也就越长，在现货交易过程中，商品生产经营者所承担的市场风险也就越大。为了尽可能避免市场风险，保证商品生产的顺利进行，在现货交易基础上产生了远期合同交易。远期合同交易的方法是，供需双方签订交易合同，合同规定双方交割商品的时间、数量、价格和地点，到期双方按合同规定的价格交货付款。

远期合同交易将产销渠道和产销价格以契约的形式确定下来，因而在一定时期内稳定了产销关系，减少了市场价格波动的风险，对衔接产销关系具有积极作用。但是远期合同交易也存在以下缺点：

一是远期合同一旦签订，对卖方比较有利，对买方很不利。因为在签订远期合同时，合同中所签订的价格一定符合卖方的经济利益（当然，买方也觉得比较合理），否则卖方是不会签约的。但是价格一旦确定之后，将来市场价格如果发生变化，卖方"损失"的只可能是更多的利润，而不会发生亏损，而买方则有亏损的可能。例如,买卖双方在3月份按每担100元的价格签订了一笔6月交货的棉花远期合同。到6月份交割时,若现货棉花价格上涨到每担105元,这时,虽然卖方不能更改价格了,但卖方"损失"的只是少得了5元利润,而不会发生亏损。如果此时棉花价格下跌到每担95元,买方只能按合同规定的每担100元的价格从卖方处进货,而不能以95元的价格从其他棉花商处购货,这就增加了买方的进货成本和市场经营风险。因此,远期合同交易转嫁市场经营风险的机制不合理。

二是远期合同交易无法及时、灵活地反映市场供求关系的变化。一旦买卖双方签订远期合同,在合同未到期的时间内,若市场价格发生变化,买卖双方谁也无法改变远期合同的内容,按变化了的市场价格进行灵活的经营。

正是因为远期合同交易有这样的缺点,有些交易者在签订远期合同之后,为了规避市场风险,或想获得更多的市场机会,便中途采取私下买卖未到期的远期合同的方法来达到目的。当这种私下买卖远期合同交易的方法达到一定的规模和范围时,交易者为了避免交易关系和结算关系的混乱,便成立了专门进行合同买卖的场所,进行有组织的、规范化的远期合同交易活动,期货交易便产生了。

## 二、期货交易的有关概念

### (一)期货交易

期货交易包括商品期货交易和金融期货交易两大类。本书主要研究商品期货交易。

所谓期货交易,就是专门进行远期合约买卖的交易。期货交易与远期合约交易的根本区别在于:远期交易的合约不能买卖,而期货交易的合约在未到期之前可以在规定的交易场所进行买卖。具体来讲,当某交易者在期货交易所先卖(买)一份合约之后,可以在该合约未到期之前,再到期货交易所进行一笔与原先所卖(买)的同数量、同品种但反方向的期货合约,通过这种反向买卖交易来解除履约义务。这种在合约未到期之前通过反向合约买卖来解除履约关系的交易行为称为"平仓"或者"对冲"。

由于种种原因,期货合约在不同的时间内其买卖价格是不一样的,期货交易者就是通过对期货合约的"买进"和"卖出"过程来达到套期保值或者获取利润的目的。

## (二)期货合约

期货合约是买卖双方签订的、由期货交易所担保履行的法律凭证。为了使期货合约能够顺利进行交易,期货合约必须是标准的、规范化的,这种标准化和规范化主要表现在以下几个方面:

1. 数量标准化。即每张期货合约中包含的商品交易数量(即交易计量单位)是事先规定的、公认的。例如,美国纽约期货交易所规定一张铜的期货合约的交易单位为25 000磅,我国郑州粮食交易所规定的一张小麦合约的交易单位为10吨,等等。

2. 质量标准化。期货商品必须按交易所统一规定的商品质量等级标准进行交易,交易双方在交易过程中无须再对商品的质量等级问题进行讨论。

3. 合约价格。期货商品的价格是在期货交易所内通过公开、公平的竞争形成的价格。

4. 交割日期。这是指期货交易合约到期的月份。期货交易所对每种商品期货都有明确的交割日期规定。交割日期的规定与该商品的生产经营特点相关。

## (三)期货商品

在现货交易市场,凡是法律允许的商品都可以进行交易。但是,进入期货市场进行交易的商品必须满足以下四个要求:

1. 必须是能够在质量、规格、等级方面容易划分和确定的商品;
2. 必须是交易量大、价格波动比较频繁的商品;
3. 必须是拥有众多交易者的商品;
4. 必须是可运输、可储存、不易变质、损耗小的商品。

目前,国内外适合进行期货交易的商品主要有:小麦、玉米、豆类、棉花、黄金、铜、石油等。

## 三、期货交易的功能

在市场经济条件下,期货交易有两个十分重要的功能,即规避市场风险和价格发现。

### (一)规避市场风险功能

在市场经济条件下,商品价格总是不断地波动的。市场价格的波动必然会给生产经营者带来市场机会,同时也会带来经营风险。因此,在交易活动中,如何才能避免因价格波动而产生的市场风险,便成为生产经营者需要解决的重要问题。期货交易的运行机制恰好具有规避市场风险的功能,为生产经营者提供了较好的规避市场风险的途径。

例如,当生产经营者担心将来要出售的产品的市场价格下跌或将来要购进的原材料价格上涨时,便事先在期货市场上选择适当的时机和认为比较合理的价格,卖出或者买进相同数量的产品或者原材料的期货合约,目的是先"锁定"自己将来要卖出的产品或者要购进的原材料的理想价格,确保将来市场价格发生不利变动时,或者需要购进原材料时现货市场的价格不理想时,便可及时在期货市场上将当时买卖的期货合约进行"平仓",利用期货交易获得的利润来弥补现货交易中的损失,以达到规避市场风险的目的。

### (二)价格发现功能

在市场经济条件下,预测市场价格的走势是分析社会供求关系、决策生产经营、规避市场风险、加强宏观经济调控与管理的重要内容。准确反映市场供求关系的价格信息往往受到两个因素的制约:第一,现货交易市场价格的信息缺陷制约。由于市场交易关系的复杂性,特别是现货交易市场所形成的价格实际上是"过去"社会供求关系在市场交易中的滞后反映,因此,现货市场的价格水平往往很难正确反映"将来"的社会供求关系和价格走势;第二,交易范围大小的制约。市场上供给与需求接触的范围越大,交易面越广,其形成的市场价格水平所反映的供求关系也就越准确;若交易范围比较小,所形成的价格水平就很难正确反映全社会的供求关系及其走势。

期货交易市场上所形成的价格水平能够比较好地弥补现货市场价格信息这两个方面的不足:第一,期货市场上进行的期货合约的买卖实际上就是供给与需求各方对"将来"可能发生的供给与需求的"事先交易",在交易过程中形成的价格水平是对将来供求各方可能形成的社会供求关系的最真实的反映;第二,从国内外期货交易的现实情况来看,参与期货交易者往往包括国内及国际上所有同行业的重要供给与需求企业,涉及的交易范围十分广,在此基础上形成的期货交易价格所反映的"将来"的社会供求关系是比较准确、科学的。综合这两点我们可以看出,期货交易市场上所形成的价格水平的确对将来市场价格和供求关系走势具有比较科学的"价格发现"功能。

## 四、期货市场的组织结构

期货市场由三大部分组成:期货交易所、经纪公司和结算所。

### (一)期货交易所

1. 期货交易所的构建与功能。期货交易所(或称商品交易所)是指专门进行期货合约买卖的场所。期货合约交易必须在经过政府批准的、制度健全、管理规范的专门的交易所内进行,不允许在其他任何地方进行期货合约交易。

期货交易所一般以股份公司的形式由会员(即股东)联合组成。构建期货交易所的资金由会员认购。期货交易所本身不参加期货交易,也不拥有任何商品,它只是为期货交易提供场地、设备等,并在政府有关部门的管理下制定和实施交易规则,以保证期货交易能够公正、公开、自愿、规范地进行。

2. 期货交易所的管理机构。期货交易所全体会员组成的会员大会是期货交易所的最高权力机构,决定期货交易所的重要事项,制定各项交易规则。全体会员选举理事会,理事会是会员大会的常设权力机构,负责贯彻执行会员大会所制定的重要事项,按会员大会制定的交易规则全权处理交易所的一切有关事务。理事会的主要负责人一般称为"总裁",总裁由理事会的一名会员担任,或者向社会公开招聘。理事会下设各种专门的委员会,负责管理相应的业务。

3. 期货交易所的会员。期货交易所的会员可以直接在商品交易所内进行期货交易,而其他一切非会员(即社会上想进行期货交易的一般企业或个人)要进行期货交易,只有委托会员来代理,非会员不能进入期货交易所直接交易。

期货交易所的会员又分为一般会员和全权会员。一般会员只能在期货市场上从事与本企业生产经营业务有关的买卖交易,不能接受任何人的委托为他人代理期货交易。全权会员除了有从事本企业自身买卖交易的权利外,还可以接受非会员的委托,代理他人进行期货交易,并收取一定的佣金(劳务费)。这些专门为非会员代理进行期货交易的会员,或者由会员授权的委派人,称为经纪人。

### (二)期货经纪公司

期货经纪公司就是代客户进行期货交易并收取一定佣金的居间公司。期货经纪公司不是期货交易所的从属机构,而是一个独立的法人机构。

期货交易所规定,只有会员才能进入交易所进行期货交易,而且只有全权会员才能接受客户的委托,为客户代理期货交易。客户要从事期货买卖,只有委托全权会员进行。因此有些全权会员就成为专门接受委托、代理客户进行期货交易并收取佣金的专业经纪公司。有些经国家有关部门批准的专业经纪公司也可以在期货交易所内买一个席位,代理客户进行期货交易。

期货经纪公司必须具有十分严格的管理制度。其中,重要的制度有以下几项:

1. 登记注册制度。期货经纪公司必须根据有关法律条例的规定向政府主管部门申请登记注册,经批准取得营业执照后,经纪公司才能正式成立。

2. 保证金制度。期货交易规则规定,进行期货交易时,客户不必支付期货合约的全部价款,一般只交纳期货交易总价款10%左右的保证金。这项制度主要是为了防止客户因价格波动发生亏损时交不了货款,经纪公司就能用这笔保证金来补偿,从而保证期货合约的正常结算。参加期货交易的买卖双方都必须按规定交纳保证金。

3. 账户分立制度。期货经纪公司必须将客户的资金与经纪公司的自有资金通过账户分立制度进行明确的划分,以防经纪公司在代理客户进行期货交易时挪用客户的资金,或将经纪公司自己在进行期货交易时产生的亏损转嫁给客户。

(三)商品结算所

商品结算所是专门负责期货合约结算的机构。商品结算所的主要业务有两项:一是负责到期合约的交割管理与结算业务;二是负责未到期合约的平仓管理与结算业务。

商品结算所在期货交易过程中具有以下三个方面的作用:

1. 简化结算手续,活跃期货交易。商品结算所在期货交易过程中,实际上就是每个交易主体或每笔交易的"对方"。即在任何一个买者面前充当了卖方的角色,在任何一个卖者面前充当了买方的角色,因而参加期货交易的买方和卖方都无须知道真正的交易对方是谁,只要与结算所联系就行了。这样,任何交易者都可以随时通过经纪公司进行反向买卖同种商品的期货合约而不必征求另一方的意见,这就使期货交易能够活跃地开展。期货交易者的盈亏就是买卖差价扣除佣金后的正负金额。

2. 简化期货交易的实际货款交割。当期货合约到期时,就必须进行实际的货款交割。例如,有笔期货合约可能在到期前已经经过多次买卖转手,每次买卖转手都已通过商品结算所进行了结算,因此到货款交割时,实际上只涉及最后一对买者与卖者。此时,卖者只需将交货通知单通过商品结算所转给最后的买者,买者将货款通过商品结算所支付给卖方,并由商品结算所监督双方的货款交割,这就使原来复杂的交易链变得十分简单了。

3. 担保每张期货合约的履行。在进行期货合约交易的过程中,若某一交易者由于种种原因陷于破产或者倒闭,无法履行合约的结算,商品结算所就起着风险担保和合约履行担保的职责,以确保相关期货交易者的利益和期货交易的运行秩序。

**(四) 期货交易主体**

凡是通过经纪人并按照期货交易的交易规则和惯例在期货交易所进行商品期货买卖的企业法人和个人,都是商品期货交易主体。

由于期货交易的目的和动机不同,商品期货交易主体可以分为套期保值交易者和投机交易者两大类。

1. 套期保值者。套期保值者是指那些把期货市场当作转移风险的场所,利用期货合约的买卖转移价格风险的交易主体。套期保值者进行期货交易的目的主要不是盈利,而是规避市场风险。套期保值者的构成主要是工农业生产和商品经营者。套期保值者的交易特点是:交易量大、在期货市场中买卖位置变动不大、合约保留时间长。

2. 投机交易者。投机交易者是指那些通过预测期货合约价格的变动,并希望在将来价格有利时卖出或买入期货合约,以期获取利润的交易者。投机交易者和套期保值者进行期货交易的根本目的是不同的。投机交易者进行期货投机的目的是通过期货交易来盈利。投机交易者并不关心期货交易的商品实体,他们的注意力只集中在期货合约的价格波动上,他们认为价格将要上涨时就先买,等价格上涨到他们认为有利可图时就抛出;他们认为价格将要下跌时就先卖,待机补进。因此,投机交易者的特点是:交易数量小、交易活动频繁、买卖位置经常变换、合约保留时间较短。

**五、套期保值交易**

**(一) 套期保值交易的作用**

农业生产者在进行农业生产时,农产品会受农作物生长规律的制约而有既定的生长期和成熟期,从生长期到收获期这段时间里,农产品的价格会发生变化,为防止农产品上市时销售价格下降而使农业生产者遭受经济损失,可采用套期保值的交易方式来减少市场价格波动的风险。

工业生产者生产工业产品也有一个周期。同样,工业生产者也担心当他们的产品正式生产出来后,市场价格下降,或者在他们需要原材料时,原材料价格上升,使他们的经济利益受损,因此也可采用套期保值交易来降低生产价格波动的风险。

在大宗商品的交易活动中,由于装卸、运输等距离和时间比较长(如国际贸易中的海运等),也有一个买卖周期。商业企业担心当他们的商品运到销地后市场价格发生变化,而使他们的经济利益受到损失,故采用套期保值来减少贸易价格波动的风险。

套期保值有两种类型,一种是卖出套期保值,另一种是买入套期保值。

### (二)卖出套期保值

所谓卖出套期保值,就是商品生产经营者为防止将来要出售的产品的现货市场销售价格下跌而遭受损失,便提前选择期货市场价格比较高的时机,在期货市场上先卖出某月交割的同类商品的期货合约,待到期货市场价格比较低的时机再买入相同月份相同数量的同类期货合约进行平仓,并从高价卖低价买的期货交易过程中获得盈利,以弥补或防止现货市场价格下跌而造成损失的期货交易活动。

例如,某农场种植小麦,预计到 6 月份收获时,小麦产量为 100 吨。根据投入的生产成本等计算后,该农场认为到 6 月份小麦收获时,现货小麦市场价格达到每吨 360 元,便能够保本并盈利。为防止到 6 月份小麦大量上市后现货市场价格下跌,该农场就在 3 月份通过经纪公司做卖期套期保值交易,希望规避市场风险。具体交易过程如下:

第一步,3 月份小麦的现货市场价格为每吨 365 元。一般来讲,期货商品由于需要提供保管费用、承担市场风险等原因,期货合约的价格往往要高出同期同类现货商品的价格。因此,当 3 月份现货小麦的市场价格为 365 元时,期货市场小麦价格一般要高于 365 元。此时 7 月份交割的小麦期货价格为每吨 380 元。农场便委托指定的经纪公司到期货交易所出售 7 月小麦期货合约 10 张,每张 10 吨。

第二步,到了 6 月 10 日,农场收获小麦 100 吨。由于小麦大量上市,现货小麦市场价格已降到每吨 350 元。这时,农场便按每吨 350 元的价格在现货市场上将 100 吨小麦出售。按原先预计的目标价格,农场每吨损失 15 元。农场为什么不按每吨 380 元的价格到 7 月份进行交割呢？主要原因有三点：①农场的银行贷款可能已经到期,这时必须还本付息,否则不仅要被罚交滞纳金,而且农场的贷款信誉也受到损害。因此,此时农场急需要现金来还本付息；②农场可能没有足够的仓储设备,或者是为了节省仓储费用,不愿将已收获的小麦再进行库存保管；③农场可能急需现金购置农业生产资料等进行下一轮的再生产。

第三步,农场以 350 元的价格将 100 吨小麦现货出售后,必须到期货市场去平仓。因为,农场与期货交易所还有一份在 7 月份交割的小麦期货合约的合同关系。这时,7 月份期货小麦价格因为现货小麦价格下跌和交割月快到,期货小麦价格降至每吨 365 元。农场便委托经纪公司按此价格买入 7 月份小麦期货合约平仓,与期货交易所了结契约关系,这笔期货保值业务全部做完。具体操作过程见表 6-1。

表 6-1 卖期套期保值步骤示意表

| 现货市场 | 期货市场 |
|---|---|
| 3 月份:每吨 365 元 | 卖出 7 月份合约 10 张,每吨 380 元 |
| 6 月 10 日:现货市场出售小麦 100 吨,每吨 350 元 | 买入 7 月份合约 10 张,每吨 365 元 |
|  | 每吨盈利 15 元 |

农场虽然 6 月 10 日在现货市场以每吨 350 元的价格出售小麦,与每吨 360 元的目标价格还差 10 元,但是农场在 3 月份以每吨 380 元的期货价格卖出 7 月份期货合约,又在 6 月份以 365 元的价格买入 7 月份合约平仓,每吨获利(380－365＝)15 元。这 15 元加上按 350 元价格出售的现货小麦价格,农场实际实现了每吨(350＋15＝)365 元的小麦销售价格。农场达到了通过期货交易保值的目的。

**(三) 买期套期保值**

所谓买期套期保值,就是商品生产经营者为防止将来要购进的产品或原材料等的现货市场价格上涨而遭受经济损失,便提前选择期货市场价格比较低的时机,在期货市场上先买入某月交割的同类商品的期货合约,选择期货市场价格比

第六章 商品流通的交易方式

较高的时机再将此合约卖出进行平仓,并从低价买高价卖的期货交易中获得盈利,以弥补或防止现货市场价格上涨造成损失的期货交易活动。

例如,某炼油厂想在5月份购进原油2 000吨,若每吨能按820元的价格购进,便有利可图。2月份的原油价格为每吨800元,此时工厂可能因不愿过早地购进原油而占用流动资金,或没有多余的储油库容等原因,而不想现在就购进原油。但又担心快到5月份时原油价格上涨而使生产成本增加,便进行期货买期套期保值交易,希望规避市场风险。具体交易过程如下:

第一步,当2月份现货市场的原油价格为每吨800元时,期货市场6月份交割的原油价格为每吨815元。这时,工厂便委托经纪公司按此价格买入6月份交割的原油期货合约40张(假定每张50吨)。

第二步,到4月20日,现货市场的原油价格已经上涨到每吨830元,但这时工厂油库的存油已快用完,必须购进原油。工厂便以此价格购进原油2 000吨。

第三步,在现货市场购进原油后,工厂必须到期货市场再做一笔相反的交易进行平仓,了结与期货市场的合同关系。由于受现货市场原油价格上涨的影响,此时期货市场6月份交割的原油价格也上涨到每吨825元,工厂便以此价格卖出相同数量的原油合约进行平仓。

具体操作过程见表6-2。

表6-2 买期套期保值步骤示意表

| 现货市场 | 期货市场 |
| --- | --- |
| 2月份:每吨800元 | 买入6月份原油合约40张,每吨815元 |
| 4月20日:购进原油2 000吨,每吨830元 | 卖出6月份原油合约40张,每吨825元 |
| | 每吨盈利10元 |

工厂购进原油的目标价格为每吨820元,但是工厂却以每吨830元的价格购进原油,每吨超过了目标价格10元,但工厂按每吨815元的价格先买入期货合约,再按每吨825元的价格卖出期货合约平仓,这一买一卖每吨盈利10元。工厂每吨按830元购进的原油减去在期货交易中盈利的10元,即830-10=820元。工厂通过买期套期保值,最后还是按每吨820元的目标价格购进了原油,保证了工厂的经济利益。

## 六、投机交易

### (一)投机交易的种类

投机交易有两种,一种是"买空",或者称为"多头"的投机交易,即投机交易者在认为某期货商品价格看涨时,先买进期货合约,等价格涨到一定幅度再抛出期货合约,利用低价买高价卖的方法从中牟利。另一种是"卖空",或者称为"空头"的投机交易,即投机交易者认为某期货商品价格看跌时,先空抛期货合约,待价格下跌再购进合约,利用高价卖低价买的方法从中牟利。

### (二)投机交易的作用

在期货交易中,投机交易具有承担市场风险、繁荣期货交易的重要作用。如果只有套期保值交易,没有投机交易,套期保值者在期货交易过程中就找不到作为"对方"身份的买者或者卖者,生产经营者也无法通过套期保值交易达到转嫁价格风险的目的。如果只有投机交易,没有套期保值交易,期货交易就没有"根",便成为真正的"泡沫交易"。另外,投机交易者进行期货交易的根本目的,是通过倒买倒卖期货合约的投机活动来获取利润,因此,投机交易者对在期货交易中产生的经营风险是有明确的心理准备的,或者说他们"甘愿"承担期货交易所带来的风险。总之,套期保值交易和期货投机交易相辅相成,相互依赖,共同构成了期货交易的运行机制。

### (三)投机交易的方法

投机交易的方法很多,也很复杂,若要进行系统学习,必须研究专门的期货交易书籍,此处仅简单介绍四种方法。

1. 价格差投机。即投机交易者利用期货商品价格不断变动的规律,事先判断期货商品价格的涨跌,相应地进行买空卖空的交易活动并进行牟利的方法。

2. 期间差投机。即投机交易者利用同一商品不同交货期的期货价格变动,同时买进或卖出期货合约以牟取价格差额利润的方法,具体见表6-3。

3. 空间差投机。即投机交易者利用同一种商品在不同期货交易所的价格差别,分别在两个期货交易所之间进行期货合约的买卖交易,并从中牟利的方法,具体见表6-4。

表 6-3　期间差投机交易步骤

| | |
|---|---|
| 3 月 10 日:买进 8 月原糖期货合约数张,每吨 1 000 元;同时卖出 10 月原糖期货合约每吨 1 100 元 | 每吨盈利 100 元 |
| 4 月 15 日:卖出 8 月原糖期货合约(平仓)每吨 1 150 元;买进 10 月原糖期货合约(平仓)每吨 1 180 元 | 每吨亏损 30 元 |
| 合　　　计 | 每吨盈利 70 元 |

表 6-4　空间差投机交易步骤

| | |
|---|---|
| 8 月 1 日:买进 A 交易所 11 月原糖期货合约数张,每吨 1 050 元;卖出 B 交易所 11 月原糖期货合约每吨 1 150 元 | 每吨盈利 100 元 |
| 8 月 10 日:卖出 A 交易所 11 月原糖期货合约(平仓)每吨 1 150 元;买进 B 交易所 11 月原糖期货合约(平仓)每吨 1 200 元 | 每吨亏损 50 元 |
| 合　　　计 | 每吨盈利 50 元 |

4. 替代商品价差投机。即投机交易者利用同地同时间同一期货交易所内具有明显替代性的不同商品的价格差额变化机会进行投机交易,并从中牟利的方法。具体见表 6-5。

表 6-5　替代商品价差投机交易

| |
|---|
| 6 月 20 日:买进 11 月红小豆期货合约数张,每公斤 4.5 元;卖出 11 月绿小豆期货合约,每公斤 5.1 元 |
| 8 月 10 日:卖出 11 月红小豆期货合约(平仓)每公斤 5 元;买进 11 月绿小豆期货合约(平仓)每公斤 5.2 元 |
| 结算:红小豆盈利:5 元 - 4.5 元 = 0.5 元<br>绿小豆亏损:5.2 元 - 5.1 元 = 0.1 元<br>最后盈利:0.5 元 - 0.1 元 = 0.4 元 |

## 七、期权交易

### (一)期权交易的概念

期权交易是建立在期货交易基础之上的更抽象的交易方式,本书只就期权交易的基本理论和操作原理进行简要介绍。

所谓期权,就是买或者不买、卖或者不卖期货合约的选择权利。期权交易是指期权购买者向期权出售者支付一定费用(称为期权成交价或保险金)后,取得在规定时期内的任何时候,以事先确定的协定价格(无论此时该期货市场上商品期货合约的价格如何变动)向期权出售者购买或出售一定数量的某种商品期货合约的权利的交易方式。期权交易者包括两种类型,一种是利用期权交易来降低生产经营风险;另一种是期权交易投机者。

现将期权交易的相关概念介绍如下:

"买权",期权买者有权在期权有效期内的任何时候,按协定价格向期权出售者购进事先规定数量的某种商品的期货合约,但这种买权不会约束买者,如果不想买,只需让该期权到期作废即可,如果有人要,也可将此买权转让出去。

"卖权",期权卖者有权在期权有效期内的任何时候,按协定价格向期权出售者出售事先规定数量的某种商品的期货合约,如果不想卖,也可让期权到期自行作废,或转售给想要此期权的人。

"期权成交价(又称保险金)",出售"买权"或"卖权"的"卖方"收取买入"买权"或"卖权"的"买方"的价款。

"协定价格(又称行使价)","买权"或"卖权"的"买方"向"卖方"交纳保险金后,双方商定将来期货市场价格无论如何变化,"买方"都有权按商定的价格行使"买入"或者"卖出"的权利,而"卖方"只能执行,买卖双方商定的价格就称为协定价格。

### (二)期权交易产生的原因及交易原理

期货交易的市场风险是很大的,商品生产经营者往往可能因为预测不准而在期货交易中蒙受经济损失,为了进一步降低市场风险,交易者逐渐找到了期权交易的方式。期权交易能够产生的原因在于,期货交易者按期权交易的规则进行交易,既可最大限度地满足保值或者获利的目的,也可将预测不准而遭受的损失降至可预知的最低程度。

期权交易的基本原理是:商品生产经营者在期货交易时不直接进行期货合约的买卖交易,而只进行有权在一定时期内"买期货合约"或者有权在一定时期内"卖期货合约"的期权交易。期权交易双方经过竞争或者协商达成一个售出或者购买在将来一定时限内(一般在几个月内),按一定的价格水平(即协定价格)买入或者卖出期货合约的"买权"或者"卖权"的价格(即成交价)。当"买权"的"买者"在规定的时限内行使"买权"时,此时无论期货市场上其他同类期货合约的价格水平如何,期权的"卖者"只能按当时商定的"协定价格"将期货合约卖给"买权"的"买者",这样,"买权"的"买者"防止了因期货合约涨价而遭受的经济损失;如果此时期货合约的市场价格很低,期权的"买者"还可以选择放弃行使"购买权",这时"买者"损失的只是当时购买期权所付出的"成交价"(成交价款已归出售"买权"的"卖者"所有),但此时期权的"买者"却可以直接在期货市场上购得更便宜的期货合约。同理,当"卖权"的"买者"在规定的时限内行使"卖权"时,此时无论期货市场上其他同类期货合约的价格水平如何,期权的"卖者"只能按当时商定的"协定价格"将期货合约买入,这样,"卖权"的"买者"防止了因期货合约价格下跌而遭受的经济损失;如果此时期货合约的市场价格很高,期权的"买者"还可以选择放弃行使"卖权",这时"买者"损失的只是当时购买期权所付出的"成交价"(成交价款已归出售"买权"的"卖者"所有),但此时期权的"买者"却可直接在期货市场上卖出价位更高的期货合约。

### (三) 买权交易

买权交易的步骤如下:

1. 某农场到 6 月份小麦收获时理想的销售价格为每公斤 3 元。但农场怕到时小麦的市场价格下跌,于是到期货市场上售出协定价为 3.5 元的 7 月份小麦"买权"合约,并获得 0.25 元的保险费。

2. 到 6 月份小麦收获后,如果此时现货小麦价格仍是每公斤 3 元,7 月份期货价格仍是每公斤 3.5 元,此时"买权"的"买者"无须行使"买权",农场就赚得了每公斤 0.25 元的保险费,再加上农场以 3.5 元的协定价出售的期货合约(因为此时期货市场的行情就是每公斤 3.5 元,所以农场可顺畅地将期货合约卖掉),农场最终实现的小麦销售价格为(3.5 + 0.25 = )3.75 元。

3. 如果 6 月份小麦现货价格下跌并且带动期货价格也下跌,但是下跌的幅度没有超过 0.25 元保险费的范围,这时,"买权"购买者肯定要放弃行使买权,因为,若 7 月份小麦期货价格下跌至每公斤 3.3 元,与原来 3.5 元的协定价相比,下跌了 0.2 元,同时,没有超过 0.25 元的保险费幅度,若这时"买权"购买者行使买权,就要以每公斤 3.5 元的价格来购买,再加上购买"买权"时所付的 0.25 元的保险费,"买权购买者"实际要付出每公斤 3.75 元的价格,这是不划算的。但是,农场却得到了出卖期权所得到的 0.25 元的保险费,再加上这时期货市场 3.3 元的价格,农场实际卖出了每公斤 3.55 元的好价格,农场还是赚了。

4. 如果期货价格下跌至3.1元,下跌幅度超过0.25元的保险费,"买权购买者"更不会行使"买权",农场只能用0.25元的保险费来弥补一些亏损,但农场的经济损失是肯定的,因为3.1元+0.25元=3.35元,小于原来3.5元的协定价水平。

5. 如果6月份小麦现货价格上升并带动期货价格上升,此时"买权"购买者必然行使其购买权利,该农场只能以低于期货市场价格的协定价出售给"买权的买者",并在期货市场上购进同种类同数量的小麦合约来抵消因履行买权而卖出的那张期货合约。这时农场就遭受了经济损失。

### (四)卖权交易

卖权交易的步骤如下:

1. 某面粉加工厂估计小麦价格在相当长的时期内将保持稳定,于是工厂出售卖权,希望通过收取期权交易保险费来降低今后几个月内需要购买一批小麦原材料的成本。只要在工厂售出卖权的有效期内小麦价格保持稳定或上升幅度不超过"保险金"的幅度,"卖权"的买者当然不会行使卖权,工厂就赚得了保险金。

2. 如果在有效期内小麦市场价格上升幅度大于"保险金"的幅度,虽然"卖权"的买者不会行使卖权,但工厂将面临被迫以高价购进小麦,增加生产经营成本的风险。

3. 如果在有效期内小麦市场价格下跌,此时"卖权"的买者必然行使其"卖权",迫使工厂按原来的"协定价"(此时"协定价"比市场价要高)购进小麦,因此会在购买小麦期货合约平仓时遭受经济损失。

## 第三节 代理交易

### 一、代理交易的概念与特征

#### (一)代理交易的概念

代理交易也称代理经营,简称"代理制"。代理制是指生产经营企业作为委托人(以下称委托商),将生产经营过程的购销业务通过契约关系授予符合委托方要求的企业,使该企业成为具有法定"代理权"的代理商。

代理经营是一种居间性质的经营行为。一般来讲,代理商自身不拥有对所代理商品或代理业务的所有权(即不是像批发企业那样,先从生产商手中将商品买断,自己拥有商品的所有权,再加价销售),代理商只是在契约规定的代理权限范围内,为委托商代理相关的业务,如销售代理、采购代理、储运代理、广告代理等。委托商与代理商之间按合同规定,各自承担和享受应有的责任和权利。

代理商取得代理经营利润的方式是,代理商按委托商规定的或者与委托商事先商定的市场销售价格代理销售经营,代理商不在这个价格的基础上加价销售(即该市场销售价格并不包括代理商自己的经营利润部分),而是委托商根据代理商的代理销售业绩,直接付给代理商劳务报酬,即"佣金"。

### (二)代理交易的特征

代理交易具有以下几个方面的特征:

1. 独立法人,专业公司。委托商与代理商之间不是母公司与子公司或分公司的关系,而是贸易或者业务伙伴关系。代理商必须具有独立的法人资格和完整的企业经营组织机构,拥有较高素质的专业人员、较雄厚的资金以及发达的销售渠道等。

2. 风险共担,利益共享。由于代理商的利润来源——佣金与代理业务业绩好坏密切相关,所以,通过契约形式明确委托商与代理商双方的责、权、利关系,能够比较稳定地建立起利益共享、风险共担、市场共拓、发展共谋、互惠互利的关系。

3. 自愿结合,双向选择。委托商与代理商的情况千差万别,双方在寻找代理合作时决不可随意行事,也不可强行"搭配",只能根据双方各自的情况,采取自愿结合、双向选择的原则,才有可能建立稳定、互利的代理关系。

4. 依法合作,责权清晰。在代理关系中,委托商与代理商之间的责、权、利关系是由具有法律效力的代理合同来维系的,依法合作,保证了双方关系的稳定性。

5. 统一价格,按劳取酬。在代理经营中,为了委托商与代理商双方的长远利益,代理商所代理商品或者业务的销售价格、采购价格、劳务费用等一般不是由代理商自己决定的,而是由委托商和代理商双方根据市场竞争与供求情况商定的,甚至是以委托商为主决定的,价格一旦确定,代理商所负责的整个市场范围都应该执行这个统一的价格水平,代理商不能单方随意变动。这种定价方法起到了避免同一企业生产的产品在市场上由于价格不同而导致"自相残杀"的后果。代理商的代理业绩越好,委托厂商给予代理商的佣金——利润也就越高。

## 二、代理经营产生的条件与原因

### (一)代理经营产生的条件

代理经营产生的社会经济条件有以下两个:

1. 市场经济的运行环境是代理交易产生的体制条件。在计划经济体制下,生产与经营都必须按照计划进行,根本不需要采取代理交易方式。在市场经济体制下,供求关系主要通过市场过程来衔接,这就会经常发生各种各样的供求矛盾和工商矛盾;生产经营企业也需要不断地突出主业,减少经营环节,提高生产效率。代理经营以其前述五个特征,可以比较好地调节工商矛盾、稳定产销关系、提高生产经营效率。

2. 供求基本平衡或供大于求的市场供求格局也是代理经营产生的重要市场条件。若市场处于供不应求的状况,商品的市场销售就不会发生困难,绝大多数厂商就没有寻找代理商的内在要求;在供过于求的市场条件下,商品的销售风险明显加大,市场销售必须花费大量人、财、物力来专门研究和经营,客观上对专业性强的各类代理商的需求也就越来越强烈。

### (二)代理经营产生的原因

1. 从合理社会分工、突出企业经营主业、降低生产经营成本、提高市场竞争能力、加强各生产环节合作的角度来看,在传统"小而全""大而全"的生产经营模式下,各个企业必须将有限的人、财、物等资源分散地投入到生产和销售环节中去,由于专业化和规模化程度低,使生产经营费用与成本增加、生产经营效率降低,企业的竞争力减弱。实行代理经营,可以充分地、集中地发挥不同环节各企业的专业优势,降低相关费用,提高经营效果,增强企业的市场竞争能力,提高整个生产经营与销售过程的劳动生产率。

2. 从减少企业产销矛盾、稳定产销关系、完善交易秩序、加快生产经营的运行效率的角度来看,市场经济条件下的市场供求关系是经常变化的,在传统的一般产销方式下,处在不同生产经营环节的各企业出于对本企业经济利益的短期考虑,必然会导致不同环节各企业之间的产销关系很不稳定。例如,批发商在市场行情有利的情况下,希望采购某厂商的商品,在不利的市场行情下,又不愿采购该厂商的产品;厂商在市场行情有利的情况下,有可能甩掉批发商或者零售商,采取自销或以自销为主的方式,在市场行情不利的情况下,又希望通过批发商或者零售商来推销商品,等等。这些工商矛盾、商商矛盾、农商矛盾,对稳定产销关系、保持企业的正常生产经营秩序、提高生产经营的运行效率都极为不利。而代理经营的特性能够在营造稳定的产销渠道、消除各企业之间的产销矛盾、保持生产经营的正常运行方面发挥积极的作用。

3. 从及时掌握市场信息、准确预测需求发展变化、促进产销关系紧密衔接的角度来看,在传统的一般产销关系下,产销双方的关系变化比较频繁,因此,产销双方难以建立长期有效的信息互通关系;在生产企业"自采""自销"模式下,由于人、财、物力资源分散,精力不足,能力不够,往往在掌握市场信息的及时性、准确性和全面性方面比较差。而专业代理企业在人、财、物、精力等方面能够就某一类业务进行专一化投入,其中包括对有关市场信息的收集,因此,专业代理商更能够有效、及时、准确、全面地掌握有关市场信息,预测市场变化发展的趋势,同时,代理关系也能保证产销双方建立长期的信息互通关系,从而提高生产企业的采购与销售效率,达到降低生产经营风险的目的。

4. 从满足销售过程的服务质量角度来看,生产企业所面对的市场范围太大,顾及不到整个市场的销售服务。专业代理商在指定的经营范围内,充分运用其熟悉市场的、有经验的专业经营人员,健全的销售渠道,有效的销售方式和完善的销售服务,最大限度地满足客户的需求,提高产品的竞争能力。

由于以上四个方面的原因,代理经营在现代市场经济条件下就有了生存和发展的空间。

### 三、代理经营的作用

第一,化解产销矛盾,促进产销结合。由于代理制的互惠互利特性,使产销之间的货源渠道相对稳定,这就促使生产企业由过去必须分散精力去搞原材料采购转向集中精力搞生产;商品流通企业由过去紧盯货源转向紧盯用户;由过去与厂商之间讨价还价,厂商之间都追求短期利润的矛盾关系,转向厂商之间建立长期合作、互惠互利的关系;由过去单纯销售商品,转向积极主动地开展售后服务、市场调查、信息反馈等更广泛的销售活动。这些都会有效地解决工商矛盾,密切工商关系,促进产销的有机结合。

第二,解决资金拖欠,加快资金周转,降低经营成本。实行代理制后,生产企业从直接面对用户或面对不固定的商品流通企业,转向面对以合同形式固定下来的、具有较长期业务合作关系的代理商,这样可以有效解决在与商品流通企业交易过程中的资金拖欠问题,加速资金周转。而代理商由于是从委托生产企业获得佣金,改变了商品流通企业原来需要大量资金购进货源、占用大量流动资金的状况,有效地节省了流动资金,降低了经营成本。

第三,构造良好的流通秩序,有效衔接产销关系。由于供求关系和市场价格不断变动在一般的工商关系中会经常出现,商品短缺时,商品流通企业争购货源、流通环节层层加价,在商品过剩时,商品流通企业不愿意经营,使商品积压在生产企业,造成商品流通秩序混乱的现象。代理经营可以相对稳定生产企业的进货渠道和销售渠道,构建稳定的商品流通秩序,同时,代理商可将有关商品的市场信息及时告知生产企业,指导生产企业按市场需求安排生产,防止盲目生产,避免产品的积压,有效衔接产销关系。

## 四、代理经营存在的问题与解决方法

### (一)代理经营存在的矛盾与问题

1. 代理经营存在代理商和委托商双方谁来承担市场风险的矛盾。由于市场供求关系经常波动与变化,国家宏观经济环境和国际市场行情也不断变化,必然会给企业经营带来不可避免的市场风险。在代理经营中,委托商和代理商双方都希望对方能够多承担一点市场风险,处理不好,有可能在承担市场风险方面产生新的矛盾。

2. 代理经营存在代理商品与经济利益方面的矛盾。在代理商品方面,委托商有可能不愿意将市场热销的产品或者项目交给代理商经营,希望代理商为他们推销市场平销甚至滞销的产品或者项目,而代理商自然也想做热销产品或者项目的代理。双方可能在代理商品的品种方面发生矛盾。

3. 代理经营存在代理经营目的的矛盾。代理商最关心的是所能获得收益的多少,而委托商最关心的是代理商对其代理的产品或者项目的销售业绩。双方关心的目标不一样,很可能在代理经营的指标方面产生不协调,发生矛盾。

### (二)解决代理经营上述问题的方法

1. 从思想观念上看,委托商和代理商双方都要摒弃狭隘的利益观念,克服短期行为,充分认识建立长期稳定的代理关系的重要性,才能真正在代理关系中实现利益共享、风险共担、长期合作。

2. 从结合的原则上看,委托商与代理商双方都应按自愿结合、双向选择的原则,认真选择适合本企业实际情况的代理合作伙伴,在兼顾和平衡工商双方利益的基础上,依法建立规范的合同关系,明确工商双方的责、权、利关系。

3. 从经济利益的协调方面来看,要建立严格的代理经营结算制度。在代理经营中,委托商担心代理商拖欠应返还的销售货款,代理商担心货不对路、供货不及时、佣金不按规定给付,等等。因此,在代理契约中,要明确、详细地规定双方的责、权、利关系和严格的结算方式,避免相互拖欠,增强合作效率和效益。

4. 从代理合同的签订方面来看,要签订科学、规范、合理、灵活的代理经营合同。例如,签订代理契约时,要明确规定代理商品的数量、品种规格、销售任务、交货计划、双方权限、回款方式、报酬方式、优惠和奖励政策等。

### 五、代理经营的类型

代理经营可分为销售代理、采购代理、储运代理、服务代理和广告代理五大类。

#### (一)销售代理

销售代理可分为批发销售代理、零售销售代理,或者批零兼营代理。销售代理是市场经济条件下最常见的代理类型,主要有以下四种具体形式。

1. 总代理。总代理是指委托厂商通过契约关系确立代理商业企业,在规定的市场区域内为委托厂商销售某产品、经营某业务的经营方式。总代理既可以从事批发业务,也可以从事零售业务。

总代理的业务范围主要包括三个方面的内容:①总代理在合同规定的市场区域内,对所代理的商品或者业务具有专营权或者排他性。即委托厂商不得在契约规定的市场区域内再指定其他代理商,委托厂商也不得在规定的市场区域内进行任何直销活动。②总代理的业务范围比较宽,包括代表委托人签订买卖合同、销售商品、处理销售过程中的有关事务(安装、维修等);代表委托方进行营销宣传活动等。③委托厂商还可以根据具体情况(如市场范围太大等)给予总代理商寻找分代理的权利,总代理商可以根据授权和实际需要再寻找和确定分代理商。

在各种代理业务中,总代理的权限最大,其代理行为直接影响着委托人的经济利益。因此,作为总代理,必须具有雄厚的资金实力,有效的销售渠道和手段,以及高水平的专业员工队伍。

总代理关系的市场应用条件有:①本产品或者业务在市场上具有很高的知名度、很强的市场竞争优势;②本产品或者业务的市场需求范围和需求量很大,生产厂商已无能力或精力直接顾及销售环节中的诸多业务。

2. 独家代理。独家代理是指在规定的市场区域内,委托厂商通过合同关系确立某唯一代理商业企业为委托厂商销售某产品、经营某业务的经营方式。独家代理既可以从事批发业务,也可以从事零售业务。

独家代理关系的要求有:①在合同关系规定的市场范围内,对所代理的商品或者业务具有专营权,或者排他性。即委托厂商不得在合同规定的市场区域内再指定其他代理商,厂商也不得在规定的市场区域内进行任何直销活动。②独家代理商不得再代理或者经营其他同类商品,或者再代理其他具有竞争性、替代性的商品。③独家代理一般不具备除了纯销售业务之外的其他业务的权利,如营销、宣传、寻找分代理等业务。

独家代理关系的市场应用条件有:①本产品或者业务在市场上具有较高的知名度、很强的市场竞争优势,甚至是独有的产品;②厂商要考虑到种种利弊关系,要直接参与广告宣传、维修服务等业务活动。

3. 一般代理。一般代理是指委托厂商可以在同一市场销售区域和同一时期内指定若干个代理销售商,同时为其代理销售同一商品,经营同类业务的经营方式。一般代理既可以从事批发业务,也可以从事零售业务。

一般代理关系的要求有:①代理商不享有专营权,委托厂商可以在同一市场区域内委托多家同类代理商;②代理商也可以同时代理或者经销其他同类商品;③厂商具有在代理商所在市场区域内直销商品的权利。

一般代理关系的市场应用条件有:①新进入市场、知名度不高、急需打开市场销路的新产品;②市场上其他同类商品比较丰富,市场竞争比较激烈,且本产品在市场竞争中不占统治或者领先优势的产品。

4. 特约代理。特约代理是指厂商生产的是使用技术要求比较高、安装和维修比较复杂的商品,为了使广大用户或者消费者能够顺利地购买、安装、使用和维修商品,寻找由懂得相关技术、符合相关要求的代理商进行特约代理经营的方式。由于特约代理的售前、售中和售后服务的技术要求较高,一般从事零售代理的多一些,从事批发业务的少一些。

特约代理商是否享有专营权,可与委托厂商洽谈,根据市场情况,可享有专营权,也可不享有专营权。特约代理商必须具备并承担对所代理销售商品的安装、使用、维修等方面操作、讲解、培训等业务的能力和责任。

## (二)采购代理

1. 采购代理的概念。采购代理是指通过合同关系确定下来的,由某专业代理商为生产企业代理采购生产所需原材料的经营业务形式。一般来讲,采购代理不仅要为生产企业采购原材料,还要负责采购过程中的储运、保管等业务。有些采购代理商同时还承担为生产企业代理销售商品的业务。

2. 采购代理的应用条件。生产厂商需要的原材料不容易采购,如采购过程比较复杂、采购需要花费大量人力和精力等,生产厂商不愿意在采购环节投入更多的人、财、物力,只好寻求专业代理商来完成。

## (三)储运代理

1. 储运代理的概念。储运代理是指通过合同关系确定的,由专业化的储运企业为生产经营企业代理生产经营过程中的装卸、运输、保管、储存等业务的经营方式。这种代理方式也称为"第三方物流"业务。

2. 储运代理的应用条件。某些生产企业或者零售企业在正常的生产经营活动中,需要连续、高效率的原材料或者商品供应,其中有些原材料或者商品要从比较远的地区运送过来,或者某些特殊零配件、原材料具有特殊的运输技术要求等,这就需要专门的运输工具、人员和组织机构,而这些企业又不可能或者不愿再抽出一部分人、财、物力组建专业运输机构,客观上需要有专业化的储运企业代理经营这些业务。

## (四)服务代理

1. 服务代理的概念。服务代理是通过合同关系确定的,由专业的相关服务机构或者企业为一般企业代理在生产经营过程中产生的诸如期货交易、证券交易、报关、保险、运输、经济诉讼等技术要求高、专业性强的经济事务的经营方式。

2. 服务代理的应用条件。在现代市场经济条件下,企业经营过程中必然会遇见一些比较复杂的、专业性强的国内和国际经济事务,如期货交易、证券交易、报关、保险、运输、经济诉讼等。一般的企业是没有能力应付这些经济事务的,只有专业的机构才能够胜任和完成这些事务,因此,客观上就需要有这些专业机构从事代理业务,代替企业完成这些事务。

### (五)广告代理

1. 广告代理的概念。广告代理是指通过合同关系确定的,由专业广告宣传机构或者企业为一般企业代理有关广告宣传的设计、实施等事务的经营方式。

2. 广告代理的应用条件。在现代市场经济条件下,企业及产品的市场知名度是提高企业市场竞争能力和企业生存能力的重要因素之一。要达到这个目的,必须有高水平、高效率、连续的广告与宣传活动,专业广告机构便可以胜任这项工作,满足企业的相关需求。

## 六、确立代理经营关系的过程

### (一)科学选择代理对象

在确定代理关系之前,委托商与代理商双方都应该进行认真的考察与了解,要选择彼此信任、彼此适应的合作对象。

### (二)签订代理合同

委托商和代理商选好之后,要正式签订代理经营合同。代理经营合同主要包括以下内容:

1. 确定双方法人,即明确委托商与代理商双方的合法企业名称、公司所在地等。

2. 确定双方代理类型和市场区域,即明确委托商与代理商双方的类型,如总代理、独家代理、一般代理等;明确双方在代理关系中的权限,如代理的市场区域、委托商在该市场区域的权利、经营方式、采购或者销售价格的变动权限等;明确代理关系的期限。

3. 确定双方代理业务的内容,即明确代理经营的商品或者项目的种类、名称、数量、价格、方式、服务内容等;明确代理商在代理经营中应做的售后服务、维修、广告宣传、市场信息收集等业务。

4. 明确双方的利益关系,即明确双方的利润分配方法或佣金计算方法。例如,可按销售额计算佣金,也可按净利润计算佣金等;在代理业务过程中发生的各种运杂费、保管费、租金费、广告费、旅差费、通信费等的承担方法;双方对经营业绩和违约的奖罚办法等。

5. 明确结算方法,包括结算的时间、方式、监督、保障、防范和处罚措施等。

6. 明确法律责任,即明确双方依据的法律条款、违约后应承担的责任、赔偿等;明确代理经营关系的生效日期和终止日期,以及最后的清算方式等。

（三）实施代理经营

合同签订完毕,委托商必须给代理商签署正式的委托书,才可以进行合法的委托代理经营。委托书或者委托代理证明的内容主要包括:代理商法人代表的姓名、年龄、职务,所代理的业务内容、权限、委托期限等,其内容要比代理经营合同简单得多。

代理商持有委托商的委托书后,便可进行正常的代理经营活动了。

**复习思考题:**

1. 影响交易演变与发展的因素有哪些?
2. 常见的现货交易方式有哪几种?
3. 期货交易的概念与功能分别是什么?
4. 期货市场包括哪些组织机构?它们分别有何作用?
5. 套期保值交易与投机交易主要有哪些类型?它们分别是如何操作的?
6. 代理经营的概念、特征与作用是什么?
7. 常见的代理经营有哪些类型?

# 第七章 商品流通企业经营模式与业态

## 学习重点

- 1.常见的批发与零售经营模式的类型与特点；
- 2.连锁经营的概念、特征、类型与运行方式；
- 3.我国常见的零售业态的种类和特征。

## 第一节 商品流通企业的经营模式

### 一、商品流通企业经营模式概述

#### （一）模式的概念

模式是指从大量的相关事物中总结、抽象、归类出可以重复出现或者重复运用的，在形式和内容方面比较固定的若干种不同的"式样"。例如，在足球比赛的攻防战术领域，我们可以抽象出"全攻全守"的模式、"防守反击"的模式等；在社会福利政策领域，我们可以抽象出"瑞典模式""法国模式"等。

要正确理解"模式"，我们应该注意以下两个要点：

第一，在同领域或者相关的事物中，如果能够形成"模式"，那么"模式"绝不是唯一的，一般都会存在若干个可供选择的不同"模式"。因为，如果在同领域或者相关事物中只有一个"模式"，那么，冠以"模式"的概念以及研究"模式"都没有必要了。例如，在国家或者政府对经济运行的管理与调控关系领域，如果全世界所有国家，无论具体情况如何，只能采取一种"模式"，而不是现实的"美国模式""德国模式""中国模式"等,那么"模式"的概念以及模式的研究就没有必要了。

第二,"模式"不等于"规律"。同一领域中的事物可以采取不同"模式",但是这些不同"模式"的运行又受到该领域"规律"的调节或者制约。例如,前面提到的,不同国家根据本国的国情,可以采取不同的经济管理与调控模式,但是无论采取何种模式,都必须符合经济运行规律的要求。换言之,同一领域中的规律是"天生的"、共性的、不可违背的,但是由于受同一领域中相关事物具体情况差异性的影响,这些不同的事物只能根据具体情况采取不同的"模式",才能更好地适应同一领域中的规律。否则,如果不考虑同一领域中相关事物的不同情况,而生搬硬套不符合本事物情况的"模式",那么,这种"模式"带来的运行效果便很难符合相关规律的要求,必将受到规律的"惩罚"。

### (二)商品流通企业经营模式的概念与特点

1. 商品流通企业经营模式的概念。我们定义了"模式"的一般概念之后,便可以在一般概念的指导下,推导出商品流通企业经营模式的概念。商品流通企业经营模式是指在市场经济条件下,商品流通领域各个行业中(零售行业、批发企业、运输服务行业等)的各企业为了获得良好的经济效益、市场竞争优势和更大的市场占有份额等经营目的,在长期的经营实践中总结、抽象、归类出若干比较成功、完善、可以重复运用的"经营式样"。

2. 商品流通企业经营模式的特点。总结大量的实践经验,商品流通企业的经营模式有以下两个特点。

第一,商品流通企业的经营模式有很强的行业对应性。我们可以将我国商品流通领域粗分为三个行业:批发业、零售业、物流服务业。不同行业中不同商品流通企业的经营模式一般只适用于本行业的商品流通企业,很难与其他行业"互换"。例如,批发行业中一些企业的经营模式就很难适用于零售行业的企业,而零售行业中一些企业的经营模式也很难适用于物流服务行业。

第二,商品流通企业的经营模式不是一成不变的。经济发展、市场环境、竞争水平、科技应用水平等因素直接影响着商品流通企业经营模式的形成、变化与发展。因此,商品流通企业的经营模式不是永远不变的,而是随着上述各因素和条件的变化而逐步发展变化的。研究这些发展变化的因素和条件,及时完善、创新和发展商品流通企业的经营模式,是企业界和理论界应时常注意的重要问题。

## 二、批发行业中商品流通企业的经营模式

### (一)专业批发经营模式

1. 专业批发经营模式的概念。所谓专业批发经营模式,是指专门经营某大类商品(如"办公用品"专业批发、"五金交电"专业批发等)的批发企业,从不同的生产厂商、大型代理商处购进相同大类不同品牌、不同规格、不同花色的商品,再根据不同零售用户的需要,进行小批量销售的经营模式。

需要注意的是,这里的"专业"是与"综合"相对应的,是指专门从事某一大类商品的批发业务。从实践经验来看,同时经营跨几个大类商品的综合式批发经营,由于品种和业务量比较复杂,批发企业很难做好。因此,现实中大多数企业都是专业批发,而很少有综合式批发。

2. 专业批发经营模式的特点与存在原因。专业批发经营模式常见的销售设施是仓库、商品展示厅或者销售门店。这种销售门店不是像零售企业那样为了零售商品的,其主要功能是洽谈业务和展示商品。

专业批发经营模式存在的原因有两个:第一,有些大类商品所包含的品牌、款式、规格和花色多且杂,如五金交电类、办公用品类、厨具用品类、工业配件类等。这种品牌、款式、规格和花色比较杂的商品,如果用户直接向生产厂商购买,由于厂商分布太散、用户采购量小、配齐品种难、选择性差等因素,使用户的购买成本大大增加且效率大大降低。专业批发经营模式的商品流通企业将分布在不同地区的不同厂商所生产的不同品牌、不同规格、不同款式的相同大类商品分别采购回来,集中批发销售,可以提供给用户一个十分方便的选购商品的场所,大大提高了用户的采购效率,降低了采购成本。第二,有些零售用户虽然需要的商品种类比较单一,但是需求量不大,需求时间也没有规律,因此相关商品的生产厂商一般不愿意与这类需求量小且分散的用户打交道,这些零星用户只能通过批发环节采购所需要的商品。

### (二)"批发—储运"模式

1. "批发—储运"模式的概念。"批发—储运"模式是指不仅从事批发业务获取批零差价利润,而且要为用户提供方便、快捷的"送货上门"的商品运输服务并获取劳务收益的经营模式。

2. "批发—储运"模式的特点。"批发—储运"模式的最大特点是为用户提供便捷的送货上门服务,这种送货上门服务往往是免费的。这样做的目的主要是巩固和扩大批发企业与用户的关系。采取此类经营模式的商品流通企业一般都拥有设备比较齐全的与仓储和运输有关的设施、设备、工具、场所等,能够为用户提供良好的仓储与运输服务。另外,还有一种不直接从事批发业务,而专门从事为用户提供批量商品仓储与运输服务的经营模式。采取这类经营模式的商品流通企业主要不是通过批发交易来获取批零差价利润,而是通过为用户提供物流运输服务收取劳务费。

### (三)配送服务模式

1. 配送服务模式的概念。所谓配送服务模式,是指从事这类批发业务的商品流通企业的经营方法不再是简单的批量交易方式,而是对从生产厂商或者大型代理商处购进的、不同种类的、大宗的、大包装的、不适合零售的商品进行重新整理、加工、拣选、包装、组合与集配,重新组合为在品种、结构、数量和包装等方面适合零售用户采购要求的新的商品组合,并将新的商品组合正确、迅速、安全、按时送达零售用户手中的加工、集配、运输与服务的经营模式。

2. 常见的配送服务模式有以下两种:

(1)制造商投资构建的配送中心模式。在某些情况下,由于商品流通企业的商品配送与营销能力不能满足制造商的要求,制造商为了提高本企业产品销售的服务质量、增强产品的市场竞争力、降低产品的流通费用,直接投资构建专门为本企业产品流通与销售服务的配送中心。这类配送中心的任务是,将本企业生产的相关产品按需求方要求的产品组合和包装标准进行重新组合和集配(如元器件、零配件的组合等),并按规定的时间和地点及时运送到需求方。需求方可能是与本企业产品相配套的处于下游产业链中的企业,也可能是其他企业。

(2)批发商投资构建的配送中心模式。批发商投资构建配送中心是为了提高批发业务或销售商品的效率和服务质量,是为其他相关商品流通企业配送商品服务的,是一个完全独立的配送机构。常见的批发商投资构建的配送中心又分为产品专业化配送和行业配套商品配送两种不同的类型。

所谓产品专业化配送,是配送中心将生产同类商品(如生产家用电器商品的不同企业,或者生产体育用品的不同企业等)但分布在不同地区的不同厂商的商品集中采购回来,再按处在零售环节中经营同类商品的不同零售企业的要求,进行重新组合、包装、集配和送货的配送业务模式。例如,专门采购各类家用电器产品,并按百货商场、家电专业店、超市等零售商的要求,将相关家用电器进行重新组合、包装和集配后,送达这些零售企业。

所谓行业配套商品配送,是配送中心专门为某行业生产经营所需的各种系列化的商品和原材料进行采购和配送的业务模式。例如,某专门经营日用百货用品配送业务的企业,从不同的生产厂商(服装厂、鞋厂等)处采购不同的日用商品,再按经营日用百货商品的零售企业的要求,将这些批量采购来的不同种类的商品重新组合成为符合零售企业销售要求的系列化商品组合(如服装、鞋帽、床上用品、洗涤用品等系列化商品组合)后,再送达这些零售企业。再如,专门为建筑行业企业服务的配送企业,从不同生产厂商处采购与建设楼房相关的各种系列化产品(如钢材、木材、水泥、上下水管、门窗、玻璃等),并按不同建筑公司建设楼房的要求,将这些商品进行重新集配,组合成为建设楼房所需要的系列化原材料组合后再送达这些建筑公司。这类批发商的配送业务请参见图7-1。

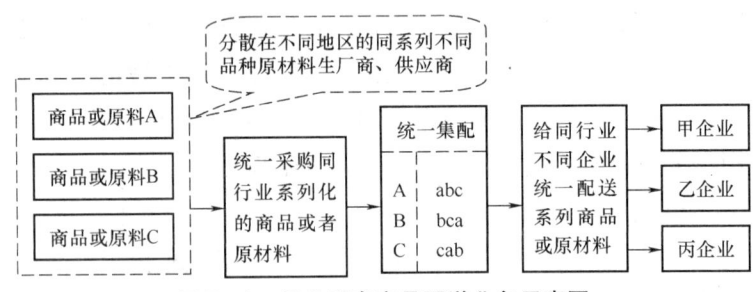

图7-1 行业配套商品配送业务示意图

注:(1) A,B,C表示同系列不同品种的原材料厂商、供应商供应的同系列不同种类的商品。
(2) a,b,c表示同行业不同企业所需的系列化、配套化商品或原料。

## 三、零售行业中商品流通企业的经营模式

### (一)零售单店经营模式

零售单店经营模式是相对于连锁经营模式而言的,是指只有一个零售营业场所的零售商品流通企业经营模式。

零售行业中的单店经营模式可以是百货商场、超级市场、专业店、专卖店、购物中心等业态,其中,有些单店的营业面积可以达到几万平方米甚至更大,年销售额可以超过10亿元人民币。但是,单店经营模式,无论其营业面积和销售额有多大,都是只有一个经营场所。

## (二)"总店—分店"经营模式

1. "总店—分店"经营模式的概念。"总店—分店"经营模式是指一个大型零售商品流通企业(一般都是从事大型百货业的零售商品流通企业)所拥有的一个大型营业场所(往往是一个大型百货商场)为"总店",在"总店"具备了比较高的社会知名度和信誉度、良好的经营业绩、广泛而稳定的进货渠道、优秀的管理人才和丰富的管理经验时,在合适的商业地段选择合适的营业场所,或者与其他企业合作,或者自己投资开设新的营业场所为"分店",分店利用总店的社会信誉、管理经验、进货渠道等优势,达到扩大市场占有率和提升销售额的目的的经营模式。

2. "总店—分店"经营模式的特点。"总店—分店"经营模式主要有以下三个特点:一是店名往往反映了与合作方的信息。例如,总店的店名是"大众百货",合作方企业的名称是"宏远",这个分店的店名常常为"大众—宏远"百货商场。总店之所以采取与其他企业合作开设分店的方式,主要是因为在零售业比较发达、市场竞争比较激烈的市场环境下,总店很难直接找到商业地理位置十分理想的销售门店,只有与拥有良好商业地理位置但不懂零售的其他企业合作,才能比较便利地发展新的分店。二是分店的商品结构、卖场布局、价格水平、采供方式等可以根据市场情况自行决定,不一定全部照搬总店的经营管理模式。三是与连锁经营模式相比,"总店—分店"模式的分店数量比较少,各分店的经营管理模式不统一。

## (三)商业企业集团经营模式

1. 商业企业集团经营模式的概念。商业企业集团经营模式是指一个经营业绩良好、具有很强资金实力的大型商业企业(现实中往往是经营业绩良好的大型百货商场等)为集团总公司,由集团总公司投资、控股、参股等方式构成的多个具有独立法人资格的集团式企业经营体系。

2. 商业企业集团经营模式的特点。商业企业集团经营模式最大的特点是,集团总公司下属的这些独立的法人企业在经营内容方面往往涉及较多领域,经营内容有很大差别。例如,在一个商业企业集团中,可以并存有百货公司、储运公司、服装厂等多种经营内容的多个企业。

## (四)联购分销经营模式

1. 联购分销经营模式的概念。所谓联购分销经营模式,是指某些经营同类商品的各自独立的法人企业,为了向厂商或者供货商争取较低的采购价格,通过共同协商的方式自愿联合起来,将各企业的采购量加总在一起统一采购,使采购数量和规模增大,从而创造了向厂商或者供货商讨价还价的条件,以便向供货商压低商品的采购价格,以较低的价格批量购进商品后,再由各企业分散销售原来所需的采购量的经营模式。

2. 联购分销经营模式的特点。联购分销经营模式有以下两个明显的特点:第一,这种经营模式没有统一的企业组织实体,只是各个具有独立法人资格的不同企业在采购业务方面的暂时联营;第二,商品采购完后,在商品的销售价格、经营管理等方面各企业也是不统一的。

### (五)前店后场经营模式

1. 前店后场经营模式的概念。所谓前店后场经营模式,是指掌握某种特色制作工艺的企业设有一个专门制作特色商品的作坊(后场),沿街开设一个或者若干个零售门店(前店),专门销售作坊中生产的特色商品的经营模式。

在商品经济不发达时期,这种前店后场经营模式比较多。在当代发达的市场经济环境下,只有少数掌握特色商品制作方法的企业才采取这种经营模式。

2. 前店后场经营模式的特点。前店后场经营模式的显著特点有两个:一是采取这种经营模式的企业必须掌握特色突出的某种商品的制作方法;二是生产这类特色商品所要求的设备比较简单,制作成本比较低,比较适合作坊式生产。

另外,连锁经营模式也是当代市场经济条件下商品流通领域中一个十分重要的经营模式,将在本章第二节进行专门讲解。

## 第二节 连锁经营模式

### 一、连锁经营的概念

连锁经营是商业经营领域中的一种企业经营模式。连锁经营是以企业的"总部"、"配送中心"和若干数量的"连锁分店"为基础,在统一店名、统一店貌、统一采购、统一配送、统一财务、统一经营、统一价格、统一服务、统一管理等若干个"统一"的管理方式下,由若干数量的连锁分店构成规范的、统一的、规模化、连锁化的销售网络体系,从事商品或者服务销售的商品流通企业经营模式。由于连锁经营企业在资产所有权与合作方式方面的不同,又可分为直营连锁、自愿连锁和特许连锁三种经营类型。

连锁经营方式是在现代市场经济体制下,当社会生产力发展、商业竞争、消费者的收入和生活水平均达到较高层次时产生的比较高级的商业企业经营模式。

## 二、连锁经营的管理特征

从管理的角度来讲,理论界普遍认为,连锁经营企业突出的特征是"3S"管理方式。所谓"3S",就是 simplification(简单化)、specialization(专业化)和 standardization(标准化)。总结国内外成功连锁经营企业的经验,并与单店经营企业相比,连锁经营的特征可集中表述为在经营管理方面的标准化、专业化、简单化、规模化。

### (一)标准化

所谓标准化,就是连锁经营企业在经营管理的重要环节实行统一、规范、制度化的管理。具体来讲,连锁经营企业的标准化管理主要体现在以下三个方面:

1. 店名、店貌的标准化。连锁经营企业所属的分店,包括直营店和加盟店,都必须在反映企业店名店貌的名称、字体、颜色、装修风格等方面保持完全一致(尺寸大小可以变化)。同时,店内的布局与装修风格也要基本一致。

这样做的好处是:首先,通过标准化、一致化的店名店貌特征,可以给广大消费者深刻的印象和准确的企业识别效果,从而达到不断提高企业的市场知名度、减少企业市场开发成本的良好效果。其次,标准化的店名店貌特征可以给广大消费者传递一个潜在的信息,即无论分布在哪个区域的分店,其经营管理水平都是标准的、规范的、一致的,从而达到提高企业市场信誉度的良好效果。

2. 经营的标准化。经营标准化主要体现在以下三个方面:首先,所有连锁分店所经营商品的进货渠道、进货权限、进货程序等都是标准化的、一致的。一般来讲,设有配送中心的连锁经营企业,其大部分商品都是由配送中心给各连锁分店统一配货和供货,未设配送中心的连锁经营企业或者无法由配送中心统一供货的商品,也是在连锁企业总部内有关职能部门的管理和安排下,按统一的方法与程序进货。其次,各连锁分店所经营的商品在内容、结构和销售价格等方面是标准化的、一致的。最后,所有连锁分店的销售方式、服务方式和营销方式都是标准化的、统一的。

这样做的好处是：连锁经营企业能够保持经营管理的内容、质量与水平的一致性，防止由于连锁分店数量和连锁经营区域的不断扩大而经营混乱，同时也能提高企业的工作效率，降低经营成本。

3. 管理的标准化。管理标准化主要体现在以下四个方面：第一，连锁经营企业在采购、进货、库存、制作、集配、送货、销售等方面的业务流程是标准化的。第二，连锁经营企业对经营管理过程各环节所发生的所有信息，都是通过电脑软硬件系统进行标准化处理与管理的。第三，有关餐饮、服务和拥有自有品牌的连锁经营企业在原材料、制作工艺、产品质量、色香味、包装式样、服务质量等方面都要求标准化、统一化。第四，连锁经营企业对所有部门与环节中员工的工作行为，包括服装、工作权限、办事程序、技术指标、完成质量等方面的要求都是标准化的。

这样做的好处是：减少了因为员工个人能力的差异而导致的经营管理质量的差别，也能够避免因为员工岗位的变化或员工流动而导致的经营管理水平的变化，始终使连锁经营的各部门、各环节保持规范、高效、有序的运行状态，大大提高了连锁经营企业经营管理的总体质量与水平。

### （二）专业化

所谓专业化，是指连锁经营企业将其采购、进货、库存、配送、销售、收银等环节和工作内容，按操作特点进行规范的专业化细分，形成由专门技能、专门操作方式和专门工作内容构成的专业化工作岗位。例如，"理货员"专业岗位、"收银员"专业岗位、"库存保管员"专业岗位等。

这样做的好处是：从企业的角度，可以使每个专业岗位的操作技能和工作内容实现规范化、标准化和制度化，这对全面提升企业的管理质量和经营水平是十分重要的；从员工的角度，可以有针对性地对不同岗位的员工进行标准化的、统一的工作培训与管理，这样可以避免因员工的流动和不同员工工作能力的差别而导致的工作质量的差别。

### （三）简单化

所谓简单化，是指由于连锁经营企业的各环节、各岗位实行了标准化和专业化的管理方式，不需要"一事一策"，只要按制度的要求进行管理就行了。连锁经营企业对工作岗位的标准化、制度化管理一般是通过对不同岗位制定规范的"工作岗位手册"来实现的。从操作层面来看，每个专业岗位中的员工并不需要个人的"即兴发挥",只要严格按岗位的操作制度或者"工作岗位手册"的要求办事就行了。

### (四)规模化

所谓规模化,是指连锁经营企业依靠分布在不同市场区域的众多分店的数量规模来实现提高市场占有率、提高销售额的目的。在市场经济体制环境下,各零售商业企业争夺市场占有率的竞争十分激烈。单店经营企业很难在激烈的商业竞争中提高市场占有率。但是连锁经营企业可以通过分布在不同市场区域的众多连锁分店来达到不断提高市场占有率、扩大销售额的目的。规模化是连锁经营企业最重要的本质特征。

## 三、连锁经营的组织机构

连锁经营是由总部、配送中心或者中心厨房、连锁分店三部分构成。有些分店数量比较少、经营规模比较小的连锁经营企业也可不设配送中心,由总部(或者总店)和连锁分店构成。

### (一)总部

总部或者总店是连锁经营企业的"司令部"。连锁经营企业的重大管理与经营决策都是由总部做出,配送中心和各连锁分店执行。总部设置的机构主要有:经理办公室、财务部门、业务部门、企业发展与规划部门、市场开发部门等。

经理办公室主要负责企业各项规章制度的落实、人事任免的具体执行等工作;财务部门主要负责企业的财会业务;业务部门主要负责商品的采购、对配送中心的管理、对各分店日常经营的监督管理等;企业发展与规划部门主要负责新网点的开发、企业重大发展问题的研究等。

有的连锁经营企业也开办了特许加盟连锁分店,总部对这些特许加盟店具有在"店名、店貌、采供、配送、经营、价格、服务"等方面的管理权和控制权,但没有财务管理权和人事任免权。特许加盟连锁分店的财务和人事由加盟店自主管理。

总部的主要经营管理业务有:

1. 对日常重大经营管理业务的决策、指令与监控。例如,决定采购渠道、采购商品的种类、数量、价格等;对配送中心库存结构、配送情况的物流管理等;对各连锁分店日常经营业务的监督;对配送中心、连锁分店各种经营管理信息的汇总、分析等。

2. 财务管理。例如,与供货商的结算、对企业内部日常各项财务活动的管理、配送中心和各分店的财务管理;对整个连锁经营企业经营活动的财务分析和监控等。

3. 制度管理。例如,企业各项制度的制定、重要人事的任免等。

4. 信息的收集、分析、整理、研究工作。

5. 重大经营、投资、开发、营销、发展问题的决策。

## (二) 配送中心

1. 配送中心的概念。配送中心相当于整个连锁经营企业的"总后勤部",是连锁经营物流管理的重要环节,在日用百货连锁经营企业中称为"配送中心",在餐饮连锁经营企业中称为"中心厨房"。

连锁经营企业的配送中心与单店经营企业的"仓库"是完全不同的。仓库的业务仅仅是对所经营商品的简单验收、保管、分发等,而配送中心的业务包括对商品的验收、保管、简单加工、整理、再包装、集配和送货等。

在连锁经营模式下,一般是不允许各分店自主采购商品的。各连锁分店经营的80%的商品都是由总部统一采购与配送的。其具体过程是,由连锁经营总部统一采购,由供货商(厂商、代理商、批发商等)将采购的商品送到配送中心,再由配送中心经过进一步加工、整理、集配,统一配送到各连锁分店。还有20%左右的商品是由总部统一采购后,再由供货商直接送到各连锁分店(不经过配送中心)。

连锁经营企业配送中心统一配送率的高低是衡量该企业经营管理水平高低的重要指标,统一配送率越高,该连锁经营企业的管理水平就越高。如果是餐饮连锁企业,其统一配送率可能要低一些。因为,第一,有些食品必须在各连锁分店即时制作、即时食用,不能提前制作;第二,有些鲜活食品必须由供货商在短时间内及时送到各连锁分店,不能在中心厨房耽误。

2. 配送中心的设立条件。不是任何连锁经营企业都必须设立配送中心的。设立配送中心一般要具备以下两个条件:

一是当该连锁经营企业的分店经营数量和商品经营规模都达到一定水平,如采取供货商分散供货的方式,会使连锁经营企业的成本增加、送货不及时,就应建设配送中心,采取统一配送的方式。

二是当连锁经营企业在一个经济区域内(如在一个城市中)的分店数量达到一定规模,便可建立配送中心,如果分店数量不多,经营规模不大,再建立配送中心,反而使运行成本增加,就没有必要建立配送中心,而采取由总部统一采购,各供货商向连锁分店直接送货,总部再与各供货商统一结算的方式。

3. 配送中心的作用。连锁经营企业实行统一配送的作用有以下三点:

第一,对各连锁分店实行统一采购和配送之后,由于采供规模变大,连锁经营企业可以向供货商争取到较优惠的价格折扣。另外,集中采购、运输与库存也可以大大提高储运效率,节约相关费用,降低经营成本。

第二,统一采购与配送可以较好地保持各连锁分店在经营品种、结构、质量、价格等方面的一致性,确保整个连锁经营管理的统一性。

第三,统一采购与配送可以彻底消除各连锁分店的小仓库,实现各连锁分店在商品经营过程中的"零库存"管理,节约各连锁分店的营业面积和经营成本,也免除了各连锁分店不断采供商品的业务负担,使各分店将精力集中在商品销售工作中,提高了工作效率。

4. 配送中心的业务。配送中心的业务包括以下三个方面:一是负责由总部决定、由供货商送来的商品的验收与入库工作。二是负责库存商品的日常管理工作。三是负责对各连锁分店所需要的商品的加工、整理、包装、集配和送货工作。

配送中心的业务流程可通过图7-2表示出来。

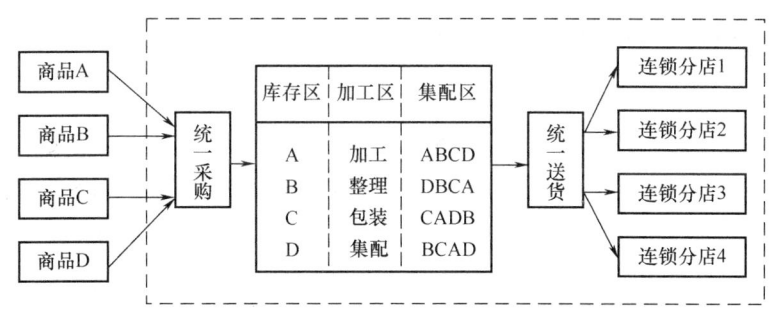

图7-2 配送中心的业务流程示意图

注:(1)商品A,B,C,D为不同种类的商品。

(2)粗实线黑框内为连锁经营企业内设物流配送中心的业务范围。

(3)虚线框内为连锁经营企业的业务范围。

## 四、连锁分店

### (一)连锁分店的概念

连锁分店是连锁经营企业的"前沿阵地",是专门销售商品的场所。不同行业的连锁经营企业的分店在决定门店所在商区、营业面积、卖场布局、结算方式等事项方面,要按照相应的业态要求进行。各连锁分店要严格按照总部所规定的"统一店名、统一店貌、统一配送、统一经营、统一价格、统一服务"的要求进行日常经营与管理。有配送中心的连锁经营企业的分店不设仓库,所需商品直接由配送中心送来。

### (二)连锁分店的规模

有理论认为,连锁分店的数量和规模是连锁经营企业的生命线。

我国有关部门规定,连锁经营企业的最少分店数量要达到 10 个。从实践来看,一个中型连锁经营企业的分店数量要达到几十个,大型连锁经营企业的数量要达到几百个、几千个甚至几万个。有些连锁经营企业的分店实现了跨城市、跨区域、跨国界的连锁。

## 五、连锁经营的业务流程

连锁经营的理论业务流程主要包括以下内容:

第一步,采购商品。"总部"的业务主管部门在主管经理的认可下,根据各连锁分店的生产经营需要,向社会有关厂商、代理商、批发商等进行采购。

第二步,验收商品。"总部"的业务部门将所采购商品的"品种、规格、数量、质量、产地、厂商、到货时间"等信息,通过电脑系统报给"总部"主管经理和财务部门备案;同时,通过公司内部的计算机网络系统向"配送中心"发出"接收这批商品的指令"。

第三步,核对商品。"配送中心"接到供货商送来的商品后,先要与"总部"发来的信息进行核对与验收,符合要求后,将收到的有关商品"品种、规格、数量、质量、产地、厂商、到货时间"等方面的信息输入配送中心的计算机管理系统中,并将此信息及时通过计算机网络反馈给公司"总部"业务主管部门。

第四步，库存管理。"配送中心"将接收到的商品，通过"条形码"管理技术，或者按公司自己设计的其他信息管理技术进行信息记录，再按配送中心计算机管理系统中事先设计的库存管理软件指令，将各类商品按要求（存放位置、存放方式、出入库的先后顺序等）进行严格的存放。存放好后，要在所存商品货架设立的信息卡上进行存放信息记录（包括货品的名称、数量、规格、产地、存放位置、存放时间等），最后将存放信息记录到配送中心的计算机管理系统，再进行信息核实。

第五步，分店要货。当连锁分店需要商品时，先向"总部"的业务主管部门申报要货信息，"总部"有关业务部门审核后，将详细的信息（包括物品名称、数量、规格、送货时间、送达的分店等）通过计算机网络系统传递到配送中心的计算机管理系统中，并下达"配送货物"指令。

第六步，配送商品。配送中心接到"总部"的送货信息和送货指令后，通过计算机管理系统对库存商品进行查询、调货、核对、记录，将连锁分店需要的商品进行集配和送货，再通过计算机网络系统将所配送商品的详细信息同时向"总部"有关管理部门和要货分店发出。

第七步，信息反馈。当要货分店收到配送中心送来的商品后，将验收后的商品的详细信息通过计算机网络系统同时向"总部"有关管理部门和配送中心进行信息反馈，这两个部门再进行计算机核对。

第八步，分店销售。各分店按总部制定的若干统一管理原则，进行商品的日常销售。

第九步，营业款管理。各连锁分店每天应将经营额通过计算机网络系统及时上报给"总部"的"总经理"或者主管"副总经理"以及业务主管部门和财务主管部门，同时将营业收入现款（根据情况，确定每天各分店应留现款额或者比例，其余应每天及时上交）交总部财务部门保管。

第十步，结算管理。"总部"财务部门根据配送中心、业务部门和各连锁分店共同反馈过来的"接收、入库、配送、使用"商品的信息进行核对汇总后，在主管经理的认可下，按时与供货商统一结算。

## 六、连锁经营的类型

连锁经营主要有三种类型：直营连锁经营、特许连锁经营和自愿连锁经营。

## (一)直营连锁经营

1. 直营连锁经营的概念。直营连锁经营是指以统一的资产所有权为纽带,在总部对所属各分店的人、财、物、供、销等方面的直接、统一管理之下,各分店按统一的经营管理模式,共同经营同类商品或服务的连锁经营方式。

2. 直营连锁经营的特征。直营连锁具有以下特征:

(1)同一资产所有者。直营连锁的各个分店无论数量多少,都属于一个投资主体。各分店不具有法人资格,不能作为独立的企业存在,各分店的经理(店长)也是由总部直接委派的管理人员。

(2)管理权限的直接性。由于投资主体单一,因此,投资者或者连锁经营企业总部具有人事、财务、管理、经营、分配等方面对所属各分店直接、全面的管理权利。各分店不能脱离总部的管理体系和管理要求单独从事经营活动。

(3)经营管理的统一性和规范性。由于投资主体单一,管理权利直接,所以,在各种连锁经营类型中,直营连锁是体现上述若干"统一"最全面、最彻底、最规范的连锁经营类型。

3. 直营连锁经营的优缺点。具体如下:

(1)直营连锁的优点有,第一,企业经营决策和贯彻执行的效率较高;第二,企业可以对人、财、物统筹兼顾,统一、集中地调动和配置;第三,企业可以在日常经营管理和重大发展战略等方面兼顾眼前利益和长远利益。

(2)直营连锁的缺点有:第一,由于投资主体单一,企业在发展每个连锁分店时,必须由投资者全额出资,所需资金量大;第二,各分店没有经营管理自主权,不利于调动每个分店经营管理者的工作积极性。

## (二)特许连锁经营

1. 特许连锁经营的概念。特许连锁经营(或称特许加盟连锁经营)是指具有独有商品、独特经营技术或服务、驰名商号或者商誉等的企业(主导企业),将自己独有的商品、技术、服务、商号等以特许合同的方式授予其他企业(加盟者),这些加盟企业在特许合同条款的约束下,在主导企业管理、技术、经营等方面的严格要求和指导下进行连锁经营,并向主导企业按期交纳一定费用(商号使用费、技术使用费、管理费等)的连锁经营方式。

特许连锁经营的特许方式有两类:一类是技术特许方式,即主导企业将其拥有的经营技术、工艺、配方、诀窍等,按合同要求授予加盟企业;另一类是管理或者信誉特许方式,即主导企业将其拥有的先进管理知识、知名商号、先进经营方式等按特许合同要求授予加盟企业。

2. 特许连锁经营的特征。特许连锁经营具有以下几个方面的特征:

(1)特许加盟连锁经营组织体系中的主导企业所拥有的知识产权一定是本企业所独有、被市场认可、能够带来良好经济效益的商誉、技术、经营等。

(2)维系特许连锁的经营关系是特许授权经济合同。这种特许连锁经营合同一般是由主导企业制定的,主要原因是要保持众多加盟企业在商誉、质量、服务等方面与主导企业保持一致。

(3)加盟连锁经营企业必须与主导企业在"店名、店貌、管理、经营、价格、质量、采购、配送、技术、工艺"等方面保持完全统一,但是加盟连锁经营企业仍然具有独立的企业法人资格,拥有人事权和财务权。

3. 特许连锁经营的优缺点。

(1)特许连锁经营的优点有:第一,主导企业可以充分利用其他企业的资金、商业地理位置等,快速发展连锁分店的数量,减少主导企业在发展连锁经营分店时的资金投入和市场风险;第二,加盟企业也可以充分利用主导企业的商誉、管理、技术等知识产权和较少的资本投入获得较好的经济效益。

(2)特许连锁的缺点有:第一,由于加盟店在经营管理等方面的不完善,可能导致主导企业经营管理质量下降等问题;第二,可能导致主导企业某些保密性知识的失密。

4. 特许连锁经营中的权利与义务。

(1)特许连锁经营企业的权利。特许方的权利主要有:①拥有知识产权的主导连锁经营企业称为特许方,接受特许方授权的企业为被特许方。特许方有权向被特许方收取必要的费用,这些费用包括:特许加盟费、特许权使用费、经营管理培训费等。②特许方在授予被特许方特许经营权之后,还必须在以下方面对被特许方进行管理和监督:被特许方必须按特许方的要求,在店名、店貌、采购、商品、经营、价格、服务和管理等方面接受特许方统一的、规范化的管理;特许方有权对被特许方进行系统、规范的培训;特许方要经常对被特许方的经营活动和业绩进行监督、记录和评估。③当被特许方违反特许合同的规定,损害特许方的合法权益时,特许方有权根据特许合同的有关要求,解除被特许方的特许经营资格。

(2)特许连锁经营企业的义务。特许方的义务有:①特许方必须将商号、商标、技术、产品、服务、管理等按特许合同的规定毫无保留地给予被特许方使用,并提供必要的配套服务。②特许方必须对被特许方提供必要的业务指导与培训,确保被特许方在经营管理的质量和水平方面达到规范化。③特许方必须按合同规定,向被特许方提供生产经营所需的原料、辅料、设备、信息等。④被特许方必须按合同规定,对特许方提供的有关技术和商标等进行保密和保护。

5. 特许加盟费用。所谓特许加盟费用,是指特许方向被特许方提供商号、商标、技术、服务、管理等使用权而收取的相应费用。特许方所拥有的商号、商标、技术、服务、管理等知识产权都是特许方投入大量的资金、精力与时间逐渐探索、研究与总结出来的,同时,在企业的经营管理中使用这些知识产权又被实践证明具有良好的获利能力,因此,其他企业想通过特许加盟的方式获得这些知识产权来增强本企业的获利能力,就必须付费。

从国内外特许连锁经营的运行实践来看,特许方向被特许方收取的加盟费用还没有固定的公认模式。一般来讲,加盟费用的构成主要包括以下几个方面:加盟费、保证金、权利金、违约金和其他费用。

加盟费主要是指被特许方加入特许方的连锁经营体系时必须要交纳的费用。收取加盟费的理由是,特许方所拥有的商号、商标、管理方法等这些无形资本是长期投入与培养的结果,被特许方要使用这些无形资本获取经济利益,就必须付费。被特许方进入特许连锁经营体系时,加盟费一次交清,以后不再向特许方交纳。

保证金是指被特许方在获得特许方授予的商号、商标、技术、服务、管理等使用权时,为保证特许方的关键技术、商标、商号等不流失,以及保证经营管理水平与质量达到特许方的要求而付出的费用。

权利金是指被特许方使用特许方授予的商号、商标、技术等进行生产经营活动获得利润后,定期(每月或者每年)按一定比例交纳给特许方的费用。

违约金是指被特许方违反特许经营合同中所规定的条款时,特许方向被特许方收取的惩罚性费用。

实践中,特许方向被特许方收加盟费用的额度目前还没有规范的、公认的计算公式,笔者此处只将常用的理论计算方式介绍如下:

(1)加盟费的收取。特许方向被特许方收取加盟费大致有两种方法,一种方法是按加盟者全部投资总额的比例收取加盟费用,加盟费一般占加盟者全部投资总额的5%~10%。例如,如果开办一家特许加盟分店的投资是50万元,特许方要向被特许方收取2.5万元至5万元的加盟费。另一种方法是收取固定的加盟费用,即无论加盟者投资额的大小,只要加入特许连锁经营体系,就必须交纳一个固定数额的加盟费。这个固定加盟费额度的大小取决于特许经营企业的市场知名度和经营项目的获利水平,以及加盟者愿意接受的程度。如果特许经营企业的市场知名度和经营项目获利水平高,其加盟费就会定得高一些,否则就会定得低一些。

(2)权利金的收取。收取权利金的办法主要有两种:一种是按被特许方收入的百分比提成;另一种是收取固定额度的费用。在现实操作中,按固定额度收取权利金,特许方操作起来比较简单,但是被特许方可能会担心所获利润额等于甚至小于权利金而不愿接受,因此,固定权利金收取时特许方要充分考虑被特许方的盈利水平和能够接受的权利金占利润额的比例。如果按被特许方收入的百分比来收取权利金,就避免了被特许方担心所获利润额等于或小于权利金的问题,同时在比例一定的情况下,被特许方的收入越高,特许方获得的权利金也越多,因此,特许方会更加关心和支持被特许方的经营。但是,该方法也会由于被特许方有意隐瞒收入而造成无法按比例收取费用的困难。两种方法各有利弊,特许双方要根据具体情况而定。

(3)加盟总费用额的控制。除了一次性交纳的加盟费之外,被特许方向特许方交纳的包括权利金和保证金在内的费用之和要有一个合理的数额。该数额的理论计算公式如下:

加盟总费用(权利金 + 保证金) < 单位时间销售总额 × 利润率 − 被特许方预期利润额

其中:单位时间销售总额是指被特许方加入特许连锁经营体系后在单位时间内能够实现的销售总额。利润率是指被特许方加入特许连锁经营体系后所达到的利润率水平,一般来讲,利润率水平要高出同行业其他企业的一般利润率水平。被特许方预期利润额是指低于特许方获利水平、又等于或略高于同行业其他企业一般获利水平的利润额。

例如,一个特许企业所拥有项目的毛利润率水平是28%,而同行业其他企业的一般毛利润率水平是20%,那么,被特许方向特许方按期交纳的加盟总费用额(权利金 + 保证金)所占销售总额的比率一定要低于8%。否则,被特许企业就无任何经济利益可图,也就没有加入特许连锁经营体系的必要了。

4. 特许加盟合同。国务院在2007年2月颁布了《商业特许经营管理条例》(以下简称《条例》),并于2007年5月1日正式实行。特许连锁经营企业在签订特许加盟合同时,必须符合该《条例》的各项规定。《条例》规定,"特许人从事特许经营活动应当拥有成熟的经营模式,并具备为被特许人持续提供经营指导、技术支持和业务培训等服务的能力"。同时,"特许人从事特许经营活动应当拥有至少2个直营店,并且经营时间超过1年"。因此,特许双方在签订特许加盟合同之前,特许方必须具备以上两个条件。

《条例》第十一条还明确规定了签订特许加盟合同应当包括的具体内容,具体如下:

(1)特许人、被特许人的基本情况。

(2)特许经营的内容和期限。其中,应明确规定特许方应授予被特许方使用特许方所拥有的知识产权的内容(商标、商号、技术、工艺、方法、秘方、文件等),以及允许使用的方法、范围和时间等。

(3)特许经营费用的种类、金额及支付方式。其中,应明确规定特许方向被特许方收费的内容(加盟费、保证金、权利金等)、收费标准(收费的金额以及计算方法)和收费方式(交费的时间、方式等)。

(4)经营指导、技术支持以及业务培训等服务的具体内容和提供方式。其中,应明确规定特许方向被特许方提供的各项服务的种类、方法和范围。例如,特许方要向被特许方提供的店铺装修图纸、技术与操作手册,电脑管理软件,员工培训,日常经营所需要的原材料、广告宣传等。

(5)产品或者服务的质量、标准要求和保证措施。其中,应明确规定被特许方在日常经营中必须遵守的规则,以及应做到的工作内容与标准。例如,被特许方必须在采购、进货、定价、销售、服务、管理等方面服从特许方的统一管理与规范的标准等。同时,也应明确规定被特许方对加盟分店的财产、财务和人事方面的所有权限和自主权限,以及加盟分店盈亏自负等条款。

(6)产品或者服务的促销与广告宣传。

(7)特许经营中的消费者权益保护和赔偿责任的承担。

(8)特许经营合同的变更、解除和终止。其中,应明确规定特许双方的合作期限。一般来讲,合作期限至少要达到使加盟者收回其初始投资并得到预期收益的时间长度。也应规定合同到期时特许双方正常解除合同关系的具体办法和相关细则,被特许方不能再使用特许方的商号、商标、技术等。

(9)违约责任。其中,应明确规定被特许方在使用特许方所授予的有关知识产权时,被特许方应严格保守商业秘密,泄漏商业秘密行为的具体界定(即何种情况算被特许方泄漏了商业秘密),以及被特许方违约后惩罚的具体方法;还应明确规定特许加盟双方对违约行为的界定,以及违约后应承担的责任和惩罚条款,包括严重违约后要提前终止合同的界定和终止合同的具体办法;也应规定在合作时,出现合同规定条款以外的矛盾和问题时,特许双方协商和解决的途径和办法等。

(10)争议的解决方式。

(11)特许人与被特许人约定的其他事项。如被特许方由于客观原因而无法继续经营加盟店时,是否能够转让及如何转让等。

另外,《条例》还规定了政府商务部门对特许经营的管理办法,具体内容是:"特许人应当自首次订立特许经营合同之日起15日内,依照本条例的规定向商务主管部门备案。在省、自治区、直辖市范围内从事特许经营活动的,应当向所在地省、自治区、直辖市人民政府商务主管部门备案;跨省、自治区、直辖市范围从事特许经营活动的,应当向国务院商务主管部门备案。"

特许人向商务主管部门备案,应当提交下列文件与资料:营业执照复印件或者企业登记(注册)证书复印件;特许经营合同样本;特许经营操作手册;市场计划书;表明其符合本条例第七条规定的书面承诺及相关证明材料;国务院商务主管部门规定的其他文件和资料。

## (三)自愿连锁经营

1. 自愿连锁经营的概念。自愿连锁经营是指以一个或者少数几个企业为主导核心企业,以共同协商确定的合同为纽带,联合众多加盟企业,在各企业法人资格独立的前提下,采取统一商号、统一采供、统一经营、统一管理的方式进行连锁经营的方式。

与直营连锁和特许连锁相比,自愿连锁经营方式在经营管理方面和运行过程中各企业之间容易产生矛盾或产生不规范的经营行为,使其竞争优势远不如直营连锁和特许连锁,因此,在连锁经营的发展过程中,这种连锁经营方式已很少被采用。

2. 自愿连锁经营的特征。具体而言,自愿连锁经营必须符合以下特征:

(1)由于自愿连锁经营企业是由众多具有独立法人资格的企业组建而成,因此,在自愿连锁经营体系中,资产所有权的多元性是其重要特征之一。

(2)维系统一自愿连锁经营管理体系的关键是自愿加盟合同。

3. 自愿连锁经营的优缺点。

(1)自愿连锁经营的优点是:同类业态的不同企业可以以比较简单的方式结合成一个规模化的经营体系,提高企业的市场竞争能力,增强每个加盟分店的市场生存能力。

(2)自愿连锁经营的缺点是:由于加盟企业构成多元化,容易在进货渠道、价格水平、管理方法等方面产生不统一、不规范等现象,使连锁经营失败。

### (四)适合连锁经营发展的业态

1. 常见的连锁经营的业态。从国内外连锁经营发展的历史、现状和发展前景来看,适合发展连锁经营的零售业态主要有以下八个类型:大型综合超级市场、仓储式超级市场、一般超级市场、专卖店、专业店、便利店、餐饮店、各类服务业(照相馆、美容店等)。在发达市场经济国家,一些宾馆、饭店、旅店(如汽车旅店等)、汽车加油站等也通过采用连锁经营的模式成功地发展着。换句话讲,这些业态可以进行单店经营,也可以进行连锁经营。

2. 适合连锁经营的业态应具备的条件。适合连锁经营的业态应具备的条件有:

(1)这些业态在经营品种、卖场布局、经营方式等方面相对简单,比较适合连锁经营严格、规范、统一的管理。

(2)这些业态的市场覆盖面或者商圈一般都不大,在大城市或者经济比较繁荣的经济区域中,可以发展多个连锁分店。

(3)由于前两个原因,使这些业态在发展到一定数量的连锁分店时,也符合连锁配送中心的运营要求。

3. 不适合连锁经营的业态。从国内外实践经验来看,大型或特大型百货商场、购物中心、城市集贸市场等业态一般不适合发展连锁经营。其原因有:

(1)这些业态的单店经营规模比较大,市场覆盖面很宽(许多大城市中大型百货商场的商圈要覆盖整个城市)。例如,在一个 300 万人口的大城市中建设一两个大型百货商场就足够了,再没有发展多个连锁分店的市场空间了(考虑到其他同类业态的竞争)。

(2)连锁经营最基本的要求是各分店要严格实行若干个统一,而大型百货商场等业态在经营品种、卖场布局和经营方式等方面比较复杂,难以做到严格、规范的统一。

## 第三节 商品零售企业业态

### 一、业态的概念

"业态"一词来源于日本,大约出现在 20 世纪 60 年代。20 世纪 80 年代,我国商业理论界对日本商业运行模式进行介绍和研究时,将"业态"一词引入我国。

后来理论界和实际部门逐渐用"业态"一词来分析和研究中国的零售组织。1998年6月,原国家国内贸易局颁布了《零售业态分类规范意见》,标志着"业态"一词正式得到官方认可。换言之,"零售业态"一词的详细表述是:商品零售企业的业态。2004年,国家质量监督检验检疫总局和国家标准化管理委员会根据商务部的意见,颁布了《零售业态分类》(GB/T18106-2004)的国家标准。该标准对零售业和零售业态进行了明确的规定。

零售业的英文表述是"retail industry",是指以向消费者销售商品为主,并提供相关服务的行业。零售业态的英文表述是"retail formats",是指零售企业为了满足不同的消费需求进行相应的要素组合而形成的不同经营形态。

根据《零售业态分类》国家标准以及大量的经营实践,从学术研究的角度来看,我们对零售业态的概念表述如下:零售业态是指在市场经济体制和激烈的商业竞争环境下,零售企业为了满足不同的消费需求和提高企业的市场竞争能力,由不同的细分市场、目标顾客、商品结构、经营规模、销售方式、服务功能、店堂设施、门店选址等因素构成的,具有稳定性强、特征突出的不同的零售商业组织类型和经营方式的具体形态。

这里要特别强调的是,根据业态产生的原因以及现实运用情况来看,"业态"概念只适用于表述和研究商业领域中的商品流通企业的组织类型和经营方式,而不适用于表述和研究工业、农业、科技等其他领域企业的组织类型和经营方式。

## 二、零售业态产生与演变的条件和规律

以上各种学说是从不同的角度描述零售机构的变革趋势,是否正确,还要在实践中不断探索。但是有一点是肯定的,就是零售业态的产生与变化不是随意由人们来设计的,而是有条件、有规律的。促使零售业态产生及发展变化的条件主要包括以下四个方面:

第一,市场经济运行体制下的商业竞争机制和市场供求机制是促使零售业态演变的基础性因素。

第二,消费者需求的不断变化是促使零售业态演变的外在的、关键的客观因素。

第三,零售企业为了不断满足市场需求和适应市场竞争环境,对业态的研究与创新是促使零售业态创新与发展的内在因素。

第四,科学技术也是促进零售业态演变与发展的重要因素。

上述这四个条件自身所处的具体发展阶段与内容决定了零售业态与经营方式具体的发展阶段、内容与形式。这四个条件自身的演变与发展决定了零售业态与经营方式相应的演变与发展。换句话说,零售业态不是一成不变的,而是根据上述四个条件的发展变化而不断变化的。

### 三、零售业态的分类

我国商务部、国家质量监督检验检疫总局、国家标准化管理委员会已联合发布《零售业态分类》(GB/T18106-2004)的国家标准,该标准于2004年10月1日起实施。《零售业态分类》国家标准将零售业态分为17种,它们分别是:大型超市、超市、仓储会员店、百货店、食杂店、便利店、折扣店、专业店、专卖店、家具建材店、购物中心、厂家直销中心、电视购物、邮购、网上商店、自动售货亭、电话购物。下面仅介绍大型超市、超市、仓储会员店、百货店等几种。

#### (一)大型超级市场

1. 大型超级市场的业态特征。大型超级市场也称为大型综合超级市场,其业态特征主要有以下四个方面:

(1)所经营的商品种类繁多。大型超级市场一般以经营肉、禽、蛋、菜、果、调味品、熟食品、洗涤用品、卫生用品等低值易耗的生活用品为主。小类商品的种类在8 000种以上,甚至上万种。有些大型超市推行"一站式"经营理念,为广大消费者提供日常生活所需要的所有商品。所谓"一站式"经营理念,就是超市所经营的商品种类应该将消费者日常生活所需的所有商品全部包括在内,消费者不用再到其他商场选购商品,在此超市内一次就可以购买到所有想购买的商品。

(2)营业面积大。大型超级市场的营业面积至少要达到6 000平方米以上,许多大型超级市场的营业面积已超过1万平方米。

(3)采用开架商品陈列和顾客自选式购物为主的销售方式。所销售的商品一般都实行小包装,在包装上打上商品的单位销售价格,陈列在敞开式货架上,让进入商品陈列区的顾客自由挑选。

(4)电脑化的管理与结算方式。超级市场的进货、库存、商品、销售等整个管理业务都实现了电脑化管理,对超市的物流与销售环节进行全程详细记录、统计与分析,使超市管理人员能够及时准确地掌握各个环节的情况,提高管理水平。

顾客选购完商品后,在商品陈列区的出口处通过电脑收款机集中统一结算。

(5)大型超级市场的门前还应设有较大的停车场,以方便顾客停车。另外,大型超级市场的营业时间一般都比较长,每天营业时间都在11个小时以上。

2. 大型超级市场的门店选址。大型超级市场的网点一般应尽量选在城市中地价便宜、交通便利、停车方便的三、四级商业区域内。商圈覆盖范围约在3至5千米以内。

3. 大型超级市场的经营与管理。

(1)卖场布局。在商品陈列方面,大型超级市场大都采取商品专业化的分类分区陈列。例如,熟食品区、果菜区、调味品区、洗涤用品区、服装区等,这样便于顾客选购商品。

这些分类陈列的商品不是随意摆放的,一般来讲,销售量大的商品以及超市经营的主力商品应该摆放在卖场内最好的位置,销售量不大的次要商品应该摆放在卖场内比较偏僻的位置。同时,还要注意每个陈列区之间、每个货架之间留足顾客行走通道的宽度。

大型超级市场内所经营的绝大部分商品都采取开架陈列、顾客自选的方式。货架一般采用高度在1.8米以下的低层货架或货柜。超级市场一般不采取像百货商场那样的多楼层卖场结构,绝大多数超级市场都只有一层,也有少数超级市场设有二层或三层卖场。

(2)商品结构。大型超级市场的商品结构应以消费者日常生活所需的中低档商品、低值易耗商品为主,一般不宜经营价格较高的贵重商品、高档商品、奢侈品等。大型综合超级市场的商品种类要尽量全,品种要能够覆盖消费者日常所需的所有中低档商品。

所经营的商品种类中,消费者日常所需的各类食品至少要占到整个经营品种的40%左右。这些食品主要有:蔬菜、水果、干果、肉禽鱼蛋、海鲜、熟食品和半成品、冷冻食品、调味品、饮料、粮食等。有一些熟食品还是在超市的卖场内现场制作的。

(3)物流与销售管理。现代超级市场为了竞争的需要,对物流和销售管理有着很高的要求,包括:商品采购种类和数量合理,进货及时;库存商品数量、结构、种类要做到准确、合理,尽量减少存货;为顾客结算时要快捷、准确,且要及时掌握所销售商品的种类、数量、价格等信息,要达到高效率、低成本的管理目的。

(4)现场管理。大型超市的现场管理主要包括营业场所商品陈列管理和超市商品防盗管理。

超市卖场区要有明显的商品陈列种类区的指示牌、导购牌。现场陈列的商品要求整洁、清晰,每种商品都必须明显地标明销售价格。货架上的商品要先进先出,不能缺货(货架出现空档),更不能"脱销"断货。现场销售人员和其他工作人员要有明显的服装标识,使顾客能够轻易认出。

超市丢失商品问题比较突出,包括内盗和外盗,要注意商品的防盗管理。防止内盗主要靠严格、科学的制度管理;防止外盗的办法目前有:电视监控方式、磁性门方式、反视射镜方式和现场人员巡视方式等。在防止外盗时,要特别注意依法办事,尊重顾客,给顾客营造一个宽松自在的购物环境。

### (二)超市

1. 超市的业态特征。超市也称为一般超市,其业态特征主要有:

(1)营业面积比较小,一般都在6 000平方米以下。

(2)一般超市经营的商品种类与大型综合超市一样,都是以消费者日常生活必需的中低档次商品为主。但是与大型综合超市相比,超市中商品的种类比较少,有些商品不经营。具体来讲,一是蔬菜、水果、鱼禽肉蛋、熟食品等生鲜食品的种类比较少,甚至不经营;二是一般不经营大型家用电器;三是其他生活用品的花色、规格、款式比大型超市要少一些。

在激烈的市场竞争环境下,有些超市为了进一步突出经营特色,将"超市"业态进一步细化为"生鲜超市"业态。这种"生鲜超市"有两大特点:一是超市内所经营的商品结构中,不再经营洗涤、卫生、文具、小五金等商品,而专门经营肉、蛋、鱼、果、菜、奶、饮料以及各类熟食品。二是这种类型的超市的店铺位置一般都选在大城市的住宅小区、家属院等比较集中,消费者对生鲜食品需求量比较大的街区中。

(3)销售与结算方式与大型超市一样,也是采取商品开架销售为主,在超市的购物出口结算处通过电脑与收款机设备统一结算。

(4)大型超市的营业场所外必须设立停车场,而一般超市的营业场所外一般都不专门设立停车场。

2. 超市的门店选址。大型超市的门店一般尽量选在城市中交通比较便利、地价比较低的三、四级商业区域内,而一般超市的门店可选择在离居民区比较近的二、三级商业区内,商圈覆盖范围约在2 000米以内。

### (三)仓储会员店

1. 仓储会员店的业态特征。仓储会员店的营业面积一般都比较大,大多数都在6 000平方米以上,也是采取开架销售、出口集中结算的方式。与超市等其他

零售业态相比,仓储式会员店有两个突出的特征:

第一,卖场与仓库合二为一的货架与布局设计。所谓"合二为一",就是将卖场部分与仓库部分合二为一,既可作为卖场使用,也可作为仓库使用。在营业场所内,加高商品陈列货架,使商品货架高达3米以上,货架1.8米以下是适合顾客选购的商品陈列区域,1.8米以上是同类商品的存货区域,形成既是营业场所,也是商品库房的仓储式超市形式。另外,营业场所内的地面、墙面、顶棚、货架等都装修得十分简单,甚至不装修,只要保持营业场所内干净、整洁、有足够的照明度就行。仓储会员店的商品销售价格一般都很便宜。价格低廉是仓储会员店吸引消费者的核心竞争力。

第二,仓储会员店采取发展消费者为会员,并主要为会员服务的经营方式。消费者成为仓储会员店的会员后,可在购买商品时享受价格折扣等优惠条件。

仓储会员店采取的会员制有两种类型:一种是普通会员,即消费者交纳很少的费用办理会员证,凭会员证便可享受商场的优惠销售与服务项目。另一种是储值卡会员,即消费者事先将一定数额的货币存于商场设立的存储机构(一般是商场与银行联办的机构),并领取一个储值卡,当消费者在此商场购物时,只需用储值卡付款,并享受应有的优惠。消费者存储在商场中的剩余款还会按银行的市价利率计息。

2. 仓储会员店的服务对象与商品组合。仓储会员店所经营的商品主要是消费者的日常生活用品,其商品组合可采用大型综合超市的全方位覆盖策略,也可以选择一般超市的重点目标市场覆盖策略。

3. 仓储会员店的门店选址。仓储会员店的门店选址要求与大型超市的选址要求一样,要将门店尽量选在地价便宜、交通便利、停车方便的城市三、四级商业区域内。大型仓储会员店外也要求设有一定面积的停车场。

4. 仓储会员店的竞争优势。仓储会员店的竞争优势主要表现在以下两个方面:

第一,由于营业场所与商场的仓库合二为一,节约了仓库的地皮占用费用、仓库建设费用、仓库设备费用、仓库管理费用的支出;同时,由于营业场所内的装修十分简单,也节约了装修费用。以上两项费用的节约大大减少了仓储会员店的投资总额,为企业低成本运营与价格竞争创造了良好的基础。

第二,在商品供过于求、买方市场形成的市场格局下,零售企业能否争取到尽量多的顾客,从而保证一定的销售额,是当今零售企业竞争的关键。但是,消费者的购买行为总是具有一定的"流动性",任何零售企业都难以使大量的消费者长期固定在自己的商场中消费。会员制的办法是确保零售企业能"锁定"一部分消费者,成为本企业的长期固定顾客,从而保证零售企业的销售额。

5. 仓储会员店的经营模式。从现实的运行情况来看,仓储会员店是采取开架销售、统一结算的经营方式,与超市的经营方式一样,因此也有人称仓储会员店为"仓储式超市"。

在一般超市里,陈列商品的货架一般都比较低,让普通成年消费者能够顺利地拿到最高层货架上的商品。但是仓储会员店中的货架,1.8米以下高度为商品的销售陈列区,陈列的商品是适合消费者购买的小包装,而1.8米以上高度为商品的仓储区,存放着不适合消费者购买的大包装。

### (四)百货商店

1. 百货商店的业态特征。百货商店也称百货商场,其主要业态特征有:

(1)营业面积大。百货商场的营业面积至少应在5 000平方米以上,大型百货商场的营业面积一般都超过1万平方米。

(2)商品种类多。商品种类比较齐全,大类品种一般都在10类以上,小类品种一般都过8 000种。百货商店主要经营中高档商品、耐用商品、品牌商品,一般不经营肉、禽、蛋、菜、果、调味品等低值易耗的生活用品。

(3)所经营的商品采取柜台式销售、明码标价、定价销售。

(4)按商品类别实行专业化商品分类和柜组销售。例如,分为服装部或柜组、化妆品部或柜组、家用电器部或柜组等。这样有利于顾客购物,也有利于商场管理。

(5)购物环境好。大中型百货商场内一般都设有自动电梯、冷暖空调、快餐部、洗手间等设施。商场内装修档次高,明亮、宽畅,冬暖夏凉。

2. 百货商店的门店选址。百货商店一般都选在顾客流量大、各类商场比较集中、比较繁华的商业大街上。例如,大城市中的中心繁华商业街区和次中心繁华商业街区,都是大型百货商店比较理想的选址位置。

3. 百货商店的竞争优势。百货商店的竞争优势主要有以下四个方面:一是商品种类多,选购余地大,满足消费需要程度高,可以有效地刺激消费者的购买欲望;二是营业面积大,可以容纳成百上千的顾客前来购物,客流量大,市场覆盖面宽,使商场的营业额有可能增加,也可能取得较好的经营效益。三是能够为顾客提供冷暖空调、自动电梯、快餐、休息和卫生间等服务,购物环境舒适。四是由于商场面积大、品种多、资金雄厚,商场的市场知名度高、商业信誉好、竞争力强。

百货商店的竞争劣势是:营业场所装修比较豪华、各种设施多、经营与维修费用高,造成经营成本和销售价格高,缺乏价格优势。

4. 百货商店的发展趋势。百货商店是第一次零售业革命的产物,它已经历了一百多年的发展历史。进入 21 世纪后,百货商店正发生着以下三个方面的变化:一是在大城市中,由于超级市场、大卖场、便利店、集贸市场、专业店等业态的强大市场竞争压力,使中小百货商店的生存空间十分狭窄;二是大城市中的大型、特大型百货商店以其购物环境优、市场知名度高、商业信誉好、经营中高档商品和品牌商品等优势,受到广大消费者的欢迎,有较大的市场发展空间。三是以网点数量、经营规模、销售额和发展空间等指标来衡量,百货商场作为零售业"老大"的时代已经基本结束,让位于以大型综合超市连锁经营模式为代表的、先进的零售业态和商业组织形式。

### (五) 购物中心

1. 购物中心的业态特征。综合国内外各类购物中心,可知其业态特征主要有:①营业面积大。一般购物中心的营业面积都要达到 10 万平方米,甚至还有营业面积达到 30 万平方米,甚至 50 万平方米的规模。②购物环境良好。购物中心内装有冷暖空调、自动电梯、考究的卫生间、顾客休憩座椅等。③购物中心内设有超级市场、专业店、专卖店、餐饮店、美容店、冷饮店、咖啡店、儿童乐园、溜冰场等,能够为消费者提供购物、休闲、餐饮、娱乐等一体化服务。

2. 门店选址。根据国内外大量购物中心的选址实践及成败经验,购物中心的选址大致有三种形式。一是市区购物中心,即将店址选在大城市中最繁华的商业大街上,能够聚集大量的"人气";二是城郊购物中心,即将店址选择在交通便利、地价便宜的大城市郊区地带,这类购物中心最大特点是交通和停车方便,适合经济十分发达、家用小车比较普及、消费者收入水平高的大城市;三是社区购物中心,即将店址选择在商住小区和家属院比较集中、居民数量比较大的街区,专门针对和满足周边大量居民的消费需求。

3. 购物中心的竞争优势。购物中心的竞争优势在于,购物中心内的业态多,购物环境好,停车方便,在一个购物中心内基本上可以满足顾客的所有需求。但是,由于购物中心的营业面积很大,业态十分丰富,因此,对顾客的流量和顾客的消费水平有较高的要求。

随着我国城市化水平和广大消费者收入水平的不断提高,我国各大城市的购物中心正在稳步发展。有些大型百货商场也学习购物中心业态多、满足顾客消费选择余地大的优势,将百货商场引入了餐饮、娱乐等业态和设施,改变原来的经营内容与模式。

4. 购物中心的管理方式。购物中心管理方式一般是:由投资方设计和建设购物中心,再通过出租的方式,将其中的营业场分别租赁给超级市场、便利店、快餐店等,购物中心只负责收取租金、物业管理、保安管理等业务,不负责租赁商家的日常经营。

### (六)便利店

1. 便利店的业态特征。便利店是指店址紧靠消费者居住地、营业面积不大、为消费者提供日常生活所需的便利、急需的商品与服务的零售业态。"方便、快捷、省事、省时、应急、服务"是便利店的核心营销理念。便利店的业态特征主要有以下三个方面:

(1)所经营的商品大类主要有:方便食品、快餐和熟食品、饮料、洗涤卫生用品、少量文具、当地发行量大的少数报纸杂志、少数应急药品等。另外,许多便利店还开设了订票、送报刊、送奶等其他生活服务项目。

(2)营业面积比较小,一般在一二百平方米左右,商品陈列采取柜台与开架相结合、一个收银台统一结算的经营方式。

(3)便利店的营业时间比较长,一般要超过16个小时,有些已经达到24小时全天营业,全年无休。

2. 便利店的门店选址。由于便利店的商品与服务以"便利"为主,因此,便利店的商圈半径比较小,一般只有300米左右的距离,再远就谈不上"便利"了。这就要求便利店的选址一般都在二、三级商业区域内,尽量靠近居民区。某些车站、码头、文体场所、旅游景点等有可能产生消费者"便利"需求的地点也适合便利店的开设。

3. 便利店的竞争优势。"方便、快捷、省事、省时、应急、服务"是便利店的竞争优势,因为消费者在日常生活中经常会发生零星的、小量的、应急的消费需求,以及各种需要帮助的服务。消费者若到百货商场、超市去买,距离太远,时间不够,因此,便利店就成为为消费者提供这类服务的最方便的零售业态。

4. 便利店的物流与销售管理。便利店虽然营业面积不大,但是许多便利店连锁经营企业的分店数量多,在大城市中甚至达到上百个,因此,这些分店多的便利连锁企业对物流和销售管理也有着很高的要求。一般而言,便利店的物流与销售管理要求做到:商品采购种类多,数量合理,进货和配送及时;库存商品数量、结

# 第七章 商品流通企业经营模式与业态

构、种类要做到准确、合理,尽量少存货;要达到高效率、低成本的管理目的。

## (七)专卖店与专业店

1. 专卖店与专业店的业态特征。专业店与专卖店的概念与经营内容是不一样的。

专卖店是指专门经营某种商品品牌的商店。专卖店最突出的业态特征在于品牌专卖,即专门经营某种市场知名度高、消费者追求的"品牌"商品。专卖店的商品结构特点是:所经营的商品品牌专一,但种类可能不一样。例如,某品牌下的各种家用电器专卖店、某品牌下的各类服装专卖店等。

专业店是指专门经营某个种类商品的商店。专业店最突出的业态特征在于商品专业,即所经营的商品种类单一,但品牌、款式、规格等更加丰富。例如,运动鞋专业店内,所经营的全是运动鞋类,但是品牌、款式、规格却是多样的、丰富的。

专业店和专卖店的营业面积一般都不大,有几十平方米的,有几百平方米的,也有上千平方米的。如果营业面积太大,便有可能超过了这类专一化商品经营所需要的实际营面积,使单位平方米的销售额下降,经营成本增加。

2. 专卖店与专业店的门店选址。专卖店与专业店比较适合在一、二、三级商区中比较繁华的商业街区开设。例如,专门经营金银首饰的专业店,开在一级商业区比较合适;家电、服装等专卖店或者专业店开设在二、三级商业区比较合适等。

3. 专卖店与专业店的竞争优势。在竞争激烈的市场态势下,一些中小型零售商店在商场面积、营业规模、资本、购物环境等方面无法与大型百货商店和大型综合超市相比,在经营的灵活性、便捷性方面也无法与便利店、杂货店相比。所以,这类商店抛弃了"综合化"的商品经营方向,集中精力向"专一化"经营方向发展。

专业店和专卖店的"专一化"经营方式可以有效地突出以下三个方面的竞争优势:

(1)由于专一化经营,大大减少了商店的业务范围和经营内容,使这类中小型商店有能力将人力、资金、购销渠道等全部集中在某种品牌或某个种类商品的经营与管理方面,这就有可能比大型百货商店和大型综合超市等在同种类品牌或者同种类商品的种类、款式、规格等方面经营得更丰富、更齐全、更精细,更能够满足不同层次、不同特征、不同个性的消费者的需求,从而形成比较竞争优势。

(2)由于经营的专一化,商店的经营管理者可以在包括产品结构、市场变化、需求特点等在内的商业信息收集方面,掌握得更深入、更及时、更准确;可以更有效地沟通、联系和掌握更广泛、更全面、更准确的商品采购和进货渠道;能够更好地衔接产销关系,保证这类商店专一化的市场竞争优势。

(3)由于实行专一化经营,使这类商店的商号和商号所反映的经营项目明确、突出、易记,更容易在消费者心目中树立知名度,塑造良好的市场信誉。例如,"××专卖店"要比"××百货商场"的经营内容更明确,对消费者购物的导向性更直接。

4. 专卖店与专业店的商品结构管理。根据不同的企业、不同的市场情况等,专卖店和专业店的商品结构有三种选择:

(1)宽薄型商品结构。这是指品种多,覆盖面宽,但每个品种的规格和花色比较少,形成品种多(宽)、款式和规格少(薄)的商品结构特征(见图7-3)。例如,在某皮鞋专业店中,经营高档皮鞋、休闲皮鞋、男式皮鞋、女式皮鞋等很多种类,但每个种类下的款式和花色比较少。

| A | B | C | D | E | F |
| --- | --- | --- | --- | --- | --- |
| $A_1$ | $B_1$ | $C_1$ | $D_1$ | $E_1$ | $F_1$ |
| $A_2$ | $B_2$ | $C_2$ | $D_2$ | $E_2$ | $F_2$ |
| $A_3$ | $B_3$ | $C_3$ | $D_3$ | $E_3$ | $F_3$ |

图7-3 宽薄型商品结构示意图

注:(1)A,B,C……为不同种类的商品;

(2)$A_1$,$A_2$,$B_1$,$B_2$,……为同种类不同规模和款式的商品。

(2)窄厚型商品结构。这是指品种少,覆盖面窄,但每个品种下款式、规格和花色比较丰富,形成品种少(窄)、款式和规格比较丰富(厚)的商品结构特征(见图7-4)。例如,某西装专业店只经营少数几种西服,但每种西服的款式、尺寸、颜色比较丰富。

| A | B |
| --- | --- |
| $A_1$ | $B_1$ |
| $A_2$ | $B_2$ |
| $A_3$ | $B_3$ |
| $A_4$ | $B_4$ |
| $A_5$ | $B_5$ |
| $A_6$ | $B_6$ |

图7-4 窄厚型商品结构示意图

注:(1)A,B……为不同种类的商品;

(2)$A_1$,$A_2$,$B_1$,$B_2$,……为同种类不同规模和款式的商品。

(3)宽厚型商品结构。这是指品种比较多,每个品种下的规格、款式、花色也比较丰富的商品结构特征。专业店商品结构既"宽"又"厚"是十分理想的,但是往往受营业场所、管理水平、进货渠道等因素的影响,一般很难形成这种商品结构。

### (八)折扣店

1. 折扣店的业态特征。折扣店的业态特征主要表现在以下三个方面:
(1)营业面积一般在1 000平方米以内,采取开架销售、统一结算的方式。
(2)商品结构以居民日常生活用品为主,相对于大型超市,折扣店经营的商品种类比较少,一般不经营生鲜食品和熟食品。
(3)商品的销售价格比较低,常以折扣的方式来降低销售价格,以吸引消费者前来购物。

2. 折扣店的门店选址。折扣店一般选择在房屋租金比较低、交通比较方便、离居民居住区比较近的地方。折扣店的商圈覆盖范围约在2 000米左右。

3. 折扣店的经营管理。折扣店主要是依靠低价策略来吸引顾客的,否则就谈不上"折扣"了。因此,在经营管理方面,折扣店要做好以下三个方面的工作:
(1)折扣店应更加精细地管理企业的运行,努力降低运营成本。例如,加快资金和商品流通速度,降低商品在运输、加工、储存和销售过程中的损耗,营业场所的装修要尽量简单,努力提高员工的劳动生产率等。
(2)折扣店应通过发展规模化连锁分店的方式来实现经营的规模化,从而提高压低商品进价的谈判实力,降低采购、运输与销售成本,使企业能够取得较好的经济效益。
(3)折扣店的店堂装修和店内货架等商品陈列设备十分简单。店堂内的天花板和地板一般都不额外加装其他装饰,商品货架只要能够陈列商品就行了,并不讲求美观,这样做是为了尽可能降低投资成本,为企业的低价经营打好基础。

### (九)食杂店

1. 食杂店的业态特征。食杂店的营业面积都不大,一般约在一二百平方米左右。采取柜台与开架相结合、收银台统一结算的方式。食杂店的营业时间比较长,约在12小时左右。

食杂店所经营的商品种类主要有:各类袋装熟食品、面包点心、小食品、调味品、饮料;也可以经营少量的鲜肉、鲜蛋、蔬菜与水果;少量的洗涤用品、卫生用品、小五金和学习用品等。但是食杂店一般不经营报纸杂志、急用药品等。

比起便利店,食杂店在商品结构和经营管理方面更灵活,但是其经营管理的规范性相对差一些。

2. 食杂店的门店选址。由所经营商品的结构特征和服务对象所决定,食杂店主要经营常住居民日常生活所需的各类消费品。因此,不适合食杂店生存的商区与街区主要是:位于城市中心区域的繁华一级商业街区;位于城市郊区的边远四级商业街区;政府办公、大型文体场馆所在的街区。最适合食杂店生存的街区是二、三级商业区内居民居住比较集中的街区。

食杂店的商圈覆盖范围约在 500 米以内。

# 第八章 城市商业街区的布局与建设

**学习重点**

1. 城市商业街区的概念、类型与布局；
2. 城市商业街区的形成因素；
3. 商圈的概念及其与商区的区别；
4. 商区、零售业态与商圈之间的关系；
5. 商圈调查的步骤与方法。

## 第一节 城市商业街区的布局规律

### 一、商业街区的概念与类型

#### （一）研究商业街区的意义

改革开放以来，随着我国经济的快速发展，城镇化建设速度也在快速发展，城市化率快速提升。据我国社会科学院蓝皮书的调查研究，到 2015 年，我国城市化率将达到 52.28%，到 2020 年将达到 57.67%，到 2030 年将达到 78.1%。目前，我国人口超过百万的大城市数量已经超过 130 个，人口在 50 万至 100 万的中等城市数量超过 100 个，人口在 20 万至 50 万的中小城市数量超过 500 个。因此，城市商业街区布局与建设问题必然成为当前和今后我国流通经济领域必须探讨和研究的重要问题。

#### （二）商业街区的概念

现代城市演变与发展过程中会形成具有不同特点和内容的商业功能区域，我们一般称为"商业街区",简称"商区"。

商业街区是指城市街区中,基于历史演变、经济发展、道路交通、商店布局、消费习惯等因素综合形成的,在商业的繁华程度、商店的分布数量与结构、商业经营的内容与特点、商业交易额、消费者人数等方面形成明显的差别而区分出的不同的商业区域。城市中不同商区的划分不是人为的、随意的,而是在上述因素的综合作用下逐渐形成的。

**(三)城市商业街区的类型**

从国内外城市商业街区的演变与发展过程来看,大城市主要有如下五种类型的商业街区。

1. 城市中心商业街区,或者称一级商业街区。这是指大城市中零售与服务业最繁华、知名度最高、具有"城市零售商业名片"特征的中心商业街区。城市中心商业街区主要由购物中心、大型百货商场、专卖店、专业店、餐饮店、金融机构、酒店、休闲娱乐业等零售业和服务业构成。中心商业街区内客流量大,交易繁荣,商业辐射面宽,吸引着该城市四面八方的消费者和外地消费者前来购物与休闲。

从国内外大城市的发展趋势来看,城市中心商业街区逐渐成为集商贸、旅游、休闲于一体的商业区域,是大城市不可或缺的重要商区。许多大城市中心商业街区已发展成为专门为顾客购物和游客休闲服务的"步行商业街区"。

2. 城市副中心商业街区,或者称二级商业街区。这是指城市中仅次于中心商业街区的比较繁华的商业街区。副中心商业街区一般处于周围的单位、家属区、商住楼比较集中,居民和客流量比较大的大中型十字街道区域。该街区一般由购物中心、百货商场、大型超级市场、生鲜超市、专卖店、专业店、餐饮店、美容美发店、邮局、银行、酒店等商贸服务业构成。

3. 居民集中消费商业街区,或者称三级商业街区。这是指距城市中心商业街区和副中心商业街区路程较远、家属院和商住小区比较集中的小型商业街区。这类商业街区主要的功能是为居民日常生活所需的各种消费需求提供服务,一般由超级市场、菜市场、便利店、洗衣店、美容美发店、电器修理店等零售业与服务业构成。

4. 特色商业街区。这是指交易或者经营内容比较专一、特色比较突出、同类经营者或者业态比较集中的商业街区。我国城市中常见的特色商业街有:美食商业街、服装商业街、IT产品商业街、五金交电产品产业街、花鸟鱼虫商业街、茶叶商业街等。

特色商业街区能够存在的原因是：在一个商业街区内，在突出专一商品或者专一服务的基础上，可选择的品牌、规格、花色、样式、服务内容等比较集中、全面，顾客的选择余地较大。例如，在餐饮特色商业街内，顾客可以有多种饮食种类的选择；在IT产品一条街，顾客可以对多家销售企业的多种电脑品牌和配置进行选择。

5. 城郊商业街区，或者称四级商业街区。这是指处在城乡交接地段的大型商业集聚区域。这类商业街区具有交通便利、停车方便、地价便宜的特点。该商区比较适合大型综合超级市场、郊区型大型购物中心、各类大型批发市场、集贸市场、物流园区、仓储与配送中心等业态和服务机构的生存与发展。

### (四) 中小城市商业街区的类型

需要指出的是，上述城市五类商业街区的划分只适用于大城市，中小城市由于面积小、人口少、购买力总量不大等原因，一般很难明显地划分出五种不同类型的商业街区。

一般来讲，常住居民在50万以下的中小城市，常见的商业街区主要表现为四种类型：城市中心商业街区、特色商业街区、居民集中消费商业街区和批发市场集聚区。许多小城市甚至只有城市中心商业街区、特色商业街区和批发市场集聚区三种类型的商业街区。

有些中小城市由于近年来商业街区改造与新建，形成了"老城区"中的原有城市中心商业街区，和"新城区"中的繁荣商业街区，以及少数特色商业街区等。有些中小城市，由于城市商业功能区域规划和建设不科学，城市的不同商业功能区域表现得不明显、不突出，甚至布局比较混乱，一定程度上弱化了城市的商业功能，没有很好地发挥城市商贸流通产业的作用。

### (五) 划分城市商业街区的意义

城市商业街区的划分或者规划与建设，主要是从整个城市总体商业布局的角度出发。划分或者规划的意义有两点：

一是对城市不同商业街区的划分是尊重城市区域布局经济规律、落实科学发展观的重要途径，对科学规划城市总体商业功能区域，指导城市基础建设，节约城市资源，提高城市运行效率，充分发挥城市流通经济对经济发展的先导作用，具有十分重要的、长远的战略性指导意义。

二是大量的实践经验证明，不同的零售业态有不同的最佳生存商区，因此，甄别大城市中客观存在的不同商业街区,对指导商品流通业、相关服务业寻找最佳店铺布局的商业地理位置,引导商品流通企业和相关服务业在店址布局方面少犯错误,减少投资风险,具有重要的理论指导意义。

## 二、城市商业街区的布局规律

### (一)大城市中心商业街区的布局规律

1. 单一城市中心商业街区布局类型。一般情况下,大城市的中心商业街区只有一个,主要原因是,在中心商业街区内布局着全市最为有名的大型百货商场、购物中心、各类专业店和专卖店等,这些商品流通企业营业面积大、档次高,整个中心商业街区的年销售总额一般要达到几十亿元,甚至上百亿元,因此,必须有较大的市场覆盖面和大量顾客才能支撑城市中心商业街区的正常运行。假设在一个大城市的中心商业街区中有一个大型百货商场和一个购物中心,按照大量现实的经验数据,这两个大型零售商场的年销售总额至少要达到 30 亿元以上,甚至更高。再假设平均每个顾客一年之内到这两个商场消费 1 000 元,那么,两个商场要达到 30 亿元的销售额,必须要有 300 万人的市场覆盖面!如果平均每个顾客一年之内在两个商场的消费额为 2 000 元,也要有 150 万人的市场覆盖面(中心商业街区内其他专业店等零售商场的销售额还没有算)。换言之,要支撑一个大城市中心商业街区的正常运行,其市场覆盖面所涉及的消费者人数甚至比一个中小城市的全部人数还要多。根据这个简单的计算,我们可以十分清楚地看到,如果在一个大城市中存在两个甚至多个中心商业街区,其市场需求是很难支撑这些中心商业街区的正常运行的。

2. 多个城市中心商业街区布局类型。一个大城市只能存在一个中心商业街区,是大城市中心商业街区布局的一般性规律。但是也有极少数特例,是可以存在两个或者多个城市中心商业街区的。例如,某些大城市会被大型江河或者海峡自然划区分为两个或者三个自然地理城市区域,如武汉市被长江和汉江分割为武昌、汉口和汉阳三大城市区域,中国香港被维多利亚海峡分割成香港岛和九龙半岛两大城市区域等。出于消费者行走距离的长度和购物的方便性等原因,往往这类大城市会按其地理特征,自然形成两个或者多个城市中心商业街区。特别要强调的是,这类城市中能够存在两个或者多个中心商业街区,同样要有足够大的市场需求来支撑。

## (二)城市中心商业街区与 CBD 的关系

目前,流行于我国许多城市商业街区建设的词汇是"CBD",其英文全称是 central business district,翻译成中文,有的称中央商务区,有的称中心商务区。"CBD"最初起源于 20 世纪 20 年代的美国,意为大城市中的商业集聚之地。理论界普遍将 CBD 解释为,在大城市的一个街区集中了大量商贸、金融、服务、办公、酒店等服务业,具备完善的市政交通与通信条件,商务活动十分繁荣的区域。有人甚至认为 CBD 不仅是一个国家或地区对外开放程度和经济实力的象征,而且是现代化国际大都市的重要标志。例如,美国纽约的曼哈顿街区,法国巴黎的拉德方斯街区,日本东京的新宿街区等,都是发展得相当成熟的 CBD。

国外大城市中的 CBD 与我国大城市中的中心商业街区有何区别?实际上,从城市商业街区的布局区域和包含的内容来看,国外的 CBD 就是我国城市中心商业街区,只是语言表述不一样罢了。例如,纽约的曼哈顿、法国的拉德芳斯、东京的新宿等这些著名 CBD 与我国北京的王府井大街、上海的南京路等大城市商业街区所处的商业地理位置,所包含的商贸、酒店、金融等场所和机构,以及所体现出来的在现代国际大都市的重要商业地位和标志等,都是一样的。因此,无论是国外还是国内,只要是在市场经济体制框架内,在城市化进程中,城市中心商业街区的总体演变与发展规律或趋势大致一致,绝不可能出现国外大城市的 CBD 与国内大城市的中心商业街区两个截然不同的演变与发展规律和结果。

## 三、传统商业街区的创新与发展

### (一)中心商业街区的功能创新

随着我国各大城市规模的不断扩大,新型商业副中心的不断构建,电子商务特别是网上购物的快速发展,对我国传统的城市中心商业街区构成了很大的市场竞争压力,这些城市中心商业街吸引顾客的力度在不同程度上有所下降,以前这些城市中心商业街区以购物为主的商业功能正在衰退。面对这种局面,我国对这类城市中心商业街区今后的发展方向及发展模式问题开始了探索、研究和创新。

从当前的实践探索和理论界的研究成果来看,对我国大城市中心商业街区的探索性改造与创新主要集中在以下两个相互关联的方面:

一是对传统城市中心商业街区商贸与服务功能的重新定位性探索。有些城市的中心商业街区进一步加强商贸服务业的集聚性和服务的完善性,将原来以购物为主的商业街区,转化为集购物、休闲、旅游于一体的功能定位;有的适当弱化了零售商贸功能,强化了休闲、娱乐与服务的功能定位;等等。总之,每个城市都要根据本城市的具体情况,科学地选择商业功能定位。

二是对传统城市中心商业街区内商贸业与服务业的结构与布局进行调整性探索。为实现不同城市根据自己的具体情况而设计的新的商业功能,必须设计符合新商业功能的业态结构与布局。因为涉及城市中心商业街区上原有商贸与服务企业的改造、调整、迁移、变化等事项,因此,这是一项比较艰难的事情。

总之,我国许多大城市当前和今后都存在如何改造、升级、调整城市中心商业街区的战略性任务。同时,如何能够制定科学、合理、具有可操作性的功能定位和改造方案等,也是流通经济学领域需要在理论和实践上努力探索的重大课题。

### (二)特色商业街区的创新

1. 特色商业街区的创新与发展。近年来,我国大城市中的特色商业街区发展较快,许多城市不仅对传统特色商业街区进行了改造升级,还发展了一些新型特色商业街区。从实践经验和发展趋势来看,我国大城市特色商业街区的创新与发展主要表现在以下几个方面:

(1)集旅游、休闲、消费于一体的特色商业街。例如,体现当地特色、食品内容十分丰富的特色小吃商业街;在穿过城市的小河、小溪边建设的能够观赏风景的饮食特色商业街;专门经营当地名牌茶叶、提供茶饮服务的特色商业街等。

(2)突出某个服务项目的特色商业街。例如,集聚了大量咖啡、酒吧等休闲餐饮门店的特色商业街;集聚了创新设计、工程设计、广告设计等服务项目的特色商业街等。

(3)突出某一类商品供给的特色商业街。如专门经营当地土特产品的特色商业街;服装鞋帽商品特色商业街;五金、交电、水暖产品特色商业街;专门经营花鸟虫鱼的特色商业街等。

(4)以悠久的历史文化为背景的特色商业街。如基于古代遗留下来的特色街道与房屋建筑的商贸与服务商业街;专门经营字画、古玩、珍宝等的特色商业街等。

2. 建设与改造特色商业街区的注意事项。根据我国大量的实践经验,特色商业街区的改造与创新必须注意以下四个方面的问题:

(1)特色商业街区的建设一定要有好的经营内容与项目来支撑。如果经营

第八章 城市商业街区的布局与建设

内容与项目选择或者设计得不好,就会造成特色不突出、对顾客吸引力不大、没有市场需求与发展前景的后果。

(2)一定要选择好特色商业街区的地理位置和特色商业街道的长度和宽度。具体内容主要包括:到达特色商业街区的交通是否顺畅和便利;是否符合消费者购物或者消费行为规律;特色商业街区与周边的其他街道、单位、机构是否发生矛盾(如周边是大城市的交通干道、大专院校科研院所、政府机关、军事要地等都不适合);特色商业街区的长度最好符合消费者行走的体力和时间要求;商业街的宽度要适当窄一些,如果可能,最好是步行商业街。

(3)设计和建设好特色商业街区的基础设施。改造和创新特色商业街区时,要根据特色商业街区经营与服务的内容,以及消费者的行为特点等,在停车场、排水、排烟、垃圾桶、公共卫生间、通信、绿化、照明、消费者休息区等方面都要进行周到的考虑、设计与建设。

(4)管理好特色商业街。特色商业街区改造或者建设好之后,没有科学的管理与培育,也不会繁荣发展起来。管理和培育特色商业街,需要注意的内容主要包括:科学的招商方法与招商内容;构建自律性的商业或者行会组织;统一的工商税务管理方法;抓好各商户的规范经营与诚信经营;保持特色商业街区的卫生与安全。

## 四、城市商业街区形成的因素

城市商业街区的形成有其共性的因素与条件,也有其特殊的因素与条件。

### (一)形成商业街区的共性因素

从形成商业街区的共性因素来看,主要有以下四个方面:一是任何商业街区的形成都必然要经过"构建、发育、成熟、繁荣"的历史过程;二是商业街区的形成必须具备适合规模化商业经营与消费者方便购物的道路、交通、停车等基础设施条件;三是商业街区的形成必须在商店的规模化、商业经营的特色化(或者商店和商品种类十分丰富,充分满足购物与休闲需求;或者专业化的商品和品牌十分集中,针对性和可挑选性强;或者历史文化特色十分突出;等等)方面,对广大消费者具有强烈的吸引力和较高的知名度;四是商业街区的形成及其正常经营必须要有有效的政府扶持,规范的市场经营与管理,统一的市场经营战略与策略。

## (二) 形成商业街区的特殊因素

从形成商业街区的特殊性因素来看,大致有以下五个方面:一是由于不同商业街区在城市商贸业中的地位不同(有些是代表城市商贸发展繁荣程度的大型中心繁华商业街;有些是城市中服务于广大居民生活的一般性商业街区;等等),培育与发展的难度与要求也不同;二是由于商业街区的构成与功能不同,使培育商业街区的条件不同;三是商业街区所具备的历史文化传承、所在城市经济发展水平、消费习惯等的差别;四是城市道路与街区建设的改造不同;五是商业街区管理者、经营者培育商业街区能力的不同。

## 五、城市地铁与商业集聚区的关系

### (一) 城市地铁对繁荣商贸业的促进作用

随着我国城市经济实力的不断增强和地面交通压力的不断增大,许多大城市已经开始大规模地进行地铁建设,地铁对城市商业街区的繁荣与发展具有以下促进作用:

1. 地铁更加方便了广大消费者外出购物。由于地铁运行快速、准时、不受天气影响的优点,对提升和扩大地铁沿线及周边地区消费者外出购物的距离、范围和次数,甚至促使消费者到更远的商业街区购物,具有积极的作用。

2. 地铁扩大了城市商业集聚区的辐射范围。地铁交通的方便快捷性,使原来距离各类商业集聚区较远、交通不便的消费者能够利用沿线地铁的方便快捷性,促进大城市中心商业街区、副中心商业街区和特色商业街区的市场覆盖面进一步扩大和交易额的进一步提升。

3. 地铁可以创造新的商机。一些两条地铁相交的换乘站内,或者客流量比较大的地铁站内,或者知名旅游景点的地铁站内,都可以根据客流量以及顾客的构成,设计、建设和布局一些地下商业街区,创造新的商机,满足过路顾客或者地铁站周边地区居民的消费需求。

### (二) 影响地铁商机的因素

近年来,随着我国大城市地铁的大量建设,关于地铁与商业机会之间关系的讨论和研究也随之而来。似乎有一种约定俗成的观点,即地铁一开通,地铁站内和地铁站周围必然会形成新的商业机会。这种观点是不科学的。地铁站内或者地铁站周围是否能够形成新的商业机会,还受以下两个方面因素的影响。

第一,特定地铁站的地理位置是否符合广大顾客的购物行为规律,是影响该地铁站内及周边地区是否能够形成新的商业机会的重要影响因素。换言之,如果地铁站的具体位置并不是十分合适的商业地理位置,只是一个合适的交通站点位置,那么,该地铁站并不能形成新的商业机会,如果盲目进行商业投资,很可能产生投资风险和不必要的损失。只有地铁站的设立与广大顾客的购物行为规律一致,才能产生新的商业机会。

第二,特定地铁站往来乘客的构成和乘行目的也是影响该地铁站能否形成新的商业机会的重要影响因素。如果特定地铁站的往来乘客基本上是上下班的员工,或者是要转到火车站或者长途汽车站的匆匆过路乘客,那么,该地铁站内或者周边地区很难形成新的商业机会。如果在该地铁站内或者地铁站周围盲目建设商业项目,投资与开发失败的风险就会很大。

总之,虽然地铁交通可以方便消费者外出购物,扩大城市商业集聚区的辐射范围,创造新的商机,但是并不是只要地铁一开通,每个地铁站内或者周边地区就会"自然"产生良好的商业机会。特定地铁站是否符合消费者的购物行为规律,是否处在合适的商业地理位置,都是十分重要的影响因素。在地铁站内或者周边地区策划商业项目时,一定要综合考虑上述影响因素,进行科学的分析与决策,才能够最大限度地减少投资与经营风险。

## 第二节 商区、业态与商圈的关系

### 一、商圈的概念与内容

#### (一)商圈的概念

目前,理论界、企业界、媒体甚至政府的有关文件中,都将"商区"和"商圈"的名称和内容搞混甚至搞错了。"商区"和"商圈"实际上是两个完全不同的概念。商区(商业街区)在本章第一节已经论述,本节专门对"商圈"进行详细的论述与分析。

商圈是指由于消费者的购买行为规律、购物的交通地理条件、不同零售商场的经营规模、经营方式、竞争能力等因素的相互影响,形成了不同零售业态的商场与特定消费者群体之间一定的购销关系区域范围。商圈的范围或者大小不仅是空间距离的概念,而且是所覆盖的消费者数量与所涉及的空间距离的综合概念。例如,某商场的商圈范围是所覆盖的消费者人数约5万人,所覆盖的空间距离半径约1 600米。这是因为,商场最关心的不是空间距离,而是能够实实在在吸引到的消费者人数。因此,如果由于道路、居住等因素,使某业态下的经验空间距离内消费者人数太少,达不到该商场希望的、能够维持正常经营的消费者人数,这种单纯的空间距离的研究是没有用的。另外,如果该商场经营管理得好,也许会超出经验空间距离,将更远的消费者吸引到该商场来。这样,单纯的空间距离研究也是没有用的。

商圈是以一个商业企业(即商场或门店)为中心,研究该商场所能覆盖或者涉及的销售区域的消费者的群体、数量、距离和范围的市场占有率问题,因此,研究"商圈"具有指导商业企业经营与竞争方面的重要意义。

从大量的实践经验来看,不同零售业态下的商业企业都有各自不同的经验商圈范围。

### (二)商圈的具体内容

一般来讲,任何商场的"商圈"都可细分为三个不同的层次,它们分别是:主要商圈、次要商圈和边际商圈。

1. 主要商圈。主要商圈是指商场能够覆盖的、经常到本商场来购物的主要消费者群体和人数,一般约占到商场购物总消费者人数的70%左右,这些消费者在该商场的消费额约占商场总销售额的70%左右。例如,某便利店的年销售额为10万元,最大商圈范围所覆盖的消费者人数约为5 000人,其中,在主要商圈内应覆盖的消费者人数约为3 500人,这3 500人在该便利店的年消费额约为7万元。因此,主要商圈是关系该商场能否盈利的关键商圈。

2. 次要商圈。次要商圈是指处在商场的主要商圈和边际商圈之间的商圈范围。一般认为,次要商圈所能够覆盖的消费者人数约占商场能够覆盖的消费者总人数的25%左右,这些消费者在该商场的消费额约占商场总销售额的25%左右。仍以上述便利店为例,次要商圈的覆盖人数约为1 250人,这1 250人在该便利店的年消费额约为2.5万元。

3. 边际商圈。边际是指随机的、偶然的、临时前来商场购物的少数消费者群体。一般认为,边际商圈所覆盖的消费者人数约占商场所覆盖的消费者总人数的5%左右,这些消费者在该商场的消费额约占商场总销售额的5%左右。例如,上述便利店边际商圈的覆盖人数和在该店的年销售额分别是250人和0.5万元。

以上内容参见图8-1。

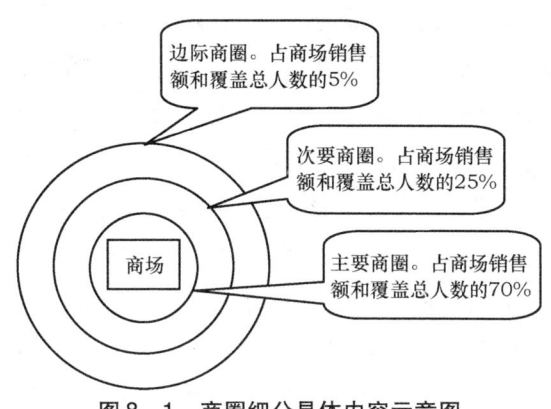

图8-1　商圈细分具体内容示意图

### (三) 商圈形成的影响因素

上面介绍了各种业态的商圈覆盖范围的一般规律,但在现实中,商圈的大小还要受到各种复杂因素的影响,使同类业态的商圈有可能发生变化。这些因素主要有以下几个:

1. 消费者群体因素。在商场的一定区域范围内,消费者人数的数量、构成(职业、年龄、性别)、收入水平和消费习惯等,是决定该商场的商圈是否存在,以及影响商圈大小的重要因素。

2. 商场本身的因素。商场的业态、经营规模、商品结构、服务质量、价格水平、市场信誉等因素也会对商圈范围产生重要影响。例如,大型综合超级市场业态由于营业面积大、商品种类繁多,门前还设有停车场,因此,这类业态的商圈覆盖面就要很大;相反,便利店业态由于营业面积小,所经营的商品都是生活必需品,种类也比较少,因此,这类业态的商圈覆盖面就比较小。另外,在同类业态的不同企业之间,由于企业在经营管理方面的差异,也会造成同类业态之间商圈范围的差别,经营管理水平高的企业的商圈范围可能会大一些,反之,经营管理水平低的企业的商圈范围可能会小一些。

3. 市场竞争因素。在一定的商圈范围内,如果存在若干实力相当的同业态商场,这些商场在争夺市场占有率方面的竞争就会十分激烈,每个商场的商圈范围可能要小一些,相反,如果在一定范围内相同业态商场少,市场竞争就会弱一些,商场的商圈范围可能会大一些。

4. 消费者购买行为因素。随着科学技术水平的不断发展、消费者收入水平的不断提高,消费者的购买行为也在不断地发展变化,这种发展变化也会对零售业态的经营产生影响,从而进一步影响商圈的形成与变化。

5. 交通及商业地理条件因素。在城市中,交通的顺畅性、购物的便捷性、消费者的习惯等因素对商圈也有很大影响。良好的交通条件和商业地理位置十分有利于扩大商圈范围,相反,比较差的交通条件和商业地理位置可能使商圈范围缩小。另外,由于城市建设的发展变化,也会对原有的商圈产生重大影响。

虽然商圈受到上述各种因素的影响而有可能发生变化,但是这种变化是有规律的,不可能无限变化。例如,一个大型超市的理论商圈半径范围是5 000米,可能由于该超市经营管理的好坏而使商圈范围扩大或者缩小,但无论该超市如何提高经营管理水平,商圈的半径也不可能提高到10 000米以上。当然,如果某零售企业经营得不好,其商圈范围有可能变得很小,甚至完全失去顾客的信任,使商圈覆盖半径为零。

## 二、商区、商圈与零售业态

### (一)研究商区与商圈的意义

1. 不能违背业态与商区之间的对应关系规律。由于不同的零售业态在营业面积、经营规模、商品结构、经营方式和服务对象等方面的不同,使不同零售业态对所适应的商区和商圈范围会有很大的差别。这些差别不是随意的、毫无章法的,而是在零售业态、商圈和商区三者之间存在相互关联的、具有一定规律性的关系。这种规律性的关系决定了零售企业在发展新店时,不能凭"感觉"随意地布点设店,而应按照这个规律的要求,寻找与相应业态最适合的商区,才有可能找到最佳的商店生存环境,降低市场风险,提高开设新店的成功率。

2. 不能违背消费者的购物行为规律。消费者在购买商品时有其习惯和行为规律。这些行为规律与零售企业的商区与商圈有着十分密切的关系,具体表现在以下五个方面:

(1)消费者在购物时的行走距离与所购买商品的价格密切相关。消费者想要购买价格高的贵重商品时,购物前的思考和决策过程比较长,购物时对商品的选择性要求很强,一般都会"货比三家",这时,消费者不在乎购物行走的距离,只要能够买到称心的商品,行走距离再远,也是可以接受的。

(2)消费者的购物行走距离与所消费商品的频率和数量密切相关。消费者想要购买少量低值易耗生活必需品时,由于商品的价格很便宜,购物量又少,因此消费者购买决策的时间很短,也比较随意。此时,绝大多数消费者都希望找一家距离很近、很方便的商店去购买,一般都不愿意花费很多时间行走很远的距离去购买这些商品。如果这类商店距离消费者太远,消费者便难以接受。

如果消费者想要购买低值易耗的生活必需品且一次购买量比较大、购买品种比较多时,消费者可以考虑到距离比较远,但是价格便宜、商品种类丰富、选择余地比较大的大型购物场所去购物(如大型超市等)。在这种情况下,行走距离远一些消费者也是可以接受的。

(3)消费者的购物目的直接影响着对商场和商业街区的选择。如果消费者没有急需的购物需求,而是抱着集选购与休闲于一身的购物目的,此时消费者一般会选择到各类商店比较多、"休闲性"较浓的繁华商业街区去,而不会选择到虽然购物很方便,但是商店很少、"休闲性"不强的不繁华商业街区的小商店购物。

(4)消费者的消费行为还具有临时性、应急性和方便性的特点。例如,充饥、解渴、临时发现缺少某调味品等而发生的临时性需求,消费者就希望花费很少的时间到最近的商店购物。

(5)消费者的消费行为与商场的服务与商品的质量有一定的关系。每个消费者都希望买到货真价实的商品,也希望在购买商品时得到周全的、合理的销售服务。如果商场的服务质量与商品质量都很差,消费者就有可以舍近求远,而选择到服务与商品质量好的商场购物。如果商场的服务质量与商品质量都很好,也有可能吸引更多、更远的顾客前来购物。

综上所述,按照消费者购物习惯和行为规律办事,选择合适的商区来设立商店是零售企业盈利的重要保证,否则就很难形成理想的商圈,也很难取得良好的经营效益。

3. 增强零售企业的经营决策能力。零售企业的各个门店是企业销售环节的"前沿阵地"。国外一些知名的零售企业在开设新店时都十分谨慎,对拟开设新店的商区和商圈都要经过长期细致的调查研究。对从事零售业务的经营企业来说,企业调查商区和商圈的程序和方法的水平,在一定意义上代表了该企业的经营与决策水平。特别是连锁经营企业在大量发展连锁分店时,如果掌握了比较科学的分店选址理论,便可以降低决策的失误率,提高投资的成功率,这对增强企业的竞争能力和发展能力是十分有利的。

## (二) 商区、商圈与业态的关系

不同的零售业态具有不同的最佳生存商区与商圈,而不同零售业态所适应的最佳商区与商圈受多种客观因素和条件的制约。下面我们将一些常见的零售业态与其所适应的最佳商区与商圈的关系分别进行详细的分析与讲解。

1. 大型百货商场的商区与商圈。一般来讲,大型百货商场具有营业面积大、服务设备齐全(电梯、冷暖空调、高档卫生间等)、商品档次高、品牌商品多、销售价格较高等特点。这些特点决定了大型百货商场必须具有十分广泛的市场覆盖面、大流量和多层面的消费者群体,才能够将更多的高档商品、品牌商品销售出去,才能够实现较高的商品销售额。要实现市场覆盖面宽、顾客流量大,商场的地理位置必须选在城市中繁华的商业街区才能够实现。因此,最适合大型百货商场生存的商区应该是大城市中繁华的中心商业街区和副中心商业街区,即一级商业街区,其商圈应该覆盖整个城区各个层面的消费者群体。

近年来,许多城市在传统大型百货商场的基础上,为了适应和满足不同顾客的需求,又创新和细分出了"高档百货商场""时尚百货商场""大众百货商场"等细分的百货商场,这些细分的百货商场可以突出某类商品的优势,使所销售的商品和服务更有针对性。

2. 大型综合超市的商区与商圈。一般来讲,大型综合超市具有营业面积大、日常生活用品种类齐全(包括生鲜食品、熟食品、调味品、饮料、厨房用品、洗涤用品、卫生用品、家居用品、文化体育用品等)、以中低档次商品为主(服装鞋帽等以内衣、休闲装、便装等为主,很少经营高档次的品牌时装、西装、金银首饰等商品)、销售价格比较低的特点。这些特点决定了大型综合超市要有较宽的市场覆盖面、较大的客流量、较明确的顾客目标群体(明确地为超市附近常住居民日常生活所需的低值易耗生活用品提供零售服务,而不像大型百货商场那样,服务的目标顾客比较宽泛)。因此,最适合大型综合超市生存的商区应该是商住区、居民区、家属院等比较集中的商业街区,即三级商业街区,商圈范围的空间半径约为3千米至5千米左右。这是因为,这种选址不仅可以方便和覆盖更多的消费者经常前来购物,而且这些地区的地价和房租比较便宜,交通比较便利,停车也比较方便,有利于降低企业的经营成本,方便消费者购物与停车。

3. 仓储式会员店的商区与商圈。一般来讲,仓储式会员店的营业面积与大型综合超市的面积差不多。有些仓储式会员店的服务对象是零售会员,有些仓储式会员店的服务对象是批量购物者,因此营业面积可能要更大一些。仓储式会员

# 第八章 城市商业街区的布局与建设

店与超市一样,也是经营消费者日常生活用品,其中包括生鲜食品。由于采取仓储式的经营方式,商店的营运成本比一般的超市低,再加上对"会员"的优惠,仓储式会员店在销售价格方面一般也要比同类其他商场低。因此,最适合大型仓储式会员店生存的商区应该是零售会员比较集中的商住区,即三级商业区,或者是有利于批量购物者前来购物的交通和停车比较便利、地价便便宜的四级商业区。

以零售会员为主的仓储式会员店的商圈范围半径距离约为 5 千米左右,以批量采购为主的仓储式会员店的商圈范围会更大一些。

4. 中小型超市的商区与商圈。中小型超级市场的营业面积一般约在两三千平方米左右,商品种类也比大型综合超市要少,超市门前也没有必要设立停车场。因此,最适合这类超级市场生存的商区是居民居住区比较集中的二、三级商区内,商圈空间半径距离约在 3 千米以内。

近年来,由于商业竞争激烈、零售业态不断创新等原因,产生了许多新的中小型超市形式,如便利超市、社区超市、生鲜超市等。之所以将这些超市列为创新,主要是这些超市是在原来大家熟悉的超市的基础上,针对不同商圈内的不同顾客,在经营内容方面进行了更加细致的分类,即超市的细化。如便利超市更加突出所销售商品种类的快捷性、方便性需求;生鲜超市更加突出生鲜食品的销售等。

5. 便利店的商区与商圈。便利店的营业面积很小(一般都在 100 平方米左右),商品种类主要集中在消费者需求量大的少量商品上(主要有方便食品、饮料、小食品、常用调味品、常用洗涤和卫生用品、少量的学习文化用品和杂志、少量应急药品等),其目标顾客主要是附近的居民、学生、上班族以及临时应急的消费者等。因此,最适合便利店生存的商区应该是居民区、学校、公司、机关、大型文化体育场所、大型车站等所在的二、三级商业区域内便利顾客随时消费的地段,商圈空间的半径距离约在 300 米以内。

6. 食杂店的商区与商圈。一般来讲,食杂店的商品种类与便利店有所不同。食杂店中经营的商品种类主要有各类调味品、熟食品、小食品、小包装的粮食(大米、面粉、挂面等)、饮料、少量水果蔬菜、洗涤用品、少量五金电器(灯泡、电池等)、少量学习用品等。但是食杂店一般不经营报纸杂志和应急药品。因此,最适合食杂店生存的商区应该是居民居住比较集中的二、三级商业区域,其商圈的空间半径约在 300 米左右。

7. 专业店或者专卖店的商区与商圈。专业店是为专门消费某类商品(体育用品类、鞋帽类、电脑软件类等)的顾客服务的商店;专卖店是为专门追求某品牌的顾客服务的商店。这两类业态的服务目标十分明确,经营的商品也比较简单。正因为如此,这两类业态的市场覆盖面不可能太小,因为这两类业态经营品种比较单一、消费者需求量和需求面很小,如果消费者的覆盖面太小,某类商品或者某品牌商品的需求人数也必须很少,商店就不可能实现较高的销售额。所以,最适合专业店或者专卖店生存的商区应该是顾客人流量比较大的一、二、三级商业区域。

专业店和专卖店的商圈覆盖范围比较复杂,我们要注意以下两种情况:一种情况是,经营某些特殊商品(如休闲渔具专业店、体育用品专业店等)、某些知名品牌商品的专业店和专卖店,或者凡是要专门购买这类商品的消费者或者专门追求这些品牌的消费者,必须主动寻找这类专业店或者专卖店,即使路程远一些,消费者也是可以接受的,因此这类商店的商圈范围要大一些;另一种情况是专门为附近消费者开设的诸如家用电器、学习用品等专业店或者专卖店,这类商店的商圈范围可能就会小一些。

8. 餐饮店的商区与商圈。餐饮店的商区与商圈分布情况比较复杂。从商区来看,餐饮店可以在一级繁华商业街区到四级远郊商业街区内任何一个存在消费需求的商区中开设店铺。从餐饮店的细分业态来看,快餐店可以在繁华商业街区、旅游区、居民集中居住区、交通要道等地点开店,但是大型中高档餐饮店只能在繁华商业街区或者停车比较方便的商业街区开店。从消费者的构成来看,有些是路过的消费者偶尔进店用餐消费,有些是附近消费者经常来店用餐。

由于适合餐饮店生存的商区与商圈情况比较复杂,因此,餐饮店选址时,一定要根据餐饮店的经营内容、消费者的习惯、顾客人流、道路交通等多种因素来综合考虑与选择。

9. 购物中心的商区与商圈。购物中心的营业面积十分大,其所涵盖的业态和商店比较多,所经营的商品种类比较多,服务功能比较齐全,目标顾客也十分宽泛。因此,购物中心的最佳商区大致分两种情况,一种是市区购物中心,大多选择在交通与停车比较方便的二、三级商业区域内,另一种是城郊购物中心,一般选择在远离繁华市区的四级商业区内。但无论如何,这两类购物中心的商圈覆盖范围都必须很大,应该覆盖整个城区,否则就无法实现相当规模的销售额,购物中心的经营就难以维持。

总结上述零售业态、商区与商圈三者的关系,可用表 8-1 表示。

表 8-1 零售业态、商区与商圈的关系

| 零售业态 | 适应商区 | 商圈半径 |
| --- | --- | --- |
| 大型百货商场 | 一、二级商区 | 全城 |
| 购物中心 | 一、二、三级商区 | 全城 |
| 大型综合超市 | 三、四级商区 | 3 000 米左右 |

续表

| 零售业态 | 适应商区 | 商圈半径 |
|---|---|---|
| 一般超市 | 二、三级商区 | 1 000 米左右 |
| 便利店 | 二、三级商区 | 300 米以内 |
| 专业店、专卖店 | 一、二、三级商区 | 不一定 |
| 餐饮店 | 一、二、三级商区 | 不一定 |
| 食杂店 | 二、三级商区 | 300 米左右 |
| 仓储式会员店 | 三、四级商区 | 3 000 米左右 |

要特别指出的是,由于近年来大城市家用轿车普及率的提高,以及大型综合超市为了争夺顾客而开设专门接送顾客的"购物免费通勤车",使超市特别是经营管理水平比较高的大型综合超市的商圈范围进一步扩大。有些顾客宁愿选择到离家比较远,但是商品丰富、价格合理、购物选择余地大、服务好、停车方便的超市去购物,而不选择到离家比较近,但商品较少、经营管理水平较低、停车又不方便的超市去购物。

### 三、商圈调查与店址选择

#### (一) 店址的选择

商圈调查是从选择新店的店址开始的,或者说,是以店址的选择为基础的,没有店址的选择,就不存在商圈的调查问题。

由于有店铺的零售业是在店铺内陈列商品的,消费者只有到店铺进行现场选购,才能将商品销售出去,因此,包括连锁经营企业分店在内的所有零售企业门店店址的选择十分重要。有人认为,零售业经营成功的关键就是"选址、选址、再选址"。此观点显然有些偏激,但也从某个角度反映了零售企业店铺选址的重要性。

选择分店的店址时,不同业态的连锁经营企业要根据本企业的业态所适应的最佳商区规律,以及同类业态的商店能够覆盖的商圈范围的普遍规律,来寻找理想的分店地址。例如,大型综合超市就不适合在大城市中繁华的一级商业街区设分店,也不适合在已经存在的大型综合超市3 000米以内设立新的分店,而比较适合在居民居住比较集中、交通比较便利、地价比较便宜、周围3 000米以内没有其他大型综合超市的地方开设新店。

## (二)新店的商圈调查

新的店址初步确定后,便要以该新店的店址为中心,对可能存在的商圈进行调查。调查的内容主要包括:相同业态下能够覆盖的商圈范围;在该商圈范围内所包括的消费者的人数、结构、收入、消费习惯等;在该商圈范围内的竞争对手的情况;交通与停车等情况。

调查的方法很多,下面介绍几种常见的方法:

1. 市场调查法。这是常用的商圈调查方法。市场调查法的内容与方法主要是:

(1)根据企业事先寻找好的新开分店的商业地理位置,到现场进行实地考察,按相同业态下能够覆盖的商圈范围的经验理论,大致确定本企业拟开新店可能覆盖的商圈大小(如从某街区到某街区等)。此外,还要调查拟开新店的位置是否是商圈内大多数消费者习惯的、认可的良好商业地理位置。有些商业地理位置看似很好,但由于种种原因,该地段不是商圈内消费者习惯的、认可的商业地理位置,开业后就可能造成顾客稀少的不利局面。

(2)调查选定的商圈范围内现有消费者群体和潜在消费者群体在数量、结构、分布、收入等方面的情况。调查时,先要设计好科学完善的调查内容与项目。调查的内容和项目设计得是否科学合理,关系到调查信息是否准确、有用。然后可以采用现场调查(到现场进行普查或者抽样调查等)、问卷调查、开座谈会、数据统计等方法,对商圈内的顾客源进行认真、细致的分析。对商圈内顾客源的分析主要包括以下三个方面的内容:①主要顾客源情况,这是指在本商圈内本企业能够基本上"占领"的、比较稳定的顾客源的人数及其在本商圈的消费情况。②可能争取到的顾客源情况,即如果在本商圈内存在其他同类业态的门店,或者存在经营可以互补或替代商品的其他业态的门店,本企业在与这些竞争对手竞争的过程中可能争取到的顾客源的情况。③潜在的顾客源情况,这是指那些虽然不在本商圈内常住,但有可能经常顺路进店的其他顾客源情况,以及可能在以后逐渐形成的顾客源情况。

调查商圈和统计人数时,需要注意以下两个问题:一是调查某分店的商圈覆盖人数时不能全额计算该商圈内总人数的年平均消费总额,要将该分店所不经营的商品以及其他同类业态的占有份额减去。例如,某便利店在可能覆盖的商圈内消费者人数约为4 100人。如果每人每年平均零售商品消费总额为4 600元,该便利店决不能预计年销售额为(4 600元 × 4 100人 =)18 860 000元。因为,在每人

第八章 城市商业街区的布局与建设

每年所支出的4 600元中,要包括消费者全年所需的所有生活资料,其中,服装、鞋帽、家具、家电等商品便利店都不经营,因而也就不能将消费者的这类消费开支算入便利店的营业额中。另外,在该商圈内如果还存在其他经营内容相同的商店,可能也要分出去一部分销售额,因而也要减去这部分营业额。只有这样,计算出来的销售额才是比较客观的。二是调查某分店的商圈覆盖人数时,要注意区分不同消费者群体的消费结构和消费习惯。例如,某企业在一个院校集中的文化区域开设专门经营厨房用品的专业店,虽然可能预计商圈内能够占有的消费者人数很多,但是,这些大中专学生平时根本不消费厨房用品,与消费者的消费结构和消费习惯根本不对应,这个专业店就很难生存下去。再如,选择某个加工业企业比较集中的区域开设一个专门经营大学中学教材和相关复习资料的书店,虽然书店的特色很突出,但是同样与商圈内消费者的消费结构和消费习惯不对应,这个书店也很难生存。

(3)调查选定的商圈范围内现有其他相关零售商场的数量、经营、布局、销售额等情况。

(4)调查选定的商圈范围内的交通道路条件以及将来可能发生的交通道路的变化情况与拟新开分店的关系。

(5)将这些数据都调查清楚后,再对所有数据进行综合分析。具体的分析方法在后面讲述。

2. 饱和度分析法。这是一种辅助的调查分析方法,其主要功能是分析在一定的商圈范围内投资新店的风险程度。这种方法的运用要建立在调查清楚商圈内有关信息和数据的基础之上。

饱和度分析法的具体方法是:在拟确定的商圈范围内和单位时间内(一般以年或月为单位)所客观存在的消费总额,与该商圈范围内同类零售业态商店的供给总数量进行"饱和度"的计算,饱和度数值越大,潜在的市场需求就越大,投资风险就越小,反之,投资风险就大。具体计算公式如下:

$$IRS = \frac{C \times RE}{RF}$$

式中:$C$ 为商圈内的消费者人数;$RE$ 为商圈内消费者在单位时间内的消费总额数;$RF$ 为商圈内同类业态商场的营业总面积;$IRS$ 为商圈内零售商场每平方米营业面积销售额的饱和指数。

例如,一家便利店在其所覆盖的商圈范围内的潜在消费者人数约为5 000人,平均每人每月在便利店业态中的消费支出为60元,该商圈内现有

的便利店和食杂店的营业总面积为400平方米,将这些数据代入上述公式为:

$$IRS = \frac{5\,000 \times 60}{400} = 750(元)$$

这个计算结果说明,该商圈范围内每平方米营业面积销售额的饱和指数为750元。将这个数据与其他相似商圈测算的数据或者经验数据进行比较,这个指数越大,说明发展便利店的潜在市场需求就越大,在该区域投资便利店成功的机会就越大;反之,投资风险就大。

3. 零售引力法,又称雷利法则。零售吸引力法是由美国学者威廉·雷利提出的,是一种辅助的调查分析方法。其主要功能是,若在商圈内存在相同或者类似业态的其他商场,可以用这个方法寻找出可能形成竞争局面的两个商场之间的商圈边界划分问题。但该方法没有考虑到两个商场之间经营管理水平和竞争能力的差别,将问题简单化了,因此,该方法只能作为参考。具体计算公式是:

$$D_y = \frac{d_{xy}}{1 + \sqrt{\frac{p_x}{p_y}}}$$

式中:$D_y$ 为 Y 地区商圈的限度;$d_{xy}$ 为各自独立的 X,Y 地区间的距离;$p_x$ 为 X 地区的人口;$p_y$ 为 Y 地区的人口。

我们将 X 与 Y 换成两个超级市场。假设通过调查,发现 X 超市可能覆盖的消费者人数约为30 000人,Y 超市可能覆盖的消费者人数约为270 000人,两超市之间的距离为4 000米。代入上述公式计算,可求出两个超市的商圈分界点在距 X 超市1 000米、距 Y 超市3 000米的地方。

该方法的原意是,具有零售中心地位的两个城市,对位于其中间地带的消费者所具有的吸引力与两个城市的人口成正比,与两个城市到此中间地带的距离成反比。这是因为,人口众多的中心城市中的零售业态、商品种类、服务项目等都十分丰富,必然会对消费者产生更大的吸引力。零售业越是繁荣,这种吸引力就越大;消费者距离该城市越远,购物成本(购物所付出的时间和交通费用)越高,这种吸引力就越小。我们可以利用这种计算方法,将两个城市换成为业态相同、距离很近(很有可能形成相互竞争)的两个商店,计算两个商店之间的商圈边界,从而为确定拟开设新店的商圈边界提供理论依据。

## 四、对调查数据的分析与决策

在经过上面大量的基础性数据调查与计算后,就要对调研情况进行深入的分析与决策。具体分析步骤如下:

第一,计算单位时间内必须产生和支出的固定费用的总额。先将拟新开商店在单位时间内(月或年)的固定费用,如单位时间内的房租、水电费、人员工资、应交纳的税费等固定费用进行加总,求出单位时间内可能产生的固定费用总额。

第二,计算单位时间内的营业额与变动费用。根据有关调查数据,将商圈内单位时间内可能发生的消费者购买人次、购买总额之间进行计算与分析,推算出拟开新商店在单位时间内可能实现的营业额的最低水平、最高水平和平均水平。同时,再对由于营业额增长而增加的商品采购费、动杂费、营业税等变动费用进行测算。

第三,进行盈亏分界点的计算与分析。具体方法是,将单位时间内所产生的固定费用总额,预测的单位时间内可能实现的最低、最高和平均营业额,以及相应产生的变动费用分别进行加总和对比分析。其理论参考公式如下(在单位时间限定情况下,如年或月):

设 $X$ 为单位时间的商品销售总额;$A\%$ 为营业税率;$B$ 为商品的采购费用与储运费用总和;$P$ 为单位时间内"房租+水电费+人员工资+其他固定费用"的固定费用总和。

当:$P+B+A\%X > X$ 时,该商店必然亏损;

$P+B+A\%X = X$ 时,便是该商店的销售额盈亏分界点;

$P+B+A\%X < X$ 时,该商店就开始盈利。

例如,假设某便利店每年的盈亏分界点的销售额是 12 万元。在该便利店 300 米的半径内有常住居民约 320 户,根据当地的消费水平预计出每户每年的相关商品支出费用总额。在充分考虑其他影响因素的情况下,每户每年在本便利店的消费总额数应该大于 12 万元该便利店才有可能盈利。反之,该便利店就可能亏损。

通过上述计算和分析后,就可以决定是否能在所选定的位置开设新的商店了。

**复习思考题:**

1. 我国大中城市的商业街区有哪些类型？布局规律是什么？
2. 影响商业街区形成的因素主要有哪些？
3. 商区与商圈之间有何区别？
4. 商区、商圈与零售业态之间的关系是什么？
5. 商圈调查的步骤与方法包括哪些内容？

# 第九章 商品流通的电子商务应用

## 学习重点

- 1. 电子商务的一般构成。
- 2. 电子商务的运营模式。
- 3. 电子商务的主要应用软件技术。
- 4. 我国电子商务的发展现状与存在的问题。
- 5. 网上购物与实体店购物的优势与劣势。

## 第一节 电子商务的构成与营运模式

### 一、电子商务的概念与构成

#### （一）电子商务的概念

目前，电子商务还没有形成公认的、一致的概念。综合国内外具有代表性的观点，电子商务可分为狭义和广义两类概念。

狭义的电子商务（electronic commerce，EC）是指通过使用包括互联网络、计算机、移动通信、电报、传真等以及相应的操作和管理软件等硬件和软件技术，进行的有关交易的联系、订单、付款、结算等商务活动。

广义的电子商务（electronic business）是指运用包括国际互联网、局域网等各种不同形式网络构成的计算机网络技术，计算机硬件和软件技术，以及其他现代信息技术，进行的几乎无所不包的商务活动，包括国际贸易、批发交易、零售交易、期货交易、证券交易、金融机构的各类业务、个人消费、政府采购、企业管理、物流管理、营销业务等。

### (二)电子商务的构成

从全社会的角度来看,电子商务要能够正常运行,必须具备以下六个方面的要素:

1. 电子商务交易的平台。即由计算机、电子设备、相关软件、网站等为技术基础构成的,为全社会各类商品交易者的双方或者多方提供交易撮合及相关服务的网络信息技术系统的总和,俗称第三方电子商务交易平台。

2. 电子商务交易平台经营者,或称第三方交易平台经营者。这是指在工商行政管理部门登记注册并领取营业执照,在电子商务技术系统的支持下,专门从事第三方电子商务交易平台运营,并为交易双方提供相关服务的自然人、法人和其他组织。

3. 电子商务的金融支付系统。这是指与电子商务的商品实体交易紧密关联的,从事有关货款的支付、接收与传送指令、办理资金转移和支付清算等金融业务的电子技术系统,以及相关的操作人员或者组织系统的总和。

4. 从事电子商务的交易双方。这是指运用电子商务交易平台和相关支付系统进行各类商贸交易活动的卖方和买方。

5. 物流递送系统。这是指独立于第三方电子商务交易平台,通过电子商务平台进行交易的卖方和买方,在电子商务交易过程中将交易双方涉及的商品、原材料、配件等物资,按照交易的要求,送达目的地的专业递送系统。

6. 电子商务交易管理与监督系统。其中包括规范电子商务交易活动的法律法规和监督管理机构。

## 二、电子商务的运营模式

从国内外的大量实践来看,主要有以下六种比较典型的电子商务营运模式。

### (一)B2B 营运模式

B2B(Business to Business)营运模式是指企业与企业之间通过互联网进行的各类交易活动模式。这些交易活动主要包括:买卖双方甚至多方企业之间,通过互联网发布商品的供求信息,推介产品,交易协商,合同签订,订货及确认订货,票据签发,传送和接收,确定送货方案,支付与结算等的商业活动。

B2B 电子商务模式可细分为以下两类:一类是处在第三方交易位置的水平型 B2B 模式。这是指建立在公共电子商务平台基础上的、服务于同类企业之间或者相关企业之间的电子商务交易活动,其中,电子商务平台为买卖双方提供了一个集中的交易平台,如物流信息服务平台、技术交易服务平台、商贸交易平台等。另一类是面向制造业或面向商业的上游和下游企业之间的垂直型 B2B 模式。这是指上下游企业之间、供应链企业之间等,为了提高商务活动的效率、降低成本、增强市场竞争力而构建的电子商务系统。相关企业之间通过电子商务系统进行有关订货、发货、运输、库存、结算等业务活动。如计算机公司与上游的芯片制造商和主板制造商之间的电子商务合作关系,生产商与下游经销商之间的电子商务合作关系等,都属于这类模式。

总之,B2B 电子商务运行模式大大提高了企业之间进行交易活动的效率,降低了交易的运行成本,对提升整个社会商品流通速度甚至劳动生产率有十分重要的促进作用。

## (二) B2C 营运模式

B2C(Business to Consumer)营运模式是指商业企业与普通消费者之间通过互联网进行的零售交易的活动模式。B2C 营运模式的运行过程是:商业企业或者商户通过公共电子商务平台,如淘宝、天猫商城、京东商城、一号店、亚马逊、苏宁易购、国美销售网站等,展示所要销售的商品种类、款式、价格、送货方式、支付与结算方式等信息;普通消费者在网上选中商品并确认购买之后,再由商业企业或者商户通过物流配送系统(一般都是第三方快递公司)将商品送到消费者手中,消费者确认后,再通过网上支付系统进行付款结算。

普通零售企业或者商户加入电子商务平台购物网站的流程包括以下几个方面:①企业在线注册申请并签署协议;②企业提供营业执照复印件、税务登记证复印件、申请人身份证明、注册商标或专利的相关证明、食品流通或者卫生许可证、委托加工协议书等有关证件、证明;③电子商务平台运营管理者对企业提交的文件进行审核;④审核通过,网上店铺开通,培训上线经营。

加入和开通电子商务销售平台的企业需要给电子商务运营平台企业交纳的费用主要包括月租金平台使用费、佣金扣点、保证金等。

总之,B2C 电子商务运行模式拓宽和丰富了广大消费者的购物方式,也催生了一大批为网上购物服务的物流快递公司的产生与发展。

## (三) B2G 营运模式

B2G(Business to Government)营运模式是指企业与政府管理部门之间通过互联网进行的政府采购商品、政府服务项目外包、办理有关贸易方面的手续、交纳税费等方面的电子运行模式。

目前,我国主要有政府采购电子商务平台、进出口或者海关业务电子商务平台、政府招商引资电子商务平台、国税局和地税局报税电子商务平台等。

## (四) O2O 营运模式

O2O(Online to Offline)营运模式是指从事网上销售业务的商业企业,利用网络覆盖面宽、基本上不受时空限制的优势,在线上展示所要销售的商品的信息,吸引和招揽消费者选择商品,在线下提供商品实体的销售服务,成交后通过在线结算,将线上线下的商业机会与互联网结合在一起的运行模式。

要将 O2O 营运模式经营好,有两个关键点:一是能够在网上吸引大量的消费者,并且指引这些消费者对网上看中的商品到现实的商店中选购。二是实现"在线支付",即消费者在线上选择好商品信息,到实体店成功选购商品之后,要采用"在线支付"手段进行交易的结算。假如消费者没有在线上完成支付,而是直接在实体店现场付款,采取 O2O 营运模式的电子商务经营者便失去了利润来源。

一般而言,O2O 营运模式与 B2C 营运模式既有相同之处,又有不同之处。两者的相同点是:买卖双方不是在实体店交易,而是在网上进行有关商品选购、咨询、购买确认、网上支付等业务。它们的不同点是:O2O 营运模式比较适合的经营内容是餐饮、电影、美容、旅游、健身、租车等服务性消费;B2C 营运模式则适合各类实物商品。

## (五) C2C 营运模式

C2C(Consumer to Consumer)营运模式是指用户对用户的模式。卖方与买方都不是专业的网上销售企业,可能都是个体消费者,也可能都是最终的其他消费单位。由于种种原因,卖者要将某些商品(或是家具、电脑、家用汽车等生活资料;或是原料、配件等生产资料)出售,便通过公共的电子商务平台寻找买方,并且在网上进行商品交易的模式。

## (六) B2B2C 营运模式

B2B2C (Business to Business to Customers) 营运模式是一种扩展了的电子商务营运模式。其中,第一个 B 是指广义的卖方,即各类商品、配件、原材料等的销售商;第二个 B 是指电子商务公共交易平台,即提供卖方与最终买方进行交易接洽的电子商务平台,同时提供相应的附加服务;C 是指最终的买方。

## 三、第三方电子商务平台的运行

所谓第三方电子商务平台,是指不是卖方也不是买方构建的电子商务平台,而是独立于买卖双方,为全社会相关业务服务的公共电子商务交易平台。

作为第三方电子商务平台,不仅是为买卖双方提供一个交易平台就可以了,而且还要在对买卖双方通过电子商务交易的过程中提供平台维护、客户管理、交易信息管理、订单管理、支付安全、物流管理等相关的专业性服务。

第三方电子商务平台要能够良性运行,通常要通过以下方法来支撑。

### (一) 会员费或者平台使用费

有些第三方电子商务平台运营商对加入销售平台的企业采取按月或者按年收取"平台使用费"的方式维持运行;有些第三方电子商务平台,采取让加入销售平台的企业注册为网上会员,按月或者按年收取会员费的方式维持运行。无论采取哪种收费方式,普通销售商加入电子商务销售平台并交纳了相关费用之后,电子商务平台运营者必须提供销售网页上的各种相关服务。

### (二) 广告费

网络广告是门户网站的主要盈利来源,广告费用的高低与其在首页的位置以及广告类型有关。广告的形式有文字广告、固定图形广告、弹出广告、漂浮广告等多种形式可供用户选择。

### (三) 竞价排名

企业为了促进产品的网上销售,都希望在一些影响力大的 B2B、B2C 等电子商务公共网站信息搜索功能中将自己的排名靠前,目的是希望顾客在使用搜索功能时,能够在第一时间将本企业的销售信息呈现出来。网站在确保信息准确的基础上,根据会员交费的不同对排名顺序做相应的调整。

### (四)增值服务

各专业化的公共电子商务平台网站除了为企业和消费者提供各类交易信息和商品销售信息以外,还要提供一些为网络交易服务的功能和内容,如企业认证、交易确认、独立域名、市场供求数据分析、搜索引擎优化、结算业务等。

### (五)线下服务

各类公共电子商务平台销售网站的专业内容越丰富,对广大客户的吸引力也就越大,影响力也就越大,希望加入网站的企业也就越多,网站的经济效益也就越好,因此,从事公共电子商务网络平台经营的企业为了丰富网站内容,扩大网站影响力,通过定期或者不定期召开线下研讨会、交流会,举办业绩展会,出版期刊等方式,加强与销售商、供应商、采购商以及大量中小企业的联系。

## 四、电子商务的一般交易过程

电子商务的交易过程和相应的物流过程大致如下:

第一步,获取或发布信息。企业进入互联网,查看所需要的在线商品或企业的相关主页,寻找本企业想要购买的商品;欲销售商品的企业则通过互联网上的有关网页发布欲销售的商品的信息。

第二步,交易准备。买方企业在网上获取有关信息,经过认真分析和市场调查,并选好所要采购的商品后,通过采购商品的"对话框"填写企业名称、地址、商品种类、规格、数量等信息,并准备购货款,制订购货计划,确定和审批购货计划。

卖方企业根据自己所销售的商品,全面进行市场调查和市场分析,制定各种销售策略,了解买方的情况,在互联网或其他电子商务网站发布有关商品广告,寻找贸易伙伴和交易机会,扩大贸易范围和商品所占的市场份额。

第三步,交易谈判并签订合同。买卖双方针对所有交易的细节进行谈判,如所交易商品的种类、数量、规格、价格、购货地点、储运方式、交货时间等,双方将磋商的结果以书面形式和电子文件形式进行贸易谈判,同时,交易双方将各自的权利、义务、违约和索赔等内容,全部以电子信息传递技术,如 EDI(电子数据交换)在交易合同中做出全面详细的规定,交易双方都满意后,最后进行签约。

第四步,办理交易进行前的手续。买卖双方签订合同后到合同开始履行前必须办理各种手续。交易中要涉及金融机构、信用卡公司、海关系统、商检系统、保险公司、税务系统、运输公司等。交易双方利用 EDI 与有关各方进行各种电子票据和电子单证的交换,直到办理完一切手续并按合同规定可以将所购商品从卖方向买方发货为止。

第五步,物流配送和交易合同的履行。买卖双方办完各种手续之后,卖方要备货、组货,同时进行报关、保险、取证、信用等,然后将商品交付给运输公司进行包装、配送,买卖双方通过电子商务服务器跟踪发出的货物。银行也按照合同处理双方收付款项并进行结算,出具相应的银行单据等,直到买方收到自己所购商品,完成整个交易过程。

## 五、电子商务技术

电子商务技术主要包括两大类:一类是以条形码技术、商品分类编码技术为主要内容的数据流通标准化技术;另一类是以 MIS 技术、POS 技术、SIS 技术为主要内容的商品销售信息化管理技术,以 EOS 技术、EDI 技术、仓储管理自动化技术为主要内容的商品通信和配送信息化技术等。以下就这些主要技术进行简要介绍。

### (一) MIS 管理信息技术系统

商业企业中的 MIS(Management Information System)的内容和功能主要包括以下内容:

1. 合同管理,包括合同的生成、修改、查询、执行情况的记录等功能。

2. 商品的购进、储存、配送和销售管理,包括商品采购管理(采购商品的种类、品牌、品质、价格、厂商、进货时间);商品价格管理(各类商品的定价、商品的成本、销售价格等);商品库存管理(商品编码、入库记录、库存位置、库存数量、出库记录等);商品销售管理(销售种类、数量、销售额、退货处理等);商品配送管理等。

3. 财务管理,包括各类原始单据的记录、核算、结算、汇总、收支账务管理与分析等。

4. 统计管理,包括销售、利润、成本、库存等各类信息的数据管理。

5. 人力资源管理,包括人员设置、人员基本情况、职务、工资等。

6. 上市公司的资本经营管理,包括股东情况、股票发行、股价分析、股息分红等。

## (二)POS 时点销售管理技术系统

通常 POS(Point of Sale)系统分为两类,一类是商店的销售时点管理系统,一般是以条形码扫描、自动识别技术为基础,拥有较强大的销售数据处理能力的系统;另一类是由银行在销售点设置的自动识别金融交易卡终端构成的销售结账系统。

在各类现代零售商业销售过程中,POS 系统是十分重要的技术。POS 系统的主要技术构成是:收款机、显示器、信息输入设备、信息输出设备(票据打印)、电子秤、磁卡阅读器、条形扫描器、封闭式钱箱、信息传送设备(将销售信息随时传送到电脑信息管理中心)等。

POS 系统的运用大大提高了零售商业企业日常的销售及管理效率,提高了零售商业企业的物流管理水平和信息统计水平。

## (三)EOS 电子订货技术系统

EOS(Electronic Ordering System)系统是指社会各批发商、制造商、代理商等与需求企业之间,以及连锁经营企业的配送中心与分店之间,运用电子订货技术进行所需商品的采购、运输、调配等的管理与控制活动。

在现代商务环境下,销售企业通过互联网或者企业内部网建立网上商品配送信息中心,通过网上配送信息中心进行查询,并通过 EOS 技术进行订货。

在连锁经营情况下,连锁经营企业的总部或者配送中心通过 EOS 技术记录各店的每一笔零售经营数据,每日在规定的时间将分店所销售的商品、需要订购的商品种类、数量等信息传送给总部,总部进行汇总、分析后,再分别传送给配送中心和供货商,最后统一结算。

## (四)SIS 决策支持信息系统

SIS(Strategic Information System)是指为商业经营和决策提供信息的电脑软件系统。这些信息包括商品库存结构、库存数量、采购与进货的时机与数量、企业的销售情况等。有效的决策支持信息系统会给经营者带来快速、科学、高效的决策效果。

## (五)EDI 电子数据交换技术

EDI(Electronic Data Interchange)是指将各类商务活动按照公认的标准,形成结构化的信息处理文档数据格式,以及从电脑到电脑的电子传输方式。即将商业文件标准化和格式化,并通过计算机网络在贸易伙伴的网络系统之间进行数据交

# 第九章 商品流通的电子商务应用
## Chapter Nine

换和自动处理。

由于 EDI 应用,有效减少直至取消了商业活动中各种纸质证单,因此又被称为"无纸贸易"或者"无纸商业交易"。

EDI 系统的建立主要有四个要素:计算机硬件、计算机软件、通信网络设施和标准化的数据文档格式。

### (六)物流过程中的电子商务技术

商品实体的运输、储存、配送等物流过程是现代商贸活动的重要组成部分。在电子商务技术不断发展的条件下,大量电子商务技术应用到了物流的管理与运行过程中。目前,在物流过程中常用的电子商务技术主要包括:条码技术(Bar Code)、数据库技术(Database)、电子订货系统(EOS)、电子数据交换技术(EDI)、射频识别技术(RFID)、企业物流资源计划系统(ERP)、GPS 物流运行的全球定位技术,等等。这些电子商务技术广泛应用于物流过程中信息采集、库存管理、作业控制、自动分拣、物流计划、订货送货、物流跟踪等过程和环节中,对商品物流过程中管理方式、经营模式、效率和效益都产生了重大的积极影响。

## 第二节 电子商务的应用与发展

### 一、我国发展电子商务的重要意义

#### (一)电子商务是商品流通企业发展必备的现代信息技术手段

我国实行的是市场经济体制,同时,我国加入世界贸易组织之后,与国际市场的经济联系越来越密切、越来越广泛,在如此广泛而复杂的市场大环境下,各个行业和各类企业必然面临着十分复杂的市场供求环境。有人认为当前和今后的社会是信息社会,当前和今后的经济发展根本离不开信息技术。依靠互联网技术而构建的电子商务技术能够彻底打破企业原来在收集市场供求信息方面所受到的时间、空间、渠道、方式和人力资源等方面的限制,能够从全国市场范围甚至世界市场范围,准确、快捷、及时地了解企业所关心的市场供求信息、投资政策、项目招商、汇率和股市信息,使企业能够及时、准确地抓住商机,创造出更多新的业务拓展与发展机会。在物流领域,相关企业可以通过电子商务技术进行报关、下单、运输、装卸、跟踪、结算等业务,大大提升了物流企业的效率,降低了企业的经营成本等。总之,电子商务是当前和今后我国商品流通企业生存、竞争与发展所必须具备的现代信息技术手段。

### (二)电子商务改变了商品流通企业的生产经营与管理方式

在企业的生产过程中,利用电子商务技术,可以使整个生产系统,特别是物流与生产线实现在正确的时间,以正确的数量,即时到达每个生产工序,从而大幅度降低生产经营成本,提高生产效率。

在库存管理方面,利用电子商务技术,可以在商品的出入库、库存量、库存结构、采购时间与采购量、库存商品合理摆放等方面大幅度提高其合理性、准确性、高效性,甚至可以替代人工实现全方位的信息化、自动化和机械化的库存管理。

在商贸服务业领域,大量的商贸企业通过电子商务平台实现了"无店铺销售",打破了具有悠久历史的"到实体店消费"的传统购物方式;许多酒店、影院、餐饮、旅游景点等服务行业也实行了网上订购的销售方式;等等。这些无店铺的网络销售方式大大拓展了广大消费者的购物方式,对传统实体商店,特别是百货商店等业态形成了很大的市场竞争压力。

在企业或者农户的产品营销方面和市场需求方面,可以利用相关电子商务平台,"不出家门",不受时间和空间限制,不受国内市场和国外市场的限制,在网上宣传、推介产品,或者寻求自己所需要的产品、原材料等,大大提高了他们的营销效率,而且可以达到全国化甚至全球化的采购水平。

在政府对企业的管理以及企业之间的商贸往来中,大量企业通过专业电子商务平台,实现网上报关、纳税、招商、商业谈判、订购、转账、结算等业务,完全改变了以前依靠人力来完成的大量事务和业务。

### (三)电子商务能够全方位提升全社会的劳动生产率

电子商务能够使商品流通企业与顾客之间突破地域、时间、范围、销售与结算方式的界线,更加方便顾客购物,提升了企业的销售效率,甚至可以用"零售业的革命"来形容电子商务在零售领域的应用。

电子商务能够帮助生产企业更加有效、准确、快捷、及时地管理企业内部的生产过程,包括原材料的进货、库存量和库存结构的管理、按时按量给生产线配送原材料、与需求方进行订单交易、处理资金往来、办理结算业务,有效降低了企业的采购成本、库存成本、生产积压与损耗,加快了生产运转和资金运行。

电子商务彻底改变了原来企业与企业之间的经济与业务往来方式,基本上消除了采购人员和业务人员"满天飞"的现象,坐在办公室内就可以通过相关的电子商务技术,进行企业之间的营销宣传、业务谈判、订单签订、物流运输、货款结算等,全方位提升了整个经济社会的劳动生产效率。

总之,相对于传统的"手工商务"而言,电子商务在速度、时间、空间、准确性、及时性、节省人力等方面有着十分突出的优势,电子商务的大量应用全方位地提升了全社会的劳动生产率。

## 二、我国电子商务发展过程中需要完善的问题

我国电子商务在发展过程中,虽然对提高企业劳动生产效率、提高企业经营管理水平、方便消费者购物等方面都有十分积极的作用,但是在发展过程中也暴露出了一些问题、漏洞和不完善的地方,需要不断地加以完善。

### (一)电子商务的安全问题

由于互联网软硬件存在技术缺陷,例如,网上信息的可窃取性、可复制性和可伪造性等,使建立在该技术基础上的电子商务常常出现网上诈骗、网上盗窃等多种多样的非法行为,包括企业和消费者个人信息的身份真实性、交易内容的可靠性、交易行为的不可抵赖性、保密性、完整性、不可窃取性等,影响了电子商务的健康发展。

### (二)电子商务本身的技术衔接问题

目前,电子商务信息技术快速发展,开发出来的各种电子商务应用平台五花八门,导致不同类型的电子商务应用平台彼此不能协调一致,甚至相关的交易和商务信息无法顺利交流和传输。

另外,我国目前还缺乏电子商务软件应用平台设计与开发的关键性技术标准与规范,许多研究机构和软件开发商在开发各类软件或者构建电子商务平台时,技术和标准不统一,形式杂乱,统一性、协调性差,在身份认证、数字签名、协议与加密等方面技术水平参差不齐、体系不统一等,这些问题都是制约电子商务跨平台、跨行业、跨地区、跨国界运行的重要障碍。

### (三)我国电信体制存在条块分割问题

从我国经济运行的角度以及与国际市场联系的角度来看,我国各电信运营公司之间的网络运行平台和相关的技术体系应该互联互通、顺畅运行,才能更

好地达到电子商务的方便、快捷、高效,降低运行成本,提升经营管理水平的目的,以及提升我国企业参与国际市场的深度和广度的目的。但是,由于我国在电信管理体制、相关法规、技术规范等方面仍然存在不完善、不规范、不到位的情况,使我国目前电信市场实质上被少数大公司垄断,市场集中度较高,竞争不充分,这些大公司从自身经济利益出发,各自推出了自己的电子商务技术体系,使我国的主干网络存在技术层面不对接、服务内容不统一、收费标准不一致等许多不能有机协调和统一的问题,互联网的效用没有得到良好的发挥,影响了电子商务的发展。

### (四)电子商务法律法规建设滞后

电子商务是信息时代的新兴产业,面对快速发展的商品交易与计算机网络技术相结合的电子商务技术,以及同时出现的五花八门的网上诈骗、网上盗窃、侵害消费者权益等各种不良行为,我国信息产业行政管理部门、商务行政管理部门等近年来也出台了相关法规,但是总体上看,这些法规存在内容不健全、不配套、不完善、不统一、难以落实和难以操作等问题。

电子商务法律法规建设相对滞后在很大程度上制约了我国电子商务的健康、良性发展,是我国今后需要努力改进和完善的重要工作。

## 三、网购方式与传统购物方式的优势与劣势

### (一)网上购物与百货商场之间的竞争优劣势对比

目前,有些观点认为,基于互联网技术的网上购物方式在我国的快速发展,使我国传统的实体店,特别是最具代表性的百货商场业态,以及我国大量存在的服装、百货、轻工等批发市场,已经没有发展前途了。实际上,我国大量的百货商场和相关批发市场的确存在如何应对网上购物时代到来所带来的巨大挑战。

综合我国理论界的研究成果和大量的国内外实践经验,网上购物与传统实体店之间,以及与传统生活资料批发市场之间,并不存在"替代关系",即网上购物的发展并不会必然取代百货商场等实体店。网上与百货商场实体店购物各有优势与劣势。现将网上购物与百货商场实体店在市场竞争中的优势与劣势具体表述如下:

1. 顾客选择在"百货商场实体店购物"的比重超过在"网上购物"的比重的商品主要有(按我国大多数百货商场内商品的柜组名称分类):"珠宝类""黄金类"

"表类""化妆品""女大装""男大装""婴幼儿服饰""婴幼儿用品""针织羊绒衫""内衣类""厨具用品"等。

2. 顾客选择在"网上购物"的比重超过在"百货商场实体店购物"的比重的商品主要有:"箱包、皮带、钱包""少淑装""婴幼儿玩具书籍""床上用品"等。

3. 在食品方面,顾客选择在"网上购物"的比重超过在"超级市场"等实体店购物的比重的商品主要有:保质期长、不易变质的食品,包装比较严密的罐装、袋装、瓶装食品,实体店买不到的国外品牌食品等;而大量的新鲜蔬菜、水果、肉禽蛋等食品主要还是在实体店购买。

观察上述三个方面消费者在"网上"和"实体店"的购物行为,我们可以总结出以下两个突出特点:

第一,贵重商品(黄金、珠宝等)、涉及健康和卫生的商品(化妆品、婴幼儿用品、内衣等)、体验性要求较强的商品(男女大装类、鞋类)、对商品质量要求较高的商品(针织羊绒衫等)、对保鲜要求高的食品等,顾客选择在百货商场或在超级市场实体店购物的比重较高。这些现象表明,顾客选择在百货商场、超级市场购买这些商品,主要与其对实体店出售的商品"质量放心""新鲜度好""售后服务有保证""可以现场消费体验"等购物心理有很大关系。因此,与网上购物相比,百货商场、超级市场等实体店在这些商品的销售中具有竞争优势。

第二,休闲性商品、时尚性商品、价值不高的商品、不用担心质量问题的商品,如少淑装、皮带、钱包、婴幼儿书籍等商品,顾客选择在网上购物的比重较高。这些现象表明,顾客是比较认可在网上购物"方便"、"选择性强"和"价格便宜"等优势的。换言之,广大顾客对一些价值不高、质量比较稳定、时尚性休闲性强、购买体验性要求不高的商品,更看重网购的方便性、选择性和价格便宜的优势。因此,与实体店相比,网上购物在这类商品的销售中具有竞争优势。

### (二)网购环境下传统百货商场的改革与创新

通过上面对网上购物与百货商场之间竞争优劣势的对比,说明虽然网上购物的快速发展并不能完全"替代"百货商场等实体店,但是确实给以百货商场为代表的实体店带来了巨大的市场竞争压力。我国传统百货商场等实体店在当前和今后的发展过程中,面临着如何适应新形势的改革与探索的巨大挑战。以百货商场为例,今后应该在以下几个方面进行改革与创新。

1. 全面创新经营与服务模式。大型百货商场原来的商品种类及柜组设计,以及纯粹"卖商品"的经营模式已经不能适应新的商业竞争环境和消费者需求了,必须探索和创新内容更加丰富的销售服务模式。一是要科学设计和调整经营与服务内容,以及营业场所的布局,增加顾客在休闲、餐饮、娱乐等方面经营与服务的内容,营造内容更加丰富、更加舒适的购物与休闲环境。二是要充分运用现场、网络、微信等各种手段,与生产厂商联手,探索订制、订购、预约等个性化的销售服务制度,全面提升百货商场所经营商品的选择性与个性化服务水平。

2. 深化企业内部改革,降低运行成本。传统百货商场今后要将提高企业内部的管理与经营效率、降低经营成本,作为企业深化改革的重要内容,力争在使百货商场平均利润率不下降或者少下降的前提下,有针对性地降低百货商场相关商品的销售价格水平,特别是对前面分析得出的相对于网购处于竞争劣势的商品,要尽量缩小甚至持平与网购的价格差别。

3. 重新组合商品结构。积极探索百货商场新型商品品类结构,特别是针对20~50岁女性主力顾客群体,有针对性地增加相关商品的品种、品牌、款式、花色等方面的丰富程度,进一步强化百货商场具有竞争优势的商品种类的选择性;提升处于竞争劣势的商品种类对顾客的吸引力。

4. 努力提高百货商场的诚信水平。一是要通过严格的制度建设,努力提升百货商场的质量管理和诚信销售水平,在顾客心目中树立良好的信誉。二是要进一步细化送货、退货、顾客投诉、纠纷处理制度,通过严格的培训,大幅度提升销售人员和柜台营业人员接待顾客的水平。

5. 制定有针对性的营销战略。要充分研究主力顾客群体的购物心理和需求特征,通过服装表演、亲子活动、节日优惠等有力措施,设计和组织常态化的营销活动,拉近商场与主力顾客之间的关系。

6. 积极探索电子商务零售方式,构建百货商场自己的网络销售平台、送货体系和结算体系,扩大与顾客联系的市场空间。

**复习思考题:**
1. 我国目前的电子商务运营模式主要有哪些?
2. 我国电子商务的发展现状和存在的问题有哪些?
3. 网上购物方式与实体店购物方式之间的优势与劣势有哪些?
4. 网购环境下传统百货商场应如何进行改革与创新?

# 第十章 现代服务业

### 学习重点

1. 现代服务业主要涵盖的领域和发展现代服务业的意义;
2. 技术服务业、文化产业、会展业、服务外包业的概念、特点与内容;
3. 我国现代服务业在发展过程中存在的问题与改革探索。

## 第一节 科技服务业

### 一、科技服务业概述

#### (一) 科技服务业的概念

科技服务业是运用现代科学技术知识、与科技相关的分析研究方法、国内外现代科学技术前沿信息和科技供求信息等,向社会提供智力、科技信息和知识产权保护等方面服务的新兴产业。科技服务业具有人才智力密集、科技含量高、产业附加值大、对产业和经济发展的辐射和带动作用强等特点。

科技服务业属于第三产业范畴,也是现代服务业的重要组成部分。我国社会主义市场经济发展到现在,社会生产总体水平有了很大的提升,所涉及的领域越来越广泛,生产经营过程中对相关科学技术的需求也越来越多、越来越深。但是,大量的企业由于所在专业领域、人才结构、资金和精力等诸多原因,对自身所涉及的有关专项科学技术无法及时、全面地掌握和应用,因此,专门提供科技服务的企业、行业和产业便逐步发展起来。科技服务业的产生与发展是社会生产力水平越来越高、社会化分工越来越细的必然产物。科技服务业是当前和今后推动我国劳动生产力发展、产业结构升级优化、创造新的经济增长点的关键产业之一。

### (二) 科技服务业的范围与内容

现代科学技术的内容十分复杂,科技服务业所涉及的范围与内容也同样十分复杂。从一般意义上讲,科技服务业包括科学研究、专业技术服务、技术推广、科技信息交流、科技培训、技术咨询、技术孵化、技术市场、知识产权服务、科技评估和科技鉴证等领域或行业。

在我国国务院和经济发展与改革委员会制定的《产业结构调整指导目录》中,将科技服务业所涉及的范围和相关内容划分为 11 个方面,具体如下:

1. 科学技术性服务。其中包括工业设计、气象、生物、新材料、新能源、节能、环保、测绘、海洋等专业的设计、咨询、策划、技术支持等科技服务;还包括产品的质量认证、产品或者工程的质量检测服务、科技普及性活动等。

2. 网络信息技术服务。包括在线数据与交易处理、IT 设施管理和数据中心服务、移动互联网服务、互联网会议电视及图像服务等。

3. 信息平台及相关的服务。包括行业(企业)管理和信息化解决方案开发、基于网络的软件服务平台、软件开发和测试服务、信息系统集成、咨询、运营维护和数据挖掘等业务。

4. 文化、地理、通信和贸易信息技术服务。包括手机媒体、网络出版、数字音乐服务;地理、贸易等领域信息资源开发服务等。

5. 数字化技术服务。包括数字化技术、高拟真技术、高速计算技术等新兴文化科技支撑技术的建设及服务。

6. 分析与测试技术服务。包括有关项目的分析、试验、测试服务,技术咨询与研发服务,智能产品整体方案、人机工程设计、系统仿真等方面的设计与服务。

7. 数据恢复和灾备服务。包括信息安全防护、网络安全应急支援服务,云计算安全服务、信息安全风险评估与咨询服务,信息装备和软件安全评测服务,密码技术产品测试服务,信息系统等级保护安全方案设计服务。

8. 科技信息服务。包括科技信息交流、文献信息检索、技术咨询、技术孵化、科技成果评估和科技鉴证等服务。

9. 知识产权服务。包括知识产权代理、转让、登记、鉴定、检索、评估、认证、咨询和相关投融资服务。

10. 工程技术服务。包括工程技术研究服务、工程实验服务、高新技术创业服务、新产品开发设计服务、科研中试服务等。

11. 信息技术外包服务。包括相关技术设计外包服务、业务流程外包服务、知识流程外包服务等。

## 二、我国科技服务业的发展战略

虽然近年来我国科技服务业发展势头良好,服务内容不断丰富,服务模式不断创新,新型科技服务组织和服务业态不断涌现,服务质量和服务能力稳步提升,但是总体来看,我国科技服务业仍然处在初期发展阶段,存在的问题与不足主要有:科技服务业的市场主体发育不健全、服务机构专业化水平不高、高端服务业态发展滞后、缺乏知名品牌的高端服务企业、科技服务业的发展环境不完善、科技服务业的复合型人才缺乏等。

### (一)发展科技服务业的指导思想

我国促进科技服务业发展的指导思路是:深入贯彻落实党和国务院的决策部署,充分发挥市场在资源配置中的决定性作用,以支撑创新驱动发展战略实施为目标,以满足科技创新需求和提升产业创新能力为导向,深化科技体制改革,加快政府职能转变,完善政策环境,培育和壮大科技服务市场主体,创新科技服务模式,延展科技创新服务链,促进科技服务业专业化、网络化、规模化、国际化发展,为建设创新型国家、打造中国经济升级版提供重要保障。

### (二)科技服务业的发展目标

我国科技服务业的发展目标是:2020年,基本形成覆盖科技创新全链条的科技服务体系,服务科技创新能力大幅增强,科技服务市场化水平和国际竞争力明显提升,培育一批拥有知名品牌的科技服务机构和龙头企业,涌现一批新型科技服务业态,形成一批科技服务产业集群,科技服务业产业规模达到8万亿元,成为促进科技与经济结合的关键环节和经济提质增效升级的重要引擎。

### (三)发展科技服务业的重点任务

1. 研究开发及其服务。加大对基础研究的投入力度,支持开展多种形式的应用研究和试验发展活动。支持高校、科研院所整合科研资源,面向市场提供专业化的研发服务。鼓励研发类企业专业化发展,积极培育市场化新型研发组织、研发中介和研发服务外包新业态。支持产业联盟开展协同创新,推动产业技术研发机构面向产业集群开展共性技术研发。支持发展产品研发设计服务,促进研发设计服务企业积极应用新技术提高设计服务能力。加强科技资源开放服务,建立健全高校、科研院所的科研设施和仪器设备开放运行机制,引导国家重点实验室、国家工程实验室、国家工程(技术)研究中心、大型科学仪器中心、分析测试中心等向社会开放服务。

2. 技术转移服务。发展多层次的技术(产权)交易市场体系,支持技术交易机构探索基于互联网的在线技术交易模式,推动技术交易市场做大做强。鼓励技术转移机构创新服务模式,为企业提供跨领域、跨区域、全过程的技术转移集成服务,促进科技成果加速转移转化。依法保障为科技成果转移转化做出重要贡献的人员、技术转移机构等相关方的收入或股权比例。充分发挥技术进出口交易会、高新技术成果交易会等展会在推动技术转移中的作用。推动高校、科研院所、产业联盟、工程中心等面向市场开展中试和技术熟化等集成服务。建立企业、科研院所、高校良性互动机制,促进技术转移转化。

3. 检验检测认证服务。加快发展第三方检验检测认证服务,鼓励不同所有制的检验检测认证机构平等参与市场竞争。加强计量、检测技术、检测装备研发等基础能力建设,发展面向设计开发、生产制造、售后服务全过程的观测、分析、测试、检验、标准、认证等服务。支持具备条件的检验检测认证机构与行政部门脱钩、转企改制,加快推进跨部门、跨行业、跨层级整合与并购重组,培育一批技术能力强、服务水平高、规模效益好的检验检测认证集团。完善检验检测认证机构规划布局,加强国家质检中心和检测实验室建设。构建产业计量测试服务体系,加强国家产业计量测试中心建设,建立计量科技创新联盟。构建统一的检验检测认证监管制度,完善检验检测认证机构资质认定办法,开展检验检测认证结果和技术能力国际互认。加强技术标准研制与应用,支持标准研发、信息咨询等服务的发展,构建技术标准全程服务体系。

4. 创业孵化服务。构建以专业孵化器和创新型孵化器为重点、综合孵化器为支撑的创业孵化生态体系。加强创业教育,营造创业文化,办好创新创业大赛,充分发挥大学科技园在大学生创业就业和高校科技成果转化中的载体作用。引导企业、社会资本参与投资建设孵化器,促进天使投资与创业孵化紧密结合,推广"孵化+创投"等孵化模式,积极探索基于互联网的新型孵化方式,提升孵化器的专业服务能力。整合创新创业服务资源,支持建设"创业苗圃+孵化器+加速器"的创业孵化服务链条,为培育新兴产业提供源头支撑。

# 第十章 现代服务业

5. 知识产权服务。以科技创新需求为导向,大力发展知识产权代理、法律、信息、咨询、培训等服务,提升知识产权分析评议、运营实施、评估交易、保护维权、投融资等方面的服务水平,构建全链条的知识产权服务体系。支持成立知识产权服务联盟,开发高端检索分析工具。推动知识产权基础信息资源免费或低成本向社会开放,基本检索工具免费供社会公众使用。支持相关科技服务机构面向重点产业领域,建立知识产权信息服务平台,提升产业创新服务能力。

6. 科技咨询服务。鼓励发展科技战略研究、科技评估、科技招投标、管理咨询等科技咨询服务业,积极培育管理服务外包、项目管理外包等新业态。支持科技咨询机构、知识服务机构、生产力促进中心等积极应用大数据、云计算、移动互联网等现代信息技术,创新服务模式,开展网络化、集成化的科技咨询和知识服务。加强科技信息资源的市场化开发利用,支持发展竞争情报分析、科技查新和文献检索等科技信息服务。发展工程技术咨询服务,为企业提供集成化的工程技术解决方案。

7. 科技金融服务。深化促进科技和金融结合试点,探索发展新型科技金融服务组织和服务模式,建立适应创新链需求的科技金融服务体系。鼓励金融机构在科技金融服务的组织体系、金融产品和服务机制方面进行创新,建立融资风险与收益相匹配的激励机制,开展科技保险、科技担保、知识产权质押等科技金融服务。支持天使投资、创业投资等股权投资对科技企业进行投资和增值服务,探索投贷结合的融资模式。利用互联网金融平台服务科技创新,完善投融资担保机制,破解科技型中小微企业融资难问题。

8. 科学技术普及服务。加强科普能力建设,支持有条件的科技馆、博物馆、图书馆等公共场所免费开放,开展公益性科普服务。引导科普服务机构采取市场运作方式,加强产品研发,拓宽传播渠道,开展增值服务,带动模型、教具、展品等相关衍生产业的发展。推动科研机构、高校向社会开放科研设施,鼓励企业、社会组织和个人捐助或投资建设科普设施。整合科普资源,建立区域合作机制,逐步形成全国范围内科普资源互通共享的格局。支持各类出版机构、新闻媒体开展科普服务,积极开展青少年科普阅读活动,加大科技传播力度,提供科普服务新平台。

9. 综合科技服务。鼓励科技服务机构的跨领域融合和跨区域合作,以市场化方式整合现有科技服务资源,创新服务模式和商业模式,发展全链条的科技服务,形成集成化总包、专业化分包的综合科技服务模式。鼓励科技服务机构面向产业集群和区域发展需求,开展专业化的综合科技服务,培育发展并壮大若干科技集成服务商。支持科技服务机构面向军民科技融合开展综合服务,推进军民融合深度发展。

## 第二节 文化产业

### 一、文化产业的概念

#### (一)文化产业的概念

目前,发达市场经济国家对文化产业的概念表述还没有形成一个统一的认识。日本理论界比较流行的观点是,凡是与文化相关联的产业都属于文化产业,包括演出、影视、出版、广播、娱乐等。美国甚至没有"文化产业"这样的提法,他们一般称为版权产业,主要是从文化产品具有知识产权的角度进行界定的。

我国文化部制定的《关于支持和促进文化产业发展的若干意见》中,将文化产业界定为:从事文化产品生产和提供文化服务的经营性行业。文化产业是与文化事业相对应的概念,两者都是我国社会主义文化建设的重要组成部分。从理论上看,两者之间的区别如下:

文化事业最为重要的特征是,所从事的各项文化活动和项目不是以营利为目的,而是为了普及教育、提倡精神文明、弘扬民族文化、宣传党的方针政策等,而在政府主导下从事的非营利性的教育、出版、文体活动、影视作品、宣传展览等。

文化产业最重要的特征有两个:一是营利性,即各种从事文化产品经营的机构、企业等为了满足广大人民群众对各类文化产品的消费需求,投资、策划、制作、生产各类文化产品,并通过经营和销售的方式回收投资,获得一定的利润。二是产业关联性和产业集聚性,即从事经营性和营利性文化产品的企业、机构和环节等形成了横向之间和纵向之间的各种关联性或者集聚性产业性体系。国家统计局在《文化及相关产业分类(2012)》文件中,把文化产业定义为:为社会公众提供文化产品和文化相关产品的生产活动的集合。现实中,影视制造商、发行商、电视台、电影院之间的关系;某些城市中动漫产业园和文化产业孵化基地内集聚的大量同类或者相关企业群;构成各种职业体育比赛(如足球、篮球、网球等)运行的企业出资者、运动员、比赛场馆、广告商、广大观众等之间的相互关系等都属于文化产业。

## （二）文化产业产生与发展的环境

文化产业的产生与发展是一种富裕性标志。随着我国经济发展水平、广大人民群众收入水平和生活水平的不断提高，全社会对涉及文化方面的享受性、娱乐性需求也越来越多、越来越丰富，这在客观上形成了催生文化产业产生与发展的外部环境，各种从事文化产品经营的机构、企业等为了满足这些需求，提供经营性和营利性的各类文化消费项目，广大人民群众也乐于掏钱来购买这类文化服务，从而不断促进文化产业的发展。

## 二、文化产业的范围与内容

文化产业所涉及的范围与内容十分复杂，国内外理论界至今没有统一的看法。根据我国国家统计局《文化及相关产业分类（2012）》文件的划分，现将我国文化产业范围与内容的分类陈述如下。

### （一）文化产品的生产与经营

1. 新闻出版发行服务，包括新闻服务、出版服务、发行服务等。
2. 广播电视电影服务，包括广播电视服务、电影和影视录音服务等。
3. 文化艺术服务，包括文艺创作与表演服务、图书馆与档案服务、文化遗产保护服务、群众文化服务、文化研究服务等。
4. 文化信息传输服务，包括互联网信息服务、广播电视传输服务等。
5. 文化创意和设计服务，包括广告服务、建筑设计服务、专业设计服务等。
6. 文化休闲娱乐服务，包括景区游览服务、动物园管理服务、植物园管理服务、游乐园服务、歌舞厅娱乐服务、电子游艺厅娱乐服务等。
7. 工艺美术品的制作与经营，包括雕塑工艺品制作、金属工艺品制作、漆器工艺品制作、花画工艺品制作、天然植物纤维编织工艺品制作、珠宝首饰及有关物品制作、园林制作、陶瓷制品的制作；以上这些雕塑、首饰、美术、工艺品等的批发与零售等。

### （二）文化相关产品的生产与经营

1. 文化产品的辅助性生产与经营，包括知识产权服务、书报刊印刷服务、包装装潢服务、文化娱乐经纪服务、拍卖服务、会展服务等。

2. 文化用品的生产与经营,包括办公用品、乐器、玩具、游艺器材及娱乐用品、视听设备、文化用纸张油墨颜料、舞台照明设备、广播电视电影专用设备、印刷专用设备等的制造与销售。

## 第三节　会展业

### 一、会展业的概念、作用与特点

#### (一)会展业的概念

会展业是会议业、展览业和节事活动的总称,属于新兴服务行业,是指专门从事有关会展业务的策划、组织、举办、运营、管理,并通过经营会展而取得一定利润的各类企业所构成的行业。

从历史上看,欧洲是世界会展业的发源地,欧洲会展业也是整体实力最强、规模最大、知名会展企业和会展品牌最多的地区,其中,德国是世界头号会展强国。美国、加拿大、澳大利亚、巴西、阿根廷、墨西哥、新加坡、日本、新加坡、阿联酋和中国香港等,都是当今会展业发展较好的国家和地区。

会展业的发展与繁荣与该国综合经济实力和经济总体规模相对应,经济发展水平越高的国家或地区,对会展业的发展需求也就越大,会展业也就越发达;同时,发达的会展业对当地、当事国的经济发展也具有良好的促进作用。

#### (二)会展业的作用

第一,会展业具有较强的互动共赢效应。会展业不仅能带来场租费、管理费等直接收入,还能直接或间接带动相关多个行业的发展。另外,会展的发展还能间接地带动零售业、餐饮业、住宿业、交通运输业、通信业、广告业,甚至旅游业和印刷业等行业的发展。有理论认为,一个好的会展业对经济拉动效应能达到1∶9,甚至更高。

第二,会展业具有较好的汇聚资源效果。通过展会的举办,能够汇聚巨大的信息流、技术流、商品流和人才流,意味着相关行业在产品、技术、生产、营销等方面能够得到更为直接而有效的交流,对优化配置资源、增强综合竞争力都有十分

# 第十章 现代服务业

积极的作用。

第三,会展能够创造和增加就业机会。随着近年来我国办展活动的增多,不仅刺激和增加了直接从事会展业的岗位和就业人员的数量,而且促进了服务和配套于会展业的行业的发展,带动了这些行业就业岗位的增加。

第四,专业会展对带动产业发展、调整产业结构具有十分积极的作用。国家或者地区所举办的专业性会展,要么反映了该国或者该地区某个行业或者产业繁荣发展的水平和趋势;要么代表了该国或者该地区需要引领或者倡导的有关产业的发展。专业会展对带动国家或者地区相关产业的发展以及产业结构的调整,具有十分积极的作用。

### (三)会展业的特点

会展业具有以下几个方面的特点:

1. 直观性强。展会上展出的相关产品的样式、特点、质地、操作性、重量、口感等都可以在现场直接观察体验到,同时还可以通过讲解员面对面的讲解,使观众能够更加深入地了解参展产品的信息。

2. 信息集中性高。在展会上,特别是专业展会上,全世界、全国或者同行业的同类企业、同类产品都会集中在展会上,产品的质量信息、销售价格、技术创新信息、前沿发展趋势等,能够同时显示出来。

3. 降低交易成本。在市场经济体制环境下,信息常常处于不对称的状态,为了进行各种经济联系和产品交易,企业必须抽出一定的人力、物力和财力。通过展会,所有同行或者相关的企业、产品、服务等都集中在展会上展示出来,可以大大节约交易成本,提高交易效率。美国国际展览研究中心的研究结果显示,通过展览实现的产业销售成本只是传统促销成本的一半。

## 二、会展的分类

### (一)按会展的种类分类

按会展业的种类不同,可以分为展览会、博览会、洽谈会、交易会、展示会、展销会、订货会、采购会等。

### (二)按会展的范围分类

按会展业范围的不同,可分为国际会展、全国会展、区域会展和地区会展。

1. 国际会展是指在某个承办国举办,由多个国家参加的国际化的展览会。目前,全世界每年举办的国际大型会展在数万个以上,所带来的相关经济收益达数千亿美元。

2. 全国性会展是指市场覆盖面涉及全国的展览会。

3. 区域性会展是指某些地区(如中西部地区、珠三角地区等)、某些省区范围内举办的展览会。

4. 地区性会展是指在某些市、县举办的小型展览会。

### (三)按会展的专业性分类

根据会展专业性的不同,可分为综合性会展和专业性会展。

综合性会展包含的内容相对较杂,覆盖的展品种类也比较多,如日用工业品展览可能涉及服装、家用电器、洗涤用品、厨房用品等。

专业性会展包含的内容比较单一,专业性较强,如农业机械展览、家用汽车展览、环保设备展览等,都属于这种类型。

从当前会展业的发展趋势来看,专业性会展是会展业发展的主流。

## 三、会展的举办方式

从国内外大量会展发展的情况来看,会展的举办方式大致有以下四种:

(1)在政府主导下举办的展览会,甚至是政府直接举办的展览会。政府主导下举办展览会的主要目的是,政府为了推动或者扶持某个产业、某个项目,通过举办展览会的方式扩大该产业或者该项目的影响力,加强与市场的联系。需要注意的是,政府主办型不是会展业的发展方向,只是辅助形式。我国目前正在进行会展管理方式改革,改革的主要内容就是减少政府主办会展的次数和直接管理方式,培育通过市场方式,由企业举办会展,走市场化的会展经济发展道路。

(2)由会展企业策划、组织、举办的会展。国外会展经济发达的国家的绝大多数会展都是由会展企业主办的。由会展企业主办的会展十分注重会展的直接经济效益,能够更加接近市场的需求。

(3)"自办模式",即办展会的企业不仅拥有自己的专业展览场馆,而且是本企业自己策划、组织和举办各类展会。

(4)"他办模式",即会展企业自己没有专业展览场馆,每次举办展会时都要租赁展览场馆和相应的专业设备。换言之,拥有展览场馆的企业只出租场馆和设备,不组织和举办展会。

## 四、会展的基础设施

会展的基础设施包括:举办展会的专用展馆或者场所;支持会展运行的供水、供电、互联网络、通信、影视、专用设备等技术设施;服务于会展的相关道路、停车场、住宿、餐饮等配套设施。

随着我国会展经济的不断发展,许多会展的规模和影响力也越来越大,对相关经济的促进和推动作用也越来越明显。在这种发展趋势下,我国不仅对展览场馆本身的面积、规模、设备水平的要求越来越高,而且对配套的交通、通信、住宿、餐饮等方面基础设施和配套体系的要求也越来越高。因此,会展基础设施的建设与发展也是关系着我国会展经济能否健康发展。

## 五、会展的管理制度与相关法规

举办展会时,一定会涉及举办展会的内容、谁来举办、办展会的时间和地点、对城市相关地区交通、环境的影响等问题,还会涉及展出产品或者项目的知识产权保护等问题。因此,无论是国外还是国内,都必须要有十分健全和规范的会展管理制度和法律保障体系。

改革开放以来,我国为了规范会展经济的发展,已经持续探索和制定了许多有关会展方面的政策与法规。例如,1998年,原对外贸易经济合作部下发和实行的《关于审核境内举办对外经济技术会展主办单位资格的通知》《对外贸易经济合作部关于在境内举办对外经济会展管理暂行办法》,国家工商行政管理总局制定的《商品展销会管理办法》;2000年,原信息产业部制定的《信息产业部会展管理暂行规定》;2001年,国家贸促会和原外贸部制定的《出国举办经济贸易会展审批管理办法》;2004年,海关部署、商务部制定的《关于在我国境内举办对外技术会展有关管理事宜的通知》等。

另外,国际上最早以成文立法形式出现的法规是《国际博览会联盟章程》和《德国会展协会章程》,以及我国在1993年4月加入的《国际会展公约》等。

总体上看,我国会展经济相关法律法规和管理方式仍然存在不完善、不健全、不合理的地方,深化和探索这方面的改革与建设,是我国发展会展经济的重要内容之一。

# 第四节 服务外包业

## 一、服务外包及服务外包业的概念

### (一)服务外包的概念

服务外包或者服务外包业务是指在经济繁荣发展、市场竞争日趋激烈的环境下,许多企业为了简化企业自身的经营管理内容,集中人力、财力和时间,专注企业的核心业务,从而达到降低成本、提高办事效率和质量、增强企业核心竞争力的目的,将企业的一些非核心业务或者本企业做不好的专业性很强的有关业务,通过购买服务的方式,利用外部最优秀的专业化企业或者机构承接和完成这些业务的方式。

### (二)服务外包业的概念

由于社会上许多企业存在服务外包业务的购买需求,催生和促进了大量专门从事各类服务外包业务的企业,这些众多企业构成了一个专门的行业或产业,即服务外包业。服务外包产业(service outsourcing industry)的发展进一步促进了社会分工向精细化、专业化方向发展。

## 二、服务外包的意义与特点

### (一)服务外包的意义

生产和服务环节的国内和国际分工细化与专业化催生了服务外包的需求。具体来讲,企业的服务外包具有如下意义:

1. 服务外包可以提升企业自身的核心竞争能力。企业的核心竞争力不是表现在一般性技术方面,而是表现在核心技术方面,因此,企业把一般技术的生产和服务外包出去,集中精力开发核心技术,能够最大限度地增强企业的市场竞争力。

2. 服务外包可以充分利用外部资源。我国经济发展越来越呈现出开放化、全球化的趋势。企业完全可以利用开放的市场环境,通过服务外包的形式,充分利用国内外最好的知识、技术、研发、服务等优势,大大提升企业自身的经营与管理质量。

3. 服务外包可以降低企业运行成本,提高企业运行效率。企业成本最小化、利润最大化是增强企业核心竞争力的关键。由于人才、精力、财力等因素的制约,任何一个企业都不可能将企业内部的每个环节、每个项目、每个业务做到最好,企业将自身的非核心业务或者做不好的业务外包出去,将企业的资源、技术、人力运用在企业自身的核心业务上,是企业资源优化配置、提高运行效率、降低运行成本的最佳途径。有研究机构的研究表明,通过服务外包,可以明显地节省企业的运营成本。

(二)服务外包的特点

服务外包产业是现代高端服务业的重要组成部分,具有信息技术承载度高、附加值大、资源消耗低、环境污染少、吸纳高学历者就业能力强、国际化水平高等特点。

当前,以服务外包、服务贸易以及高端制造业和技术研发环节转移为主要特征的新一轮世界产业结构调整正在兴起,为我国发展面向国际市场的现代服务业带来了新的机遇。牢牢把握这一机遇,大力承接国际(离岸)服务外包业务,有利于转变我国的对外贸易增长方式,扩大知识密集型服务产品出口;有利于优化外商投资结构,提高利用外资的质量和水平。

三、服务外包的主要业务

目前,国内外常见的企业服务外包有信息技术外包业务、业务流程外包业务和知识流程外包业务。

(一)信息技术外包业务

信息技术外包业务(ITO)主要是信息技术的设计与操作性的外包服务业务。目前,国内外常见的信息技术外包业务的例子有:银行数据、信用卡数据、各类保险数据、保险理赔数据、医疗和体检数据、税务数据、法律数据等方面的信息处理和管理操作系统方面的设计服务。还有一些诸如大型仓库的管理信息系统设计的外包、承接技术研发外包、软件开发设计外包、基础管理平台的开发与设计的外包等。

## （二）业务流程外包服务

业务流程外包业务(BPO)主要是将企业内部管理有关环节或者内容进行外包。例如，企业将包括后勤管理、人力资源管理、工资福利管理、会计管理、财务中心、数据中心及其他内部管理等业务，外包给专业水平很高的外包服务企业或者机构。另外，企业也可以将技术研发业务、销售及批发业务、产品售后服务业务、采购运输业务等，外包给专业水平很高的外包服务企业或者机构。

## （三）知识流程外包

知识流程外包业务(KPO)属于对相关专业知识要求很高的高端外包服务业务。常见的知识流程外包的服务内容有：知识产权服务、专业培训服务、专业策划服务、政策法规调研、企业发展战略研究、重大项目投资和风险分析等。

# 四、我国发展服务外包业的政策

## （一）我国发展服务外包的战略

我国对服务外包业的发展十分重视，在《第十一个五年规划纲要》中就明确提出要"加快转变对外贸易增长方式……建设若干服务业外包基地，有序承接国际服务业转移"的要求。同时，为了促进服务外包业的快速发展，优化出口结构，扩大服务产品出口，我国商务部还出台了实施服务外包"千百十工程"计划。

## （二）我国发展服务外包的政策支持

在服务外包的政策支持方面，为了落实国务院关于促进服务外包产业发展的精神，加快我国服务外包产业的发展，支持服务外包企业做大做强，积极承接国际服务外包业务，促进外贸增长方式转变，财政部、商务部等部委专门安排了我国企业承接国际服务外包业务的专项发展资金，对承接国际服务外包的相关业务予以资金支持。

## （三）我国发展服务外包的主要内容

国家支持服务外包企业发展的具体内容主要包括以下方面：
1. 中国服务外包示范城市的服务外包企业以及列入商务部重点服务外包企

业名录的企业。目前,国家确定的服务外包示范城市共有21个,分别是北京、天津、上海、重庆、广州、武汉、哈尔滨、成都、南京、西安、济南、杭州、合肥等。

2. 鼓励培训各类承接国际服务外包人才的培训机构。
3. 支持示范城市相关公共服务平台设备购置、运营及维护。
4. 支持服务外包企业取得国际通行的资质认证。
5. 支持和鼓励服务外包企业参与国际竞争,积极开拓国际市场。

**复习思考题:**

1. 科技服务业的概念与内容是什么?
2. 发展科技服务业有何意义?
3. 文化事业与文化产业有何区别?
4. 会展业的概念、内容和类型分别是什么?
5. 我国发展会展业存在哪些问题与不足?
6. 服务外包业务的概念与内容有哪些?

# 第十一章 商品流通企业经营与管理

**学习重点**

1. 商品采购、结算与量化方法；
2. 销售预测与决策的内容与方法；
3. 销售管理与销售服务的内容。

## 第一节 商品采购与库存管理

### 一、商品采购的原则

商品采购是商品流通企业经营过程的第一道环节，商品采购业务完成的好坏直接关系着企业经济效益的好坏和企业经营的成败。商品采购业务要遵循的原则主要有以销定进原则、勤进快销原则、经济效益原则、信守合同原则和资金安全原则。

#### （一）以销定进原则

以销定进原则是指商品流通企业应根据市场需求和企业销售情况来决定进货的原则。该原则包括以下两个方面的内容：一是根据市场需求进货，即要求采购人员了解与掌握市场需求与发展变化动向，及时采购适销对路的商品；二是根据企业的销售情况进货，商品销售情况是市场需求的客观反映，根据企业的销售情况组织采购可以保证采购更客观地反映和满足市场需要。

## （二）勤进快销原则

勤进快销原则是指商品流通企业要根据市场销售情况，小批量、快节奏、短周期地进货，争取所采购的商品不积压、不滞销。

## （三）经济效益原则

经济效益原则是指商品流通企业要时刻从经济效益的角度来考虑采购问题，对采购中的各项费用、成本、差价、进货时间、进货量等都要进行精细的核算和安排，力争达到少投入、多收益的目的。

## （四）信守合同原则

信守合同原则是指要严格按购销双方签订的采购合同从事商品采购活动。按事先签订的合同进行采购活动，不仅有利于稳定商品流通企业的购销渠道，及时组织品质优良、适销对路的商品，保证经营的正常运行，而且可以减少商品采购中的各种纠纷，有利于树立良好的企业形象，不断拓展企业的业务。

商品流通企业按采购合同办事，并不是要求企业的每一项采购业务都必须根据采购合同办理，在现实的经营中，及时根据市场需求的变化临时采购一些快销商品也是一种重要的采购方式。

## （五）资金安全原则

商品流通企业在采购商品时，要尽量防止采购商品的资金发生欺诈、拖欠等事件，避免给企业带来经济损失。

# 二、商品采购的类型

## （一）按商品采购方式划分

1. 市场选购，即商品流通企业根据市场需求，直接向生产企业或其他供应商选购商品的方式。这种方法比较适合货源充足、花色品种多的商品。市场选购的优点是，企业有充分的进货选择权，有利于按市场需求进货。其缺点是，不利于建立稳定、长期的进货渠道。

2. 合同订购，即商品流通企业为了争取货源，保证经营的正常进行，建立稳定的供货渠道,与生产企业或其他供应商签订合同,预先订购一定数量的商品的采购方式。具体可采用向社会公开招标的方式,也可采用一对一的商业谈判方式。

这种采购方法的优点是,生产企业或供货商可以按照合同规定的品种、规格、质量、数量进行生产或组织货源,商品流通企业可以按合同规定的内容、标准和进货时间采购商品,有利于建立长期、稳定的供货渠道,保证经营的正常进行。目前,国内外大型商品流通企业所经营的主要商品的采购都是通过合同订购方式来完成的。

3. 预购,即商品流通企业同生产企业或供货商签订预购商品合同,并预先支付一定数额的定金,取得商品货源的采购形式。这种方式多用于市场紧俏商品的采购。

4. 招标采购。招标采购主要有三种类型:

(1)政府采购办公设备和用品的招标采购方式。政府将在一定时期内所需要采购的办公设备和用品的种类、规格、数量等信息向社会公开招标,再由各供应商通过投标和竞标,政府公正地选择质量、价格、信誉等最好的供应商进行公开采购的方法。

(2)大型连锁经营企业或者其他大型零售企业,由于分店众多,商品的销售量大,商品的采购量相应地也很大。企业为了寻找到质量、价格、信誉、服务都很好的供应商,便向社会公布每年度需要采购的商品的种类、数量、质量、规格等信息,力争采购到质量、价格、服务和信誉都比较满意的商品。当前一些跨国经营的大型连锁经营企业已经实现了国际化的公开招标采购,从全球范围选购最好的商品。

(3)负责大型工程项目的企业向社会公开招标采购所需原材料的采购方法。

5. 计划采购,即对极少数特殊商品(如防灾抢险物资、关系国计民生的重要资源的储备等),政府主管部门下达采购计划,有关部门按计划采购有关商品的方法。

### (二)按采购结算时间划分

1. 现货采购,即交易双方在成交的同时,立即或在很短的时间内进行货款结算的方法。

2. 延期付款采购,即在交易合同的基础上,买方先购进(没有交货款)商品,等商品卖出后,按约定的时间再付货款的方法。

3. 期货采购,即按期货交易的方式和要求进行采购。

### (三) 按进货管理方式划分

1. 集中采购,即商品流通企业设立专门的采购机构和专职采购人员,对企业需求的商品进行统一采购。例如,现代连锁经营组织中的配送中心就是采取由配送中心集中、统一采购,再分别配送到各分店进行销售的方法。

2. 分散采购,即由商品流通企业的各个商品销售部门在限定的资金范围内,根据自己的销售情况直接向供货单位采购商品的方式。一些大型百货商场或者"总店—分店"模式零售经营方式下常采用这种采购方式。

3. 联购分销,即经营同类商品的不同企业暂时联合起来,统一向某供货商进行规模化的采购,商品采购回来后再按原来各企业的要货数量分散销售的方法。

## 三、商品采购的量化方法

### (一) 采购量与采购费用的关系

采购费用主要包括运杂费、采购人员的工资和差旅费、仓储保管费、库存商品占有资金的利息、库存商品的损失费用等。采购量与采购费用之间主要有以下几种关系:

1. 批量采购与采购费用成反比关系。一次性采购商品量越大,单位商品所耗费的采购费用就越小;反之,单位商品所耗费的采购费用也就越大。

2. 采购批量与储存保管费用成正比关系。一次性采购的商品量越大,总库存量也大,储存保管费用就会上升;反之,储存保管费用就会减少。

### (二) 经济批量采购的计算方法

所谓经济批量采购,就是利用经济计量的方法,在进货批量、进货费用、储存费用三者之间找出最合理、费用最少的进货批量和进货次数。

经济批量采购的计算公式如下:

$$Q(每次采购的经济批量) = \sqrt{\frac{2RK}{H}}$$

$$最佳进货次数 = R \div Q$$

$$最佳进货周期 = Q \times 360 \div R$$

式中,$Q$ 为每次采购的经济批量;$R$ 为某商品的年采购量;$K$ 为每次采购的费用;$H$

为单位商品年平均储存费用。

经济采购批量与费用之间的关系可参见图 11-1。

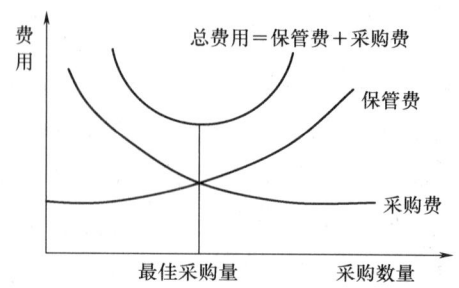

图 11-1　经济采购批量与费用之间的关系示意图

## 四、商品采购渠道

### (一)选择进货渠道的原则

1. 少环节原则,即尽量减少采购商品的中间环节,争取直接从第一供货商或生产厂商处进货。

2. 可靠性原则,即要选择信誉好、守合同、商品质量好的供货商。

3. 稳定性原则,即要选择商品质量稳定、能持久合作的供货商,尽量保证企业有若干个稳定的主要商品供货商。

4. 经济效益原则,即采购商品时,要对所需商品在运输路线、储运费用、进销差价、花色品种、结算方式、到货时间等方面进行全面的对比分析,选择进货效益好的渠道。

### (二)进货渠道选择策略

1. 直接渠道策略,即要找到商品的原生产厂商,直接从生产厂商进货。若原生产厂商距离太远、所采购的商品批量小等,便不宜采用这种办法。

2. 间接渠道策略,即通过代理商、批发商等中间商渠道进货。在进货批量小、品种多的情况下,直接从生产厂商进货可能存在距离远、费用高、时间长的问题,因此,选择从就近的代理商、批发商处进货,可以节省进货时间和运输费用。

3. 固定渠道策略,即选择资信好、商品质量好、服务质量高、供货能力强的供货商,与他们建立长期稳定的供货合作关系。

4. 临时渠道策略。根据市场供求情况的发展变化,商品流通企业临时选择合适的进货渠道,采购一些时尚的商品的办法。

## 五、采购管理制度

管理好商品流通企业的采购工作,必须要建立健全商品采购管理制度。不同商品流通企业所建立的采购管理制度不同。一般来讲,主要包括商品采购权限与责任制度、采购金定额管理制度、商品采购定类管理制度(要按企业规定的商品采购范围进行采购,一般不得跨越采购商品的范围)、供货商档案管理制度、商品采购监督制度等。

## 六、采购合同管理

### (一)采购合同的主要内容

1. 要明确规定所采购或者所提供的商品的品种、规格和数量。其中,要明确规定每种商品的具体名称、品牌、质量、规格、式样、颜色、计量单位等。

2. 要明确规定所采购或者所提供的商品的包装方式、送货方式、送货时间、送货地点、交货方式、验收方式,以及对残损商品的换、退、修、赔的具体办法等。

3. 要明确规定所采购或者所提供商品的价格和结算方式。

4. 要明确规定任何一方违约时的处罚办法和处罚内容。

5. 要明确规定合同的变更或者解除合同的条件和程序。

### (二)签订采购合同的法律规定

1. 合同当事人必须具备法人资格。

2. 合同当事人签订的合同条款和内容必须符合国家相关法律政策的规定和要求。

3. 合同的签订必须建立在平等、互利、自愿的基础之上。

4. 当事人应当以自己的名义签订合同,如有特殊情况不能自己直接签订合同,可通过正式的委托证明书让委托人代理签订。

5. 合同的样式和格式必须符合国家的有关法律规定。

### (三) 签订合同的程序

1. 订约提议。当事人一方向对方提出订立合同的要求或者建议,也称要约。
2. 接受提议和签署合同。交易的另一方若同意,便可就合同的具体内容进行协商和讨论,双方都满意后便可正式签署书面合同。
3. 履行签约手续。根据有关法律规定,有些合同双方要报上级主管部门批准,要对合同进行公证,要有当地工商管理部门的认定等手续。对于小额合同或者法律没有明确规定的合同,交易双方可以通过协商的办法来解决履约手续问题。

### (四) 采购合同的管理

1. 在签订合同之前,应认真研究市场需求和货源情况,企业的经营情况、库存情况,以及供货方或者销售方的情况。
2. 要对签订合同的过程加强管理,在签订合同时,要按照有关法律法规的要求,严格审查,使签订的合同合法有效。
3. 商品流通企业可设置专职人员或者专门机构建立合同的登记、检查制度,以便对合同执行统一的管理、监督和检查。
4. 对合同执行过程中出现的各类问题(纠纷、违约等)要及时处理;加强与对方的联系,密切双方的协作,以利于合同的顺利执行。

## 第二节　商品销售的预测与决策

### 一、销售预测

#### (一) 销售预测的内容

1. 商品销售时间预测。销售预测按时间长短的不同,可分为短期预测、中期预测和长期预测。短期预测是指年度、季度、月度产品销售情况和趋势的预测。这是商品流通企业制定当前经营策略的主要依据。中期预测是指二至三年的产品销售趋势的预测,它是商品流通企业制订中期发展计划的依据。长期销售预测是指三至五年的产品销售趋势预测,它是商品流通企业进行重大项目投资、制定长远发展战略规划的重要依据。

2. 商品销售结构预测。按照商品销售结构的不同,可分为畅销商品预测、平销商品预测和滞销商品预测。商品流通企业可根据商品销售结构的预测,及时调整商品的经营结构,争取提高商品流通企业畅销商品的比例。

3. 市场需求预测。市场需求预测包括两个方面的内容:一是要尽量掌握社会总需求及其变化趋势,掌握市场的购买趋势及演变规律,分析所经营商品的市场寿命和潜在的市场需求;二是预测消费者的需求变化,制定科学的经营方法和营销策略。

4. 市场占有率预测。市场占有率是指商品流通企业商品的销售量或者销售额占该类商品市场销售总量或总额的百分比。市场占有率预测具体包括两个方面的内容:一是调查和分析商品流通企业所经营的商品历年和目前的市场占有率情况;二是预测和分析商品流通企业所经营的商品将来的市场占有率情况。

5. 销售增长率预测。销售增长率是指商品流通企业商品报告期销售量或销售额扣除基期销售量或者销售额的差额占基期销售量或者销售额的百分比。通过对商品销售增长率的预测,可以了解该商品的市场前景,探索该商品销售变化的规律。

6. 商品货源预测。商品货源预测主要包括生产厂商或者供货商对商品流通企业所经营的商品,在品种、产量、规格、质量、替代产品、新产品等方面的发展变化情况。

(二) 销售预测的方法

1. 主观预测法。主观预测法是根据经营者的主观分析判断而得出预测结果的方法。一般包括主观分析法和综合分析法。

(1) 主观分析法。这是经营管理人员根据经营经验和各种信息资料进行分析研究,预测商品未来销售变化的方法。这种方法简单、灵活、针对性强、预测速度快,但是也容易受个人主观偏好、分析问题能力等因素的制约。

(2) 综合分析法。这是先根据商品流通企业内部各有关人员各自对市场销售情况进行预测并提出意见,然后商品流通企业主要管理人员将这些意见进行汇总和对比,对大家的意见再进行综合分析的方法。由于这是在商品流通企业有关部门的不同人员的预测意见的基础上进行的综合分析预测,其预测结果的片面性可能要小一些,准确度可能要高一些。但是,由于参与分析预测人员的能力或综合分析能力不够,也可能出现预测不准的现象。

2. 趋势分析法。趋势分析法是指将一定时间的销售额或者销售量的变化情况在坐标图上以曲线的形式表示出来,形成能够表示在一定时间内销售量变化发展趋势的轨迹图。这种方法的好处是直观、明了、客观。

趋势分析法的具体步骤如下:

第一步,先将商品流通企业在若干时间内的销售额统计出来。例如,假设某零售企业8年来的销售额分别为5 000万元、5 400万元、5 850万元、6 100万元、5 900万元、6 000万元、6 150万元和6 220万元。

第二步,将8年的时间分为前4年和后4年,分别将前后4年的销售额总和除以平均年数,即:

前4年平均销售额 = (5 000 + 5 400 + 5 850 + 6 100) ÷ 4 = 5 587.5(万元)

后4年平均销售额 = (5 900 + 6 000 + 6 150 + 6 220) ÷ 4 = 6 067.5(万元)

第三步,根据8年的销售额和前后4年的平均销售额画出趋势分析图。首先,分别在坐标图上标出每年的销售额与年份的交点,再将这些交点连成曲线,形成"实际销售额曲线"。其次,将前后4年的平均销售额在纵坐标上找到相应的标度并向右平移,分别找到相应销售量的年份的相交点A和B,再将A、B两点用直线联结起来,就形成了"销售趋势曲线"(见图11-2)。

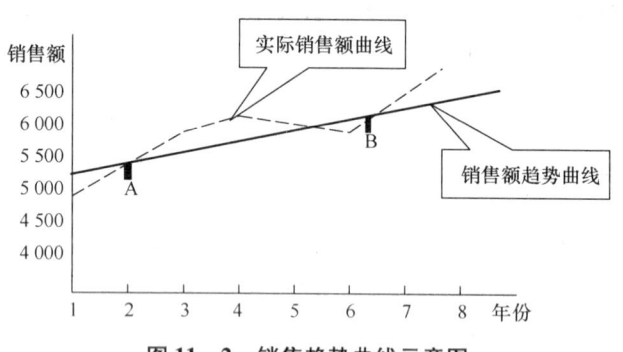

图11-2 销售趋势曲线示意图

如果所分析的年数为奇数,例如,是9年而不是8年,在计算时,可将中局年即第5年的销售额舍去不计,将第1至第4年,第6至第9年的前后两期分别加总平均后,再按上述步骤求出坐标点并画出趋势图。

3. 简单平均数法。简单平均数法也称算术平均法,是用资料中各期的实际销售资料计算出算术平均值,然后根据平均值延伸到未来,作为下一期预测值的预测方法。

简单平均数法的理论计算公式如下：

$$预测期销售量 = \frac{S_1 + S_2 + \cdots + S_i}{N}$$

式中，$S_i$ 为第 $i$ 期的实际销售量；$N$ 为单位时间的期数。

例如，某皮鞋销售商 1 月份至 6 月份的皮鞋销售量统计数据如表 11－1 所示，请问 7 月份的皮鞋销售量大约是多少？

表 11－1　某企业 1 月份至 6 月份皮鞋销售量统计数据表

| 月份 | 1月 | 2月 | 3月 | 4月 | 5月 | 6月 |
| --- | --- | --- | --- | --- | --- | --- |
| 销售量 | 1 000 | 1 300 | 900 | 1 200 | 1 700 | 1 900 |

7 月份皮鞋的销售量约为：

$$(1\ 000 + 1\ 300 + 900 + 1\ 200 + 1\ 700 + 1\ 900) \div 6 = 1\ 333(双)$$

简单平均数法的缺点是，无法正确有效地预测因不同季节、不同节日的变化引起的市场销售情况的变化，因此，这种预测方法只适用于受季节或者节日变化因素影响较小的商品的市场预测。

4. 移动平均数法。由于简单平均数法是将之前若干时间单位的平均销售额或销售量作为预测下一个时间单位的销售量，前后时间跨度较大，因此，该方法预测的误差也比较大。为了弥补简单平均数法的这一缺点，可以采用移动平均数法来预测。

移动平均数法是指在商品流通企业销售量的增加或者减少的倾向比较明显的情况下，以近期的销售量数据来求其平均值，使求得的平均值能比较准确地反映近期增长或减少的趋势，所采用的期数多少要根据销售量变化的实际情况而定。

仍以上述皮鞋销售为例。已知该皮鞋销售商后 3 个月的销售量分别为 1 200 双、1 700 双和 1 900 双，预计 7 月份的销售量约为：

$$(1\ 200 + 1\ 700 + 1\ 900) \div 3 = 1\ 600(双)$$

5. 季节变动预测法。季节变动预测法是根据过去若干年不同季节销售量的统计资料，计算出季节系数，并预测其相应变化的方法。具体步骤如下：

第一步，分别计算出若干年来各月的销售合计数为①；

第二步，用①所计算出来的合计数除以年份，分别计算出平均每年各月销售数②；

第三步，用②所计算出来的各月平均数之和除以 12，计算出全年平均每月销售数③；

第四步，用各月平均销售数除以全年平均每月销售数，即分别用②所计算出的各月平均数除以③所计算出的全年月平均数,这个数值就是季节系数。季节系数的大小表明季节变动对销售量的影响程度。

第五步,用计算出来的季节系数作为参考,分析和预测因为季节变化可能带来的下一个月销售额的变化情况。

具体理论依据是:

(1)当季节系数大于1时,该月的销售额可能大于年平均销售额;季节系数越大,该月的销售额增加的幅度也越大;

(2)当季节系数等于1时,该月的销售额与平均年销售额差别不大;季节系数越接近1,该月的销售额越有可能与平均销售额相等;

(3)当季节系数小于1时,该月销售额可能小于年平均销售额;季节系数越小,该月销售额减少的幅度也越大。

例如,某商场四年来每月的销售额统计数据见表11-2,按上述季节变动预测方法预测全年每个月的季节系数。从表11-2中的季节系数可以看出,该商场每年3月份至8月份是销售淡季,每年2月份以后,销售额要明显下降;每年的9月份到次年的2月份是销售旺季,每年的8月份之后,销售额要明显回升。

表11-2 某商场四年来每月销售额统计数据表　　　单位:万元

| | ×年 | ×年 | ×年 | ×年 | 合计① | 平均② | 季节系数 |
|---|---|---|---|---|---|---|---|
| 1月 | 170 | 180 | 210 | 240 | 800 | 200 | 1.14 |
| 2月 | 160 | 180 | 210 | 210 | 760 | 190 | 1.09 |
| 3月 | 100 | 120 | 140 | 160 | 520 | 130 | 1.74 |
| 4月 | 120 | 130 | 140 | 170 | 560 | 140 | 0.80 |
| 5月 | 140 | 130 | 150 | 180 | 600 | 150 | 0.86 |
| 6月 | 150 | 150 | 160 | 180 | 640 | 160 | 0.91 |
| 7月 | 160 | 160 | 170 | 190 | 680 | 170 | 0.97 |
| 8月 | 150 | 160 | 160 | 170 | 640 | 160 | 0.91 |
| 9月 | 160 | 170 | 190 | 200 | 720 | 180 | 1.03 |
| 10月 | 160 | 180 | 200 | 220 | 760 | 190 | 1.09 |
| 11月 | 170 | 190 | 210 | 230 | 800 | 200 | 1.14 |
| 12月 | 180 | 200 | 240 | 260 | 880 | 220 | 1.26 |
| 合计 | 1820 | 1950 | 2180 | 2410 | 8360 | 2090 | |
| ③ | | | | | | 175 | |

## 二、销售决策

### (一)盈亏平衡分析决策方法

盈亏平衡分析决策法是根据商品的产销量、成本(费用)、盈利三者之间的关系来分析商品流通企业的盈亏问题,从而评价和选择决策的方案。

商品流通企业在经营过程中发生的费用分为变动费用和固定费用两种。变动费用是指随着商品流通企业经营额(量)的变动而变动的费用,一般包括流动资金贷款利息、商品运杂和保管费用、员工的计件工资等。固定费用是指不随商品流通企业经营额(量)变动的常量费用,一般包括房租、固定资产折旧、管理人员工资等。

在商品流通企业的经营过程中,若经营额(量)越大,则固定费用所占的比重越小,企业亏损的可能性也就越小;反之,若商品流通企业的经营额(量)越小,固定费用所占的比重就越大,企业亏损的可能性也越大。这就导致客观地存在商品流通企业营业额(量)的盈亏平衡最小值或者盈亏分界点问题,找到了盈亏分界点,决策者就会明确商品流通企业在单位时间内的最小营业额(量)应该达到多少,商品流通企业的成本(费用)应该控制在多少,为商品流通企业正确的经营管理决策提供理论依据。

盈亏平衡分析决策方法的理论测算主要有两种方法:公式法和图解法。

1. 公式法。公式法分为销售量计算法和销售额计算法。

(1)销售量计算法(处于盈亏平衡点时,销售收入与总费用相等)。

设:$F$ 为全部固定费用总额;$Q_0$ 为保本销售量;$C_V$ 为单位商品的变动费用;$P$ 为商品销售价格,则计算公式为:

$$Q_0 \times P = F + C_V \times Q_0$$

将上述公式整理得:

$$Q_0 = \frac{F}{P - C_V}$$

例如,某家用电器专卖店电视机的平均销售单价为3 220元,每天的固定费用为13 200元,单位商品的变动费用为1 570元,请问:每天的保本销售量是多少?

根据上述公式计算出每天的保本销售量为:

$$Q_0 = \frac{13\ 200}{3\ 220 - 1\ 570} = 8(台)$$

(2)销售额计算法。

设:$S_0$ 为保本销售额;$F$ 为固定费用;$\dfrac{C_V}{P}$ 为变动费用。

保本销售额的计算公式如下:

$$P \times Q_0 = F + \frac{C_V}{P} \times S_0$$

已知 $S_0 = P \times Q_0$,代入上式,移项整理得:

$$S_0 = \frac{F}{1 - \dfrac{C_V}{P}}$$

例如,某超市的主要商品平均销售单价为 125 元(通过加权平均求出),固定费用为 50 000 元,主要商品的全部变动费用为 75 元,请问:每天的保本销售额是多少?

按公式计算出每天的保本销售额为:

$$S_0 = \frac{50\ 000}{1 - (75 \div 125)} = 125\ 000(元)$$

2. 图解法。图解法是将商品流通企业的有关数据在坐标图上绘制出来,直观地求得企业盈亏平衡点的方法(见图 11-3)。

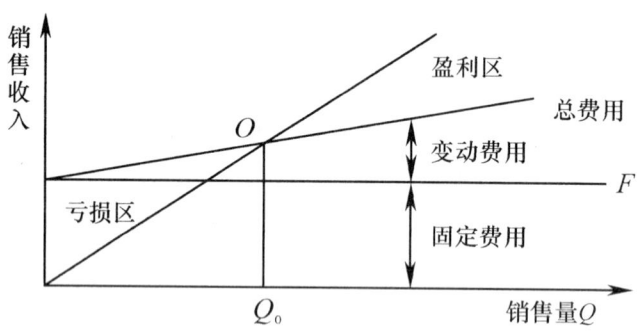

图 11-3 企业盈亏平衡点图解法示意图

在图 11-3 中,$O$ 点的销售收入与总费用相等,称为保本点或盈亏平衡点,与该点对应的销售量的保本点为 $Q_0$。当商品流通企业的商品销售量低于 $Q_0$ 时,商品流通企业的经营必然发生亏损;当销售量大于 $Q_0$ 时,商品流通企业的经营就会盈利。

## (二)商品经营结构决策分析法

销售总额不变时,商品流通企业如何管理所经营的商品结构,使经济效益最大化,也是销售决策应该研究的问题。下面通过实例介绍商品经营结构决策分析方法。

设:商品销售额为 $S$;变动成本为 $V$;临界收益为 $M = S - V$;临界收益率为 $M' = M \div S$。

例如,某零售商想在总销售额不变的情况下,对所经营的甲、乙、丙、丁四种商品进行结构调整。这四种商品每月的销售额、变动成本和固定成本见表 11-3,如何调整商品结构才能使销售额总额不变而实现收益最大化呢?

表 11-3　某零售商四种商品的月销售额、变动成本和固定成本　单位:万元

| 商品名称 | 销售额 $S$ | 变动成本 $V$ | 固定成本 |
|---|---|---|---|
| 甲 | 180 | 72 | 200 |
| 乙 | 140 | 53 | |
| 丙 | 160 | 80 | |
| 丁 | 100 | 70 | |

第一步:根据上述公式计算四种商品的临界收益和临界收益率。

商品的临界收益为:

$$M_{(甲)} = 180 - 72 = 108(万元)$$
$$M_{(乙)} = 140 - 53 = 77(万元)$$
$$M_{(丙)} = 160 - 80 = 80(万元)$$
$$M_{(丁)} = 100 - 70 = 30(万元)$$

商品的临界收益率为:

$$M_{(甲)} = 108 \div 180 = 0.6$$
$$M_{(乙)} = 77 \div 140 = 0.55$$
$$M_{(丙)} = 80 \div 160 = 0.5$$
$$M_{(丁)} = 30 \div 100 = 0.3$$

从临界收益率来看,该零售商应该加大甲商品的销售量,取消丁商品的销售。

第二步,计算调整后的利润总额。原来的利润总额为临界收益总额减去固定成本,即

$$(108 + 77 + 80 + 30) - 200 = 95(万元)$$

取消丁商品每月100万元的销售,同时将甲商品的月销售额增加100万元,使该零售商在总额不变的情况下,甲商品每月的实际销售额增加到(180+100=)280万元,这时甲商品的临界收益为(280×0.6=)168万元,在销售额不变的情况下,调整后的利润总额为[(168+77+80)-200=]125万元。

在现实的经营过程中,取消丁商品是完全可以做到的,但是将甲商品再提高100万元,可能受市场需求的制约,商品流通企业不一定能实现该目标。

## 第三节 商品销售管理

### 一、商品销售规律

#### (一)商品销售的时间规律

商品销售的时间规律是指随着时间的变化而引起商品销售量或商品销售结构变化的规律。商品销售的时间规律大致有四种类型:

1. 季节变化引起商品销售变化;
2. 新产品出现和商品供给增加引起商品销售变化;
3. 商品寿命周期引起销售变化;
4. 消费者消费行为和习惯变化引起销售变化。

#### (二)商品销售的价格变动规律

一般来说,商品销售的价格变动规律有以下四种情况:

1. 商品价格上升,可能会导致某些商品销售量下降;商品价格下降,可能会导致某些商品销售量上升。

2. 商品价格的变动会使需求弹性系数大的商品的需求量变化幅度大一些,需求弹性系数小的商品的需求量变化幅度小一些,甚至不发生变化。

3. 在供过于求的市场状况下,某些商品(特别是需求弹性系数较大的商品)价格下降,反而会使消费者持币待购;当这类商品价格上升时,反而会使消费者产生购买欲望。

4. 商品流通企业或商品品牌的市场信誉好,商品价格卖得比平均市场价高一些,消费者也能接受;反之,商品流通企业或商品品牌市场信誉不好,商品价格卖得比市场平均价格低一些,消费者也不一定会接受。

## 二、销售渠道

在商品销售过程中,销售渠道的选择也是十分重要的环节。商品流通企业要根据不同的情况,选择不同的销售渠道。

### (一)直接销售渠道

直接销售渠道就是商品所有权直接从生产者手中转移到消费者手中而不经过其他环节的渠道。直接销售渠道主要有以下几种类型:

1. 厂商在各大中城市开设的直销门店网点。这种形式多用于少数生活资料商品的销售。

2. 由厂商直接将商品送到最终用户手中。这种形式在生产资料的销售中用得比较多,在生活资料的销售中用得比较少。

3. 厂商通过网上销售方式将商品直接销售给顾客。这种形式既适用于生产资料的直销,即 B to B 业务,也适用于生活资料的直销,即 B to C 业务。

直接销售渠道虽然有环节少、利润空间大的优点,但是由于用这种方法销售商品市场覆盖面比较小,消费者选择余地较小,厂商送货的成本较大,因此,这种方法在现实的经营中受到了较大的制约,只适用于一些特殊的、选择性不强、社会需求面不宽的商品。随着电子商务技术的不断发展与普及,生产厂商通过电子商务技术进行直销的方式可能还会有较大的发展空间。

### (二)间接销售渠道

间接销售渠道是指商品生产出来之后要经过一些中间环节才能到达最终销售环节的渠道。一般来说,经过代理商、批发商和零售商的销售渠道都属于这种类型的销售渠道。间接销售渠道是符合市场经济条件下大规模、多品种、个性化消费需求特点的主要销售渠道。

1. 生活资料的间接销售渠道主要有:"生产商——→零售商"渠道;"生产商——→批发商或者代理商——→零售商"渠道;"生产商——→商品配送商——→零售商"渠道;"生产商——→连锁经营企业"渠道;等等。

2. 生产资料的间接销售渠道主要有:"生产商——→批发商或者代理商——→用

户";"生产商——批发商或者代理商——零售商——用户";"生产商——生产资料配送商——用户"。

### (三)销售渠道的长度和宽度

1. 销售渠道的长度。销售渠道的长度是指商品从生产领域向消费领域运行所经历的环节的多少。销售渠道的长度是由该商品的市场销量、物理化学性质、储运要求、消费者的需求范围等复杂因素所决定的。一般来讲,鲜活农副产品(鲜花、鲜果菜等),易燃易爆商品(汽油、石油液化气等),可能造成环境污染的商品(煤炭及制品、农药、化工原料等),商品种类简单、用量大、用户少的商品(汽车制造厂使用的钢材、大型建筑项目使用的水泥等),要选择较短的销售渠道,尽量减少商品的中间环节。对消费需求复杂、市场需求较大、储运要求不高的商品,如家用电器、服装、文体用品等,可酌情采用较长的销售渠道,以满足复杂的市场需求。

2. 销售渠道的宽度。销售渠道的宽度是指经销某种商品的代理商、批发商或零售商数量的多少和商品流量的大小。现实中主要有以下三种类型:

第一种是较宽的商品销售渠道,即某类商品可以通过多个销售渠道到达比较广泛的零售市场区域进行销售的渠道模式。例如,广大消费者日常生活所需的大量消费品一般都适合这种渠道模式。

第二种是较窄的商品销售渠道,即某类商品通过有限的销售渠道到达比较窄的零售市场区域进行销售的渠道模式。例如,钢材、水泥、木材、化工原料等生产资料商品,花鸟虫鱼等商品,则比较适合这种渠道模式。

第三种是单一的销售渠道,即某类商品只能通过一个渠道到达最终消费领域的模式。例如,一些采取了"独家代理权"商品的销售渠道、国家严格控制有关商品(如药品等)的销售渠道等。

3. 销售渠道的选择。商品流通企业对商品流通渠道的选择不是任意的,而是受一定的客观条件制约的。商品流通企业选择销售渠道所要考虑的因素主要有:①储运成本、费用和效率的高低;②所经营的商品对储运的技术、安全、环保、质量等方面的要求;③所经营的商品的用户需求或者市场需求特点;④交通、通信、竞争对手等方面的情况;⑤国家的有关法规、政策等。

4. 对销售渠道的控制。商品流通企业对商品销售渠道的管理还包括对销售渠道的科学控制。对销售渠道的控制主要有以下三种方式:

(1)绝对控制。这是指供应商通过对销售渠道的有效控制,达到对提供给市场上的商品的数量、类型和市场销售区域进行控制的方法。例如,生产商对批发商或者代理商的资格要有严格的选择,批发商或者代理商对零售商的资格也按要求进行严格选择,同时,对所销售商品的量也要有计划地进行控制。

绝对控制销售渠道管理方法的好处是:可以防止假冒伪劣商品的"入侵",保全优质商品的市场信誉;可以适当控制市场需求量,让市场热销商品有一定的"稀缺性",防止盲目地大量供货而导致商品供过于求,造成商品积压、销售价格下降。

(2)一般控制。这是指生产商与各销售商进行协商,在销售渠道、销售量、销售市场、销售价格等方面进行一般的控制,既达到扩大市场销售面和销售量的目的,又保持该商品在市场销售过程中的较长远竞争优势。

(3)不控制。这是指生产商对批发商和代理商没有严格的要求,更无力对各零售商进行控制,让所生产的商品在市场上自由流通的方法。

## 三、销售管理

### (一)销售管理的内容

销售管理的内容主要包括:编制和执行产品的销售计划,加强合同管理、用户管理、商品仓储管理、销售费用管理、市场信息与情报分析,以及销售人员的培训等。

### (二)销售分析

销售额等于价格与销售量的乘积,因此,本期销售额与前期销售额相比增减的原因,与销售价格变动和销售数量的增减有关。商品流通企业可以根据以下三种组合形式对销售额的变化进行有针对性的分析。

1. 销售增长率分析。商品流通企业的销售增长率主要包括两个方面的内容,一是商品流通企业自身销售情况的对比分析;二是商品流通企业与同行业平均销售情况实际增长率的对比分析。

(1)商品流通企业自身的销售情况可以通过以下公式进行分析:

$$增长率 = \frac{本期销售额 - 前期销售额}{前期(或基期)销售额} \times 100\%$$

或： $$增长率 = \frac{本期销售价格 \times 本期销售量}{前期销售价格 \times 前期销售量} \times 100\%$$

(2) 与同行业其他企业的销售情况相比,可以通过以下公式进行分析：

$$实际增长率 = \frac{本企业的销售增长率}{全行业的销售增长率} \times 100\%$$

如果实际增长率大于100%,说明本企业销售增长幅度高于行业销售增长幅度,该商品流通企业销售业绩好,反之则差。

2. 销售费用分析。销售费用是随着销售活动的开展发生,对销售费用的分析和控制是提高销售活动经济效益的重要业务。我们可以通过以下公式进行分析：

$$销售费用率 = \frac{销售费用}{销售额} \times 100\%$$

销售费用率越低,则经济效益越好,反之则越差。

3. 销售利润分析。对商品流通企业销售利润分析的公式有以下两个：

$$销售毛利润率 = \frac{销售毛利润}{销售额} \times 100\%$$

$$销售利润率 = \frac{销售利润}{销售额} \times 100\%$$

## (三) 销售实务管理

销售实务管理主要包括销售计划的制订、销售计划的实施、销售计划完成情况分析等内容。制订销售计划的主要依据是,过去本商品流通企业同期的销售额情况、目前市场对商品流通企业经营的商品的购买力预测、商品流通企业的供货能力等。销售实务管理可以通过销售预算控制表、进度图、效益图等进行分析与管理。

1. 销售预算控制表。销售预算控制表可以表示销售额预算、利润预算、费用预算、回收额预算与每个月实际销售情况的差异等内容,也可为下期计划和管理提供分析与研究信息。销售预算控制样表见表11-4。

表11-4 销售预算控制表

| 月别 | 1月 | | | | 2月 |
|---|---|---|---|---|---|
| 项目 | 预算 | 实际 | 差异 | 差异分析 | |
| 营业额 | | | | | |

续表

| 月别 | | 1月 | | | 2月 |
|---|---|---|---|---|---|
| 利润 | 金额 | | | | |
| | % | | | | |
| 销售管理费用 | 工　资 | | | | |
| | 交际费 | | | | |
| | 差旅费 | | | | |
| | 广告费 | | | | |
| | 其他费 | | | | |
| | 合　计 | | | | |
| 营 业 利 润 | | | | | |
| 回收 | 回收金额 | | | | |
| | 回收率 | | | | |

2. 销售进度表。销售进度表是商品流通企业计划销售额和相应的日销售额与实际完成情况的对比分析表。销售进度表可用表 11－5 或图 11－4 表示。

表 11－5　月销售进度表

| 日期 | 月销售量 | 日销售量 | | | | | | | |
|---|---|---|---|---|---|---|---|---|---|
| 计划 | | | | | | | | | |
| 实际 | | | | | | | | | |
| 差额 | | | | | | | | | |

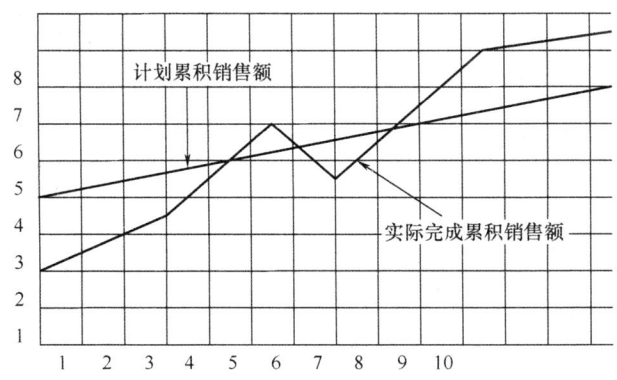

图 11－4　月销售累积进度图

图 11-4 中的横坐标表示某月的每日时间进度,纵坐标表示每日相应的销售额,图 11-4 中曲线表示计划累积销售额曲线和实际完成累积销售额曲线。月销售累积进度图的优点是简便、易操作、直观性强。

3. 销售地区业绩表。销售地区业绩表主要是用来分析商品流通企业经营的商品在不同销售地区的销售计划与实际完成情况的对比分析表。销售地区业绩可以用柱状业绩图直观地表示(见图 11-5)。

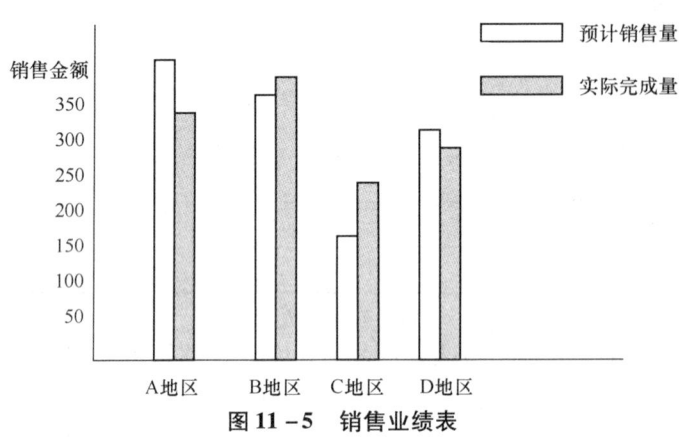

图 11-5 销售业绩表

## 四、销售服务

### (一)销售服务的概念与意义

销售服务是指商品流通企业在商品销售环节为用户提供的与销售商品和使用商品有关的各项服务工作。在市场竞争越来越激烈的情况下,广大消费者和用户不仅对商品的质量、种类、花色、价格等方面越来越挑剔,而且对销售服务的要求也越来越高。在商品供过于求的市场态势下,销售服务的质量是经营能否成功的重要因素之一。

### (二)销售服务的种类

1. 按服务的时间,销售服务可分为售前服务、售中服务和售后服务。售前服务是指在销售商品之前为用户提供商品信息、技术咨询、购买环境等方面的服务。售中服务是指在销售商品的过程中为用户提供的选购商品服务、包装运输服务、安装调试服务、使用方法服务、结算与开收据服务等。售后服务是指在销售商品之后，为用户提供的对商品的保养、维修、退换等方面的服务。

2. 按服务的形式，销售服务可分为定点服务（商品流通企业在固定地点建立的，或者委托有关专职维修服务企业进行的服务方式）、巡回服务（商品流通企业定期派出专职维修服务人员按一定路线进行的流动服务）、免费服务等。

3. 按服务的性质，销售服务可分为技术性服务（为消费者提供产品的使用、安装、调试、保养、维修等方面的服务）和非技术性服务（为消费者购买商品提供的选购商品的信息服务、结算服务、送货服务等）。

**复习思考题：**

1. 商品采购的类型有几种？它们的内容是什么？
2. 商品采购的量化方法有哪些？
3. 销售预测的内容和方法主要有哪些？
4. 销售决策有几种方法？具体如何操作？
5. 销售管理与销售服务主要包括哪些内容？

# 第十二章 商品流通企业的经营分析与决策

## 学习重点

- 1.常用的商品流通企业经营分析方法的种类和含义；
- 2.掌握结合分析、专项分析、预测分析等方法的具体应用；
- 3.学会运用各种公式、图表等对商品流通企业的购进、销售、库存、管理、费用、利润等进行计算与分析的方法。

## 第一节 商品流通企业经营分析的概念与方法

### 一、商品流通企业经营分析的概念与种类

#### （一）商品流通企业经营分析的概念

本书讲的商品流通企业主要是指商品零售企业。商品的零售环节和零售企业越来越成为我国商品流通领域的重要部分，对满足广大人民群众的消费需求、保障国民经济的正常运行、拉动经济增长具有十分重要的作用。当然，批发企业等也可以参照和运用这些基本的经营分析与决策方法。

所谓商品流通企业经营分析，是指运用企业经营过程中所发生的财务、统计等数据，对商品流通企业的销售、利润、费用、效率、盈亏等经营情况进行全面、客观的对比与分析，寻找差距、问题，并找出对策的过程。

#### （二）商品流通企业经营分析的种类

商品流通企业经营分析的种类很多，主要包括以下几种：

1. 综合分析，即对商品流通企业购进、销售、库存、管理、费用、利润、财务等情况进行全面、系统地分析，并提出相应的对策方法。综合分析是比较科学的方法，也是商品流通企业提高经营管理水平重要的方法之一。

2. 专项分析，即在商品流通企业的经营管理过程中，出现了影响正常经营的重大问题或主要矛盾时，有针对性地对该问题或矛盾进行专门的分析与研究，并提出解决问题的具体对策或者改进建议的分析方法。

3. 预测分析，即商品流通企业在经营决策之前，对制定的经营目标进行事前分析的方法。预测分析的目标是，对商品流通企业经营活动的发展趋势进行推测和判断，为企业经营决策提供依据或者参考。

4. 经营过程分析，即对商品流通企业经营活动的过程进行事中分析，并在分析的基础上不断改进、修正和完善经营管理过程。

5. 总结分析，即在商品流通企业经营活动完成之后或在一个经营时间段内（如月、季、年），对商品流通企业经营活动结果进行的考核、评价分析和总结的过程。

## 二、商品流通企业经营分析的依据

商品流通企业经营分析的依据主要包括三个方面的内容：数据资料、实际情况和有关政策法规。

### （一）数据资料

1. 商品流通企业即期和上期的会计报表资料、日常核算资料、统计资料等。
2. 商品流通企业各项目标的计划资料，如目标、计划、定额等。
3. 同行业其他企业的有关数据资料。

### （二）实际情况

1. 市场供求变化以及用户或消费者的需求情况等。
2. 商品流通企业经营管理中存在的问题等。
3. 购销、运输、库存等活动过程中存在的问题。
4. 商品流通企业经营服务质量、营销策略等方面存在的问题等。

## （三）政策与法规

政策与法规主要包括商品流通企业各项经营策略与有关政策法规之间的相互关系，商品流通企业的发展目标与政策法规的相互关系等。

## 三、经营分析的方法

一般来讲，商品流通企业经营分析的方法主要有：书面报告分析、比较分析、图表分析、座谈会分析等。这些分析方法各有利弊，商品流通企业可以根据不同情况采用不同的分析方法。

### （一）比较分析法

比较分析法主要包括目标比较法、纵向比较法和横向比较法。

1. 目标比较法，即商品流通企业用计划经济指标与实际完成的经济指标进行比较和分析的方法。目标比较分析可以找出计划与实际情况的差别，并在此基础上分析商品流通企业所做计划的准确性，分析商品流通企业没有完成计划的原因等。

2. 纵向比较法，即商品流通企业用即期实际完成的经济指标与历史发生的经济指标进行纵向比较的方法。通过纵向比较分析，可以从一个较长的时期内，清楚地看到商品流通企业若干年来的变化和发展趋势。

3. 横向比较法，即商品流通企业用实际达到的若干经济指标与国内外同行业先进企业所达到的经济指标进行横向对比的方法。这种方法能比较清楚地认清本企业在同行业中所占的排名和地位以及本企业的经济实力，也能明确看到本企业与国内外先进企业的差距。

### （二）指标比率分析法

常用的相关指标比率分析公式如下：

$$商品流通费用率 = \frac{商品流通费用总额}{同期商品净销售额}$$

$$商品销售费用率 = \frac{利润额}{全部商品净销售额}$$

$$全员劳动效率 = \frac{商品销售总额}{同期全员在册人数}$$

$$总资本利润率 = \frac{利润总额}{全部资本平均占用额}$$

### (三) 构成比率分析法

构成比率是以某项经济指标的各个组成部分的数额除以该项经济指标的总额后得出的比率数据,即通常所说的比重。常用的构成比率分析公式如下:

$$某类商品所占总销售额比重 = \frac{某类商品的销售额}{全部商品销售总额}$$

$$流动资金占用比重 = \frac{流动资金占用总额}{全部资金占用总额}$$

$$固定资金占用比重 = \frac{固定资金占用总额}{全部资金占用总额}$$

### (四) 动态比率分析法

动态比率分析法是分析商品流通企业某项经济指标的动态过程与发展趋势。动态比率分析有两种方法:

1. 定基比率法,即以某一特定时期的经济数据为基期数值,与比较期的有关经济数值进行对比的方法,也称为定基发展速度值。具体计算公式如下:

$$动态比率 = \frac{比较期数值}{基期数值} \times 100\%$$

2. 环比比率法,即以比较期的上期经济数据为分母,与比较期的有关经济数值进行对比的方法,也称为环比发展速度值。具体计算公式如下:

$$动态比率 = \frac{比较期数值}{上期数值} \times 100\%$$

运用动态分析法,还可以进行增长率分析。具体计算公式如下:

$$动态比率 = \frac{增长量}{基期数值} \times 100\%$$

以上这些比较分析方法可以参考表 12 – 1。

表 12 – 1 动态比率分析法

| 年度 | 项次 | 商品销售额 | 定期发展速度 | 环比发展速度 |
|---|---|---|---|---|
| 1999 | ① | × × | ①÷①=100 | |
| 2000 | ② | × × | ②÷①=×% | ②÷①=×% |
| 2001 | ③ | × × | ③÷①=×% | ③÷②=×% |
| 2002 | ④ | × × | ④÷①=×% | ④÷③=×% |
| 2003 | ⑤ | × × | ⑤÷①=×% | ⑤÷④=×% |

## (五)差额分析法

差额分析法是指用各相关因素的实际数与对比数之间的差额计算各个因素对经济指标变动的影响程度。

假设影响商品流通企业某经济指标的因素有两个,差额分析法的计算步骤如下:

第一步,以第一个因素的差额乘以第二个因素的数值,求出第一个因素的影响程度;

第二步,以第二个因素的差额乘以第一个因素的数值,求出第二个因素的影响程度。

例如,某商场计划某月的商品销售额为 2 200 000 元,计划商品销售费用率为 3.4%,实际商品销售额为 2 400 000 元,实际商品销售费用为 3.1%,实际节省销售费用是多少?

根据上述差额分析法计算原理,这两个影响因素分别是:商品销售额和商品销售费用。具体计算公式如下:

(实际商品销售额 – 计划商品销售额) × 计划费用水平 = 商品销售额的影响程度

(实际费用水平 – 计划费用水平) × 实际商品销售额 = 商品销售费用的影响程度

代入具体数据为:

$$(2\ 400\ 000 - 2\ 200\ 000) \times 3.4\% = 6\ 800(元)$$

$$(3.1\% - 3.4\%) \times 2\ 400\ 000 = -7\ 200(元)$$

通过计算可以看出,商品销售额的影响程度为 6 800 元,商品销售费用的影响程度为 -7 200元,两者相抵之后为(6 800 - 7 200 = ) -400 元。这个 -400 元为费用总额的实际数与计划数之间的差额,即实际节省的销售费用。

## (六)平衡分析法

平衡分析法是指对商品流通企业经济活动中具有平衡关系的一些指标进行对比,测算出各个因素对经济指标变动影响程度的分析方法。例如,商品流通企业的商品购进、销售、储存等指标之间存在平衡关系。它们的平衡关系公式如下:

商品销售额(进价) = 期初商品库存额 + 本期商品购进额 – 期末商品库存额

平衡分析法可分析商品实际销售情况与计划销售额差别的程度和原因。具体分析过程参见表12 – 2。

表 12-2　平衡分析法

| 指　　标 | 计划 | 实际 | 差异 |
|---|---|---|---|
| 期初商品存货 | 120 | 124 | +4 |
| 本期购进 | 400 | 390 | -10 |
| 期末商品存货 | 65 | 66 | +1 |
| 本期商品销售 | 397 | 392 | -5 |

从表 12-2 可以看出,本期商品销售未能完成计划的原因是购进低于计划和期末存货超过计划。

## 第二节　商品流通企业经营分析指标体系

### 一、利润指标

#### (一) 商品销售利润率

商品销售利润率是指利润总额占商品销售净额的百分比。商品销售利润率越高,商品流通企业的经济效益就越好,反之则越差。商品销售利润率包括净利润率和毛利润率。具体计算公式如下:

$$商品销售净利率 = \frac{净利润额}{商品销售净额} \times 100\%$$

$$商品销售毛利率 = \frac{毛利润额}{商品销售净额} \times 100\%$$

其中,"商品销售净额"是指销售总额中扣除销售退货、销售折扣后的净额。"毛利润额"是销售额与销售成本之差。"净利润额"是扣除所有税费之后的企业净得。

#### (二) 总资产利润率

总资产利润率是指利润总额占平均资产总额的百分比,也称总资产报酬率。平均资产总额是指商品流通企业全部资产的平均额。总资产利润率越高,商品流通企业的经济效益就越好,反之则越差。具体计算公式如下:

$$总资产利润率 = \frac{利润总额}{平均资产总额} \times 100\%$$

### (三) 流动资产利润率

流动资产利润率是指利润总额占平均流动资产总额的百分比。具体计算公式如下：

$$流动资产利润率 = \frac{利润总额}{平均流动资产总额} \times 100\%$$

## 二、劳动生产率指标

劳动生产率指标即人均销售额指标，可分为全员人均销售额指标和销售人员人均销售额指标。人均销售额越高，说明商品流通企业的销售能力越强，劳动生产率也越高。具体计算公式如下：

$$全员人均销售额 = \frac{年销售收入}{同期全体职工总数} \times 100\%$$

$$销售人员人均销售额 = \frac{年销售收入}{同期销售人员总数} \times 100\%$$

## 三、销售费用率指标

销售费用率是当期百元经营费用额与百元销售收入的比率。销售费用率越低，取得好的经济效益的可能性就越大。具体计算公式如下：

$$百元销售费用率 = \frac{百元商品销售费用总额}{百元销售收入} \times 100\%$$

## 四、市场占有率指标

市场占有率是指商品流通企业在一定时期内所经营的某类商品的销售量占市场同类商品销售总量的比率，它在一定程度上反映了本企业的销售能力、企业的商品在该市场的地位和市场竞争能力。具体计算公式如下：

$$市场占有率 = \frac{本企业商品销售量}{市场上同类商品总销售量} \times 100\%$$

## 五、经营效率分析

商品流通企业的经营效率主要包括资金周转率、库存周转率和资产周转率等。

### (一) 应收账款周转率

应收账款周转率是指应收账款在一定时期内的周转次数,它直接反映了商品流通企业流动资金使用效率的高低。具体计算公式如下:

$$应收账款周转率 = \frac{销售收入净额}{平均应收账款余额} \times 100\%$$

其中,平均应收账款余款为:

$$应收账款余额 = \frac{(期初应收账款 + 期末应收账款)}{2}$$

应收账款周转速度还可以用应收账款周转天数来表示:

$$应收账款周转天数 = \frac{360}{应收账款周转率} = \frac{平均应收账款余额 \times 360}{销售收入净额}$$

### (二) 库存商品周转指标

库存商品是商品流通企业重要的流动资产之一。库存商品周转指标包括库存商品周转率和库存商品周转天数。一般来说,库存商品周转率高,库存商品周转天数短,说明商品流通企业库存商品管理水平高,所经营的商品适销对路。具体计算公式如下:

$$库存商品周转率 = \frac{销售成本}{平均库存商品} \times 100\%$$

其中,

$$平均库存商品 = \frac{期初库存 + 期末库存}{2}$$

$$库存商品周转天数 = \frac{360}{库存商品周转率} = \frac{平均库存商品 \times 360}{销售成本}$$

### (三) 流动资产周转指标

流动资产周转指标主要是流动资产周转率。商品流通企业的流动资产周转率越高,其流动资产营运效果就越好。具体计算公式如下:

$$流动资产周转率 = \frac{销售收入净额}{流动资产平均余额} \times 100\%$$

其中，

$$流动资产平均余额 = \frac{期初流动资产额 + 期末流动资产额}{2}$$

### （四）总资产周转指标

总资产周转率是商品流通企业商品销售净额与全部资产平均余额之间的比值。商品流通企业的总资产周转率越高越好。具体计算公式如下：

$$总资产周转率 = \frac{销售收入净额}{总资产平均余额} \times 100\%$$

其中，

$$平均总资产余额 = \frac{期初总资产 + 期末总资产}{2}$$

## 六、经营风险性分析指标

为了防止或降低商品流通企业的经营风险，提高商品流通企业抵抗市场风险的能力，必须进行科学的经营风险性分析。商品流通企业经营风险分析的指标有资产负债率、流动比率、速动比率和安全边际指标。

### （一）资产负债率

资产负债率是商品流通企业负债总额与全部资产总额的比率，用于衡量企业利用债权人提供的资金进行经营活动的能力和企业偿还债务的能力。具体计算公式如下：

$$资产负债率 = \frac{负债总额}{资产总额} \times 100\%$$

资产总额包括企业的流动资产、固定资产、长期投资等。负债总额包括企业流动资金负债与长期负债的总和。

商品流通企业的资产负债率指标低，即负债总额占全部资本的比例小，表明该企业对债权人的债务偿还能力强，债权人投入资本的安全性大；反之，则表明该企业对债权人的债务偿还能力弱，债权人投入资本的安全性小。在现实的经营管理中，要根据实际情况合理把握商品流通企业的资产负债率。如果预期资产报酬率高于借款利率，说明资本经营效益好，这时可适当提高企业的资产负债率，利用债务资本获得更好的经济效益；反之，则应该降低资产负债率。

## （二）流动比率

流动比率是衡量商品流通企业流动资产用于短期债务清偿能力的常用比率，它是衡量企业利用短期借贷资本效率的指标。流动比率越大，说明该企业短期债务的清偿能力越强，因为流动比率高，表明该企业利用短期债务转化为现金的能力强，债权人的经济损失风险性就小。若流动比率过大，说明该企业有较多的资金滞留在流动资产上未能很好利用，可能导致资金周转速度减慢，从而影响企业获利能力。一般认为，较合适的流动比率为200%左右。具体计算公式如下：

$$流动比率 = \frac{流动资产总额}{流动负债总额} \times 100\%$$

## （三）速动比率

速动比率是衡量商品流通企业流动资产中可以立即用于偿还流动负债的能力，其计算公式如下：

$$速动比率 = \frac{速动资产}{流动负债} \times 100\%$$

其中，速动资产是指流动资产中变现能力强、流动性好的资产，这些资产主要包括现金、银行存款、应收账款、短期投资等。具体计算公式如下：

$$速动资产 = 现金 + 银行存款 + 应收账款 + 短期投资$$

或者：

$$速动资产 = 流动资产 - 库存商品 - 预付账款 - 待摊费用$$

理论上讲，速动比率越大，说明商品流通企业立即偿还流动负债的能力越强；速动比率越小，企业立即偿还负债的能力就越弱。通常认为速动比率以100%为适宜，因为这时的速动资产等于流动负债，偿还流动负债能力较强。

## （四）安全边际指标

安全边际是指商品流通企业实际或预计销售额超过保本销售额的差额。其计算公式为：

$$安全边际 = 实际或预计销售额 - 保本销售额$$

商品流通企业经营的安全边际还可以用安全边际率来表示，即安全边际与实际或预计销售额的比值。具体计算公式如下：

$$安全边际率 = \frac{安全边际}{实际或预计销售额} \times 100\% = \frac{实际或预计销售额 - 保本销售额}{实际或预计销售额} \times 100\%$$

安全边际和安全边际率的数值越大，商品流通企业发生亏损的风险就越小，相反,该数值越小,企业发生亏损的风险也就越大。安全边际的理论数据参见表 12-3。

表 12-3 安全边际率数据示意表

| 安全边际率 | 10%以下 | 10%~20% | 20%~30% | 30%~40% | 40%~50% |
|---|---|---|---|---|---|
| 安全程度 | 危险 | 不安全 | 较安全 | 安全 | 很安全 |

## 七、费用利润率指标

费用利润率指标包括成本费用利润率、商品流通费用率和可变费用率三个。

### (一)成本费用利润率

成本费用利润率是反映商品流通企业成本费用与利润之间关系的指标。具体计算公式如下:

$$成本费用利润率 = \frac{净利润}{成本费用总额} \times 100\%$$

### (二)商品流通费率

商品流通费率是反映每销售百元商品所支付的商品流通费用额。在商品销售额一定的情况下,支出的商品流通费用越少,商品流通费率越低,企业的经济效益就越好;反之,商品流通费率越高,企业的经济效益就越差。具体计算公式如下:

$$商品流通费率 = \frac{商品流通费用}{商品销售净额} \times 100\%$$

### (三)可变费用率

可变费用率反映的是可变费用额占商品销售净额的百分比。具体计算公式如下:

$$可变费用率 = \frac{可变费用额}{商品销售净额} \times 100\%$$

在商品流通企业商品销售额扩大的情况下,如果可变费用不是与商品销售额同比例增加,而是低于商品销售额的增长幅度,则可变费用率就会下降,说明费用支出少,经济效益好;反之,可变费用的增长幅度高于商品销售额的增长幅度,则可变费用率就会上升,说明经济效益较差。

## 八、资本利用率指标

资本利用率指标包括资本金利用率、资产利润率和净值报酬率。

### (一) 资本金利润率

资本金利润率是商品流通企业利润净额与平均资本数额之比。这个指标反映了商品流通企业资本的获利能力。资本金利润率越大,说明企业的经济效益越好,反之,则说明企业的经济效益越差。具体计算公式如下:

$$资本金利润率 = \frac{净利润}{平均资本金} \times 100\%$$

平均资本金是商品流通企业实际使用资本金的初期与末期的平均数。

### (二) 资产利润率

资产利润率是商品流通企业在一定期限内实现的利润净额与平均资产总额的比率。该指标反映了商品流通企业资产综合利用效果,也反映了企业利用自有资金和债务资金总额所取得利润的能力。资产利润率越大,说明企业资产的利用水平越高。具体计算公式如下:

$$资产利润率 = \frac{净利润}{平均资产总额} \times 100\%$$

平均资产总额为期初资产总额与期末资产总额的平均数。

### (三) 净值报酬率

净值报酬率也称所有者权益报酬率,是商品流通企业利润净额与平均所有者权益之比。具体计算公式为:

$$净值报酬率 = \frac{净利润}{平均所有者权益} \times 100\%$$

所有者权益也称企业净资产,或权益资本,或自有资本。具体计算公式为:

$$所有者权益 = 资产总额 - 负债总额$$
$$= 实收资本 + 资本公积 + 盈余公积 + 未分配利润$$
$$平均所有者权益 = \frac{期初所有者权益 + 期末所有者权益}{2}$$

## 九、发展能力分析指标

商品流通企业发展能力的主要分析指标有销售增长率指标、利润增长率指标和资本金增长率指标。具体计算公式分别如下:

$$销售增长率 = \frac{分析期销售额 - 基期销售额}{基期销售额} \times 100\%$$

$$利润增长率 = \frac{分析期利润额 - 基期利润额}{基期利润额} \times 100\%$$

$$资本金增长率 = \frac{分析期资本金额 - 基期资本金额}{基期资本金额} \times 100\%$$

# 第三节 商品流通企业的经营综合分析

## 一、商品流通企业经营状况雷达图

商品流通企业经营状况雷达图是将各项指标集中描绘在雷达状图表中的方法。这种方法可以较直观地显示商品流通企业的综合状况。具体方法如下:

首先,先列出商品流通企业各项经济指标及同行业平均水平(见表12-4)。

表12-4 商品流通企业各项经济指标与同行业平均指标对比表

|  | 流动比率 | | 安全边际率 | | 市场占有率 | | 流动资产周转率 | |
|---|---|---|---|---|---|---|---|---|
|  | 指标 | 比例 | 指标 | 比例 | 指标 | 比例 | 指标 | 比例 |
| 本企业某年水平 | 1.7 | 85% | 35 | 92% | 10 | 31% | 5.5 | 110% |
| 同行业平均水平 | 2.0 | 100% | 38 | 100% | 32 | 100% | 5 | 100% |
| 本企业某年水平 | 7.2 | 80% | 14 | 97% | 16 | 84% | 6 | 150% |
| 同行业平均水平 | 9 | 100% | 14.5 | 100% | 19 | 100% | 4 | 100% |

注:表12-4中的数据是为举例而用。

其次,将表12-4中的数据按"雷达表"的方式绘出示意图(见

图 12 – 1)。

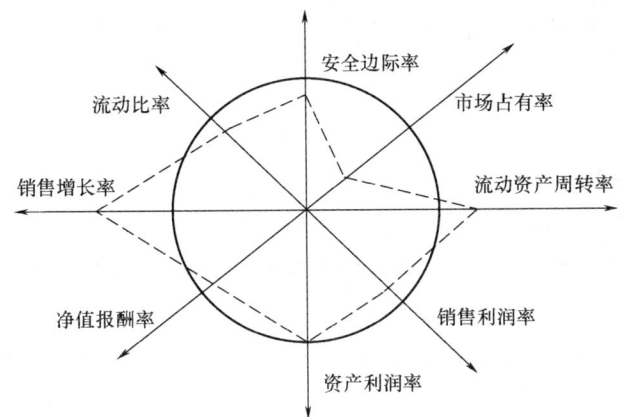

**图 12 – 1  商品流通企业各项经济指标与同行业平均指标对比雷达图**
注:实线为同行业水平;虚线为本企业水平。

## 二、Z 分析法

所谓 Z 分析法,就是通过对商品流通企业 Z 值的计算进行综合分析的方法。Z 值表明商品流通企业潜在破产可能性的大小,也可以用作对商品流通企业综合经营业绩的评价。具体方法如下:

用商品流通企业四个财务指标数值分别乘以给定的系数,加总后即可求得商品流通企业的 Z 值。

$$Z = 65.6X_1 + 3.26X_2 + 6.76X_3 + 1.05X_4$$

其中,

$$X_1 = \frac{营运资本}{总资产} = \frac{流动资产 - 流动负债}{总资产}$$

$$X_2 = \frac{留存收益总额}{总资产}$$

$$X_3 = \frac{税前利润 + 利息}{总资产}$$

$$X_4 = \frac{净值(所有者权益)}{负债总额}$$

$X_2$ 中的留存收益是指商品流通企业财务报表中盈余公积金、公益金和未分配利润三个项目的数据之和,是商品流通企业历年来净利润扣除股利分配、亏损弥补后的余额,是用于商品流通企业经营发展的净收益。

$Z$分析法的理论结果是:如果一个商品流通企业的$Z$值大于2.6,则商品流通企业的经营状况优良;$Z$值越大,则商品流通企业破产的风险越小。如果$Z$值小于1.1,则企业面临较大的破产风险。

**复习思考题:**

1. 商品流通企业主要有哪些经营分析方法？

2. 商品流通企业的经营分析指标体系有几大类？它们的分析公式分别是什么？

3. 商品流通企业经营综合分析主要有几种方法？如何进行具体的分析？

# 第十三章 商品流通领域的竞争、管理与调控

学习重点

- 1.竞争规律的含义、特点和市场准则;
- 2.商品流通企业竞争的类型与方式;
- 3.商品流通领域宏观管理与调控的指导思想、内容和方法;
- 4.市场中介组织的概念、类型与作用。

## 第一节 商品流通领域竞争的类型与方式

### 一、竞争规律的含义、特点与市场准则

(一)竞争规律的含义

竞争规律是指在市场经济体制下的经济活动过程中,受资源的稀缺性和市场范围的有限性等因素的限制,在以价值规律为核心的一系列市场经济规律的调节与制约下,不同生产经营主体之间为了争取有利于自己的市场交易条件和最大限度地实现自身的经济利益,迫不得已采取的各种排他性、竞争性的经济行为。同时,这些竞争行为必然对生产经营主体、生产经营方式、市场交易内容、商品和项目的生存与发展,产生优胜劣汰的市场检验与淘汰机制,迫使商品的生产与经营不断创新与提高,迫使商品结构、商品数量与种类等不断地得到调整,从而推动全社会商品生产与经营不断发展的过程。

(二)竞争规律的特点

1. 自发性。竞争规律的自发性主要表现在以下两个方面:一是同行业内部各生产经营者在生产经营过程中会自主地将经营资本投向经济效益较好

的商品或者项目中去,以期取得更好的经济效益;二是不同行业之间的生产经营者在一定条件下也会自主地转移资本,将经营资本投向获利更高的新行业中。由于资源和市场需求的有限性,这两种自主性投资与经营都会导致竞争的产生。

在市场经济体制下,除了国家通过行政力量控制的某些特殊行业、项目和产品之外,所有竞争性行业都会在市场经济规律的支配下,产生这种自发的竞争行为。

2. 排他性。在资源和市场需求有限的情况下,生产经营主体为了获得更多的经济利益,必定在市场占有额、资源的获取、生产经营技术的掌握等方面产生种种排他性的经营行为。排他性的竞争行为也会无情地淘汰一些管理不善、劳动生产率低下、商品不适销对路的企业。没有排他性的竞争行为及相应的后果,也就不可能有真正的竞争。排他性的竞争行为和相应的优胜劣汰的后果是竞争规律的伴生性特点。

竞争的排他性在不同的市场供求态势下所表现的范围和程度有不同的特点,在供不应求的市场态势下,竞争的排他性主要表现在买方之间;而在供过于求的市场态势下,竞争的排他性主要表现在卖方之间。

3. 激励性。由于竞争规律具有自发性和排他性,使每一个生产经营主体都会受到来自其他竞争者的压力,为了生存,竞争规律必然激励每一个生产经营者都要努力奋斗,不断进取,否则就会在竞争中失败。

竞争规律的激励性客观上起着不断提高社会劳动生产率、丰富物质资料供给、调整产品和产业结构、推动社会进步的作用。

4. 风险性。生产经营主体在争夺各类资源和抢占市场份额过程中所采取的各种竞争行为都有可能发生决策失误、投资失误,或被迫陷入"恶性竞争"的泥潭,使企业获得适得其反的后果,产生竞争风险。

理论上讲,凡是竞争都存在风险。竞争风险的强度总是同竞争的激烈程度成正比,竞争越是激烈,其潜在的风险也就越大。

**(三)竞争的市场准则**

市场竞争必须要遵循一定的准则,这是保证竞争公平性和积极性的重要前提。竞争的市场准则主要有以下四个:

1. 平等性准则。平等性准则是指参与竞争的任何市场主体都要依据国家和地方政府制定的有关法规和政策,在参与资格、待遇、权利等方面完全平等,不允许有任何的不平等存在。

2. 自主性准则。在市场竞争过程中,每一个生产经营主体都有符合国家和地方政府有关法规和政策要求的,自主地进行决策、投资、生产、经营、交易等的权利。自主性准则是保证竞争平等进行的基础,没有这个准则,竞争就不可能具有合理性、公平性。

3. 效益优先准则。市场经济条件下,最理想的经济活动效果是经济效益与社会效益的统一,是公平与效益的统一。但是,"社会效益"和"公平"这两个指标主要依靠政府宏观调控和法规约束来达到;对微观市场主体的各类经济行为,应采取符合国家有关法规和政策约束下的"效益优先"的准则。因为,效益是人民生活水平不断提高、国家经济不断发展的物质源泉,也是达到良好社会效益和社会公平的根本物质保障。

以上四点竞争的市场准则主要是通过政府相关法规以及管理制度来保障的。

## 二、商品流通领域竞争的内容和产生的条件

### (一) 商业竞争的内容

商品流通领域的竞争又称为"商业竞争"。商业竞争是指在竞争规律的支配下,各商业经营主体,为取得有利的经营与销售条件,占领更多的市场份额,获得尽可能多的利润,在经营方式、管理方法、进销价格、流通渠道、广告宣传等方面进行争先、抗衡和较量的活动。

商业竞争是商品经济的必然产物,是经济规律客观的、外在的必然表现,也是市场竞争的重要组成部分。商业竞争随着商品经济的产生而生产,同时,商业竞争也不断推动着商品经济的深化发展。商业竞争者之间"互相对立,他们不承认任何别的权威,只承认竞争的权威,只承认他们相互利益的压力加在他们身上的强制。"① 商业竞争是各商业经营主体为取得更好的经济效益的客观必然,优胜劣汰也是任何参与市场竞争的商业主体无法回避的"检验"和"过滤"过程。

---

① 马克思:《资本论》(第1卷),人民出版社1975年版,第394页。

## (二) 商业竞争产生的条件

商业竞争不是产生和存在于任何经济环境之中的,商业竞争的产生与发展必须具备以下两个条件:

1. 经济体制条件。市场经济体制和相应的运行机制是商业竞争产生的体制条件。在计划经济体制下,计划管理体制和相应的政府行为已对流通的产销关系进行了严格的"管制",商业企业实际上只是落实国家流通计划的具体执行单位,商业企业之间没有根本的经济利益冲突,也不存在真正意义上的市场竞争。在市场经济体制条件下,商业企业成为自主经营、自负盈亏的经济实体,国家各相关部门不能直接干涉商业企业的具体经营活动,也不承担和包揽任何商业企业的盈亏,因此,商业企业在每一次经营活动中的盈亏都直接关系着自身的生存与发展,这就迫使商业企业在所有经营活动中,必须在市场经济规律的制约下,估计交换比率,计算经济利益得失,关注自己的盈亏,客观地决定了商业企业在市场经济体制下必然要产生竞争性经营活动。

2. 市场供求条件。市场的供给与需求关系是决定商业竞争激烈与否的重要条件。在供不应求的市场态势下,"卖方市场"形成,此时商业企业所经营的商品市场比较广大、销路畅通、价格较高、利润丰厚。所以,商业企业之间的竞争程度相对比较轻。而在供过于求的市场态势下,"买方市场"形成,此时商业企业所经营的商品市场窄小、销路不畅、价格下降、利润微薄、风险增加,商业企业为了争夺更多的市场销售份额,必然展开激烈的市场竞争,使市场竞争的激烈程度加大。

一般来说,在市场经济条件下,由于生产经营主体为了自身的生存与发展,会不断地、自动地、努力寻找市场空缺,争取发展机会,这就会形成市场空缺不断被"自动"弥补,更高质量的商品或更新的商品种类不断替代或淘汰旧的商品的供给机制。这种机制的发展后果或者发展趋势,必然是需求约束型市场态势的形成。市场经济特有的供给机制是导致商业企业激烈竞争的重要内在因素。

## 三、商品流通企业竞争的类型与方式

### (一) 行业之间的竞争

1. 行业竞争的含义。行业之间的竞争是指不同商品流通企业所属行业(如百货行业、餐饮行业、家电行业等)的商业企业之间,在等量资本所获取的利润率产生较大差别时,处在较低资本利润率行业中的资本向处在较高资本利润率行业进行转移而发生的竞争。例如,零售业的资本利润率大大低于餐饮业的资本利润率,一些零售行业中的企业就会放弃零售业,而将资本转向餐饮业,形成零售业与餐饮业之间的行业竞争。

2. 行业竞争的表现。行业之间的竞争主要表现在以下三个方面:一是行业原有企业为了巩固在本行业已占领的市场份额,必然采取一切手段来排挤新进入本行业的商业企业;二是新进入的企业为了尽快打开市场、扩大销路、回收投资,也必然采取一切手段来抢夺原有企业的市场份额;三是新转移的企业之间为了尽可能快地形成经营规模,也必然会展开激烈的竞争,抢占有利市场。

3. 行业竞争的演变。行业之间的竞争首先是从行业内部开始的。由于行业内部各企业的供给数量超过了市场需求的数量,迫使全行业的经营利润率下降,形成行业之间利润率的高低差别,这就迫使本行业的一些企业和资本转向利润率较高的新行业中去。这种转移过程有可能使新的行业形成供过于求的市场态势,又在新行业中形成新的竞争,再迫使部分企业和资本投向其他行业。

4. 行业竞争的作用。行业之间的竞争必然产生以下两个方面的作用:第一,行业竞争使市场供求的空缺不断地被自动弥补,使商业企业生产经营的质量、广度、深度和市场的专业化程度等都不断地得到提高、发展和深化。第二,资本在各行业之间的动态性转移使各个行业之间的资本利润率趋于大致平衡,从而使各行业的经营利润率普遍下降。

5. 资本向不同行业转移的条件。各行业之间资本转移的难易程度主要取决于不同商业行业之间在相互转移过程中,在资本、技术、设备、人员素质等方面的适应程度。一般来说,在资本、技术、设备、人员素质等方面要求较高的行业,进入该行业就比较困难,潜在的市场竞争威胁比较小;而在资本、技术、设备、人员素质等方面要求不高的行业,进入该行业的难度不大,潜在的行业竞争比较大,行业之间竞争的激烈程度就比较高。

(二)行业内部的竞争

1. 行业内部竞争的含义。行业内部的竞争是指在同一行业内经营同类业务的商品流通企业之间的竞争。行业内部的竞争又分两种情况:一种是同行业同业态的商业企业之间的竞争,如百货商店之间的竞争、连锁经营企业之间的竞争等;另一种是同行业不同业态商品流通企业之间的竞争,如便利连锁商店与各类小杂货店之间的竞争等。

2. 行业内部竞争的条件与原因。当同行业各企业所提供的商品与服务的总量满足不了需求总量时,同行业内部各商品流通企业之间相互竞争的激烈程度就比较弱;当同行业各企业所提供的商品与服务的总量超过相应的需求总量时,同行业内部各商业企业之间为争夺市场而产生的激烈竞争便不可避免。

3. 行业内部竞争的客观作用。在供过于求的市场态势下,同行业内部各企业为抢占更多的市场份额,获得更多利润,在价格、品种、服务、广告、购物环境等方面展开激烈的竞争。这种竞争必然造成两种结果:一是使同行业内各企业的经营管理费用和成本不断提高,平均利润率大幅度降低;二是使各商品流通企业在经营、管理、服务等方面不断地创新,这对全面提高商业企业的劳动生产率、竞争力、服务水平和满足广大消费者的需求具有十分积极的作用。

### (三) 销售价格竞争

所谓销售价格竞争,是指经营同类商品的不同商品流通企业之间通过一定的价格策略来争夺市场占有率,获取更多利润的竞争方式。价格竞争是商品流通企业竞争手段中最重要、最常见的手段。

1. 低价竞争策略。低价竞争策略即商品流通企业对所经营的商品价格都采取低于市场平均价格水平的销售方式,以吸引广大消费者,扩大市场占有率。

采取低价格竞争策略取得利润的方式是:通过薄利多销,加快流动资金的周转速度,扩大利润总量。低价竞争策略的运行机理是:价格低——吸引更多的消费者——企业的销售总额大幅度提高——取得规模经济效益。

低价竞争策略不是降价竞争策略,降价竞争策略是商品流通企业所采取的临时性降低价格的策略。降价竞争策略的特点是,价格下降是暂时的,持续的时间也比较短,短的只有几十分钟,最长也只有几十天时间。而低价竞争策略则是商品流通企业在一个较长时间内,甚至在整个商品流通企业的经营过程中采取低于市场平均价格的策略。例如,有些商品流通企业推行"天天平价"的价格策略。这样做的好处是,可以给消费者一个强烈的信息:随时到这个商品流通企业来购物,都可以享受到低价,不必等到临时降价的某一时刻。

采取低价竞争策略需要注意,必须计算好企业经营成本与销售价格之间的比例关系,避免因长期低价而造成企业亏损。从另一个角度来看,商品流通企业必须提高经营管理水平,降低经营成本,提高劳动生产率,才能有效减轻因销售价格低而形成的经营成本比例大的压力。

2. 高价竞争策略。高价竞争策略即商品流通企业对所经营商品的价格采取高于市场平均价格水平的销售方式。采取这种价格策略的一般都是经营高档、名牌消费品的商品流通企业。代表性的业态有:高档次的百货商场、购物中心或者百货商场中的某些专卖柜台、某些专卖店或专营商店等。

高价竞争策略的运行机理是:价格高——证明所经营的名牌商品货真价实、档次高——吸引部分追求名牌的消费者专程购买——以高额的利润率来取得经济效益。

采取高价竞争策略应注意以下两个问题:一是所经营的商品一定要货真价实,保证其品牌的真实性和商品的高档次性,真正满足那些追求名牌、高档商品的消费者的需求;二是在市场总供求关系持平或供过于求的情况下,经营消费者日常消费的大宗商品一般不宜采取高价竞争策略,因为消费者日常消费的各种日用消费品的生产技术要求不高,产品质量差异不大,若在这类商品上采取高价竞争策略,消费者便会转向其他价格便宜的商场去购买,使商场失去大量的顾客。

3. 浮动价格竞争策略。商品流通企业对所经营的某些商品或全部商品采取在固定或不固定的某些时间段内大幅度降价或者提价,达到预定的销售目的后再恢复原价的策略。

一般而言,商品流通企业出现以下几种情况时,可以采取浮动价格竞争策略:

一是当商品流通企业的某些商品快到期、快过时或销售不畅时,为了尽快将这些商品销售出去,加快资金回笼,便采取降价销售的策略。

二是商品流通企业为了吸引消费者的注意,增强企业的市场竞争力,占领更多的市场份额,选择适当的时机采取较大幅度降价销售的策略,刺激消费者,引发消费者的购买欲望。

三是当某些商品流通企业掌握了一些消费者追求的、市场又稀缺的新颖商品或者服务时,便可暂时采取高价销售的策略,以获取更多的利润,当这些商品或者服务的供给不再稀缺时,再回落到正常的价位。

采取浮动价格竞争策略时,要注意以下两个问题:一是要把握好每次降价或者提价的幅度,幅度掌握不好,便达不到刺激大量消费者购买欲望的目的。如有些还在保质期内的食品,若降价幅度太大,消费者就会认为商品已经不能食用;对某些市场竞争激烈的商品,若降价幅度太小,也不会引起消费者的兴趣。二是要选择好降价或者提价销售的商品品种和时机,达到既能够吸引大量的顾客,又能给商品流通企业带来较好经济效益的目的。例如,不能等某些商品已经过时,或大量积压时,才被迫降价,而应在商品快到期或旺销期还未完全过去时,及时降价促销。

4. 复合价格竞争策略。商品流通企业根据本企业所经营商品的不同品种、不同质量、不同品牌、不同供求关系等情况,灵活地、有针对性地制定出不同的商品价格,在一个商场内形成多层次复合型的销售价格体系。复合商品价格策略适用于大型百货商场、购物中心、大型超级市场等商品种类比较复杂的商品流通企业。

采取复合价格竞争策略的缺点是,由于在价格方面没有突出的倾向(高价或低价),很难对消费者在价格竞争方面形成突出的印象或吸引力。

5. 其他价格策略。销售价格竞争还可采取其他策略,具体介绍如下:

(1)弹性与非弹性定价策略。根据商品和消费者对象的不同,对有些商品可以在消费者讨价还价的基础上确定一定的价格变化幅度;对另一些商品也可能采取价格不变的策略。

(2)奇零定价策略。在商品定价时,有意保留价格尾数,如×元×角×分,可以给消费者以价格便宜的感受,还可以给消费者以定价比较实在、精确的感受。

(3)声望价格策略。即对于某些名牌商品、市场走俏商品、时尚或流行商品,可以有意定高价格。

总之,价格竞争策略不是固定不变的,商品流通企业必须根据市场情况、竞争对手和消费者的具体情况,灵活科学地选择和使用价格竞争手段,才能取得较好的竞争效果。

## (四)商品经营竞争

1. 商品组合的概念。商品组合是指商品流通企业对所经营商品的种类、结构、数量等采取有目的组合方式而形成的不同商品经营特色的竞争方式。商品的经营内容及其组合方式是商品流通企业在竞争中成功与否的关键或者核心问题。换句话说,商品流通企业的商品经营问题主要是商品组合问题。

商品流通企业的商品组合主要包括以下两个方面的内容:一方面是指主营商品、辅营商品和展示性商品之间的组合。商品流通企业所经营的商品一般可分为三大类:第一类是主营商品或者核心商品,是指商品流通企业向消费者提供的体现本企业主营业务的商品。有的商品流通企业的主营商品只有几种,有的则多达几十种。第二类是辅营商品。这是指为了在更大程度上满足消费者的需求,在经营主营商品的基础上附带经营的商品。第三类是展示性商品。这是指销售量很小,但具有宣传性和展示性的商品。另一方面是指主营商品内部各品种之间所占的比例组合。主营商品内部各品种之间的组合是商品流通企业商品组合中最为重要的内容,关系着商品流通企业经营方向、经营特色的塑造。

总之,商品流通企业所经营的商品种类、结构、数量的组合方式是有讲究的,我们必须将其作为一个十分重要的经营管理问题加以认真的研究。

2. 商品组合的原则。商品组合的一般原则有突出特色、避免雷同和尽量满足顾客需求。

(1)突出特色原则。商品流通企业应根据企业自身的情况、竞争对手的情况、服务对象的情况等,制定特色突出、重点突出的商品组合模式。

(2)避免雷同原则。在制定商品组合时,应避免与其他同类商品流通企业的商品组合雷同,尽量做到扬长避短,与其他同类商品流通企业形成差异化的商品组合。

(3)尽量满足顾客需求原则。消费者的需求是多种类、多层次的,商品流通企业不可能全面地满足每一个层次、每一个群体和每一个个体的需求,但商品流通企业必须根据所服务的主要目标顾客的情况来制定能够最大限度地满足顾客需求的商品组合模式。

3. 商品组合策略。

(1)综合商品组合策略。所谓综合商品组合策略,是指商品流通企业将消费者需求的所有商品都作为商品经营的项目组合在一个商品流通企业中经营。其特点是,商品种类繁多,覆盖面宽。

综合商品组合也是"无差异市场竞争战略"的具体表现形式。一般意义的无差异市场竞争战略是指以消费者的某种共同需求为出发点,采取单一产品和单一经营的方式参与竞争的战略,即以一种产品、一种价格、一种包装和质量进入市场,参与竞争。国外曾有不少企业运用这种战略获得了相当成功的效果。商品流通企业的无差异市场竞争战略是将整个消费者群体以及这个群体所需要的所有商品作为商品流通企业竞争的目标,采取全方位、无差异的商品组合策略。

综合商品组合策略可细分为以下两种情况,一种是规模化的综合商品组合。即商品流通企业所经营的商品种类很多,几乎包括了所有的大类商品,小类商品可达几万种。在这类商品流通企业购物,几乎所有的东西都能买到。一般来讲,大型综合超市、大型百货商场等零售商业形式采用这种商品组合策略比较合适。另一种是小型综合商品组合,即在商品流通企业所经营的主要商品种类中,小类商品的种类、规格、花色等十分齐全。超级市场、大卖场、中型百货商场等业态比较适合这种组合。

综合商品组合策略的市场竞争优势在于,所经营的商品适应面宽,能够满足不同类型、不同层次、不同目的的消费者的需求。其缺点是,容易造成经营重点不突出。

(2) 专项商品组合策略。专项商品组合策略是指商场集中经营某一种类商品,使这一种类的商品达到规格全、款式齐、花色繁、品牌多,以突出的经营特色来满足消费者对该类商品的专项需求。各种专业商场、专卖店等适合采用专项商品组合策略。

专项商品组合策略是"密集型市场竞争战略"思想在商品流通企业商品组合中的具体应用。即将消费者的需求进行细分之后,集中精力专门经营一类或少数几类商品,以满足特定消费者群体或消费者的特定需求为目标,以最大限度地满足这些消费需求的专项商品组合为手段的密集型市场竞争策略。

专项商品组合策略的竞争优势在于,不是靠全面覆盖性的商品来满足消费者的需求,而是靠突出经营某类商品的办法来满足消费者的需求,不仅可以在某大类商品方面为消费提供更加丰富的品牌、款式、规模、花色,而且能减少商品流通企业经营管理的难度,集中有限的资金、人力来经营特色更加突出的商品。营业面积不大、资本实力不强的中小型商品流通企业比较适合采用这种商品组合策略。

(3) 相关商品组合策略。相关商品组合策略是指将能够相互替代、相互配套、相互关联的商品集中在一起经营,以满足消费者方便购物需求的商品组合策略。现实中的相关商品组合有:各种调味品组合、食品与副食品组合、妇女儿童用品组合、视听商品组合等。

相关商品组合是"有差异市场战略"思想在商品流通领域的具体运用,即将消费者的相关性需求分成若干个体系,并有针对性地采取不同的商品组合体系来满足这些不同的、有差别的需求体系。

## (五) 购销渠道竞争

购销渠道竞争是指商品流通企业为了有效控制畅销商品的进货渠道和销售市场,在争夺进货渠道和控制销售市场两个方面进行的市场竞争。购销渠道竞争的目的在于尽量垄断畅销商品的进货渠道和销售市场,以获得更多的利润。

商品流通企业购销渠道竞争的方法大致有两类:

1. 垄断进货渠道。商品流通企业与畅销商品的生产商协商,取得在某个区域市场的总代理、总经销、独家代理等资格,从进货渠道方面控制该区域市场的供货权。为了能从生产商手中获取这种垄断进货渠道的权力,经营该商品的各商品流通企业之间必然要进行激烈的竞争。在竞争过程中,生产商一般都愿意将某个区域市场的代理权交给经济实力雄厚、销售能力强和商业信誉好的商品流通企业。生产商与商品流通企业之间的这种购销关系一般是通过严格的合同关系来确定的。

2. 抢占销售市场份额。对于有些畅销商品,在进货渠道比较多、很难控制的情况下,商品流通企业在销售市场的份额方面竞争十分激烈。竞争的方法有四种:①压低市场销售价格,薄利多销,争取更多市场份额,排挤其他销售商;②利用各种媒体进行大量的广告宣传,并配以各种有奖销售的方法来刺激消费者的购买欲望,占领更多市场份额;③利用连锁经营方式,以更多的销售网点来占领更多市场份额;④尽量采取从生产商、生产地区直接购进货源、批量购进货源,以减少流通环节、降低进货价格和费用,从而以较低的销售价格吸引更多消费者。

## (六)服务质量竞争

服务质量竞争是商品流通企业在经营过程中,为消费者提供各种服务,通过这些服务的不同内容和质量水平,赢得消费者对本企业的好感和信任,从而吸引更多消费者,占领更多市场份额的竞争。在现代市场经济条件下,服务已成为商品流通企业重要的竞争手段之一,是整体经营策略的构成要素之一。

服务质量竞争有两种类型:

1. 经营实体商品的商品流通企业在销售商品前、销售商品过程中、销售商品后给消费者提供的各种服务的竞争。在商品供求平衡或供过于求的情况下,商品流通企业为了能够更好地吸引消费者到本企业购物,除了要提高商品质量、合理制定销售价格等以外,还应为消费者提供良好的售前、售中、售后服务。大量事实证明,在买方市场条件下,经营同类商品的商品流通企业之间,在商品质量和价格方面差别不大的情况下,企业所提供的服务内容的多少、质量的好坏,已成为该企业能否有效吸引消费者、占领更多市场份额的重要竞争手段。

服务质量竞争的内容主要包括:销售过程中的服务态度;又快又好的服务效率和娴熟的服务技能方面的竞争;为顾客送货上门和安装调试服务项目方面的竞争;为销售出去的商品提供"包退、包换、包修"服务方面的竞争等。

2. 为消费者提供的各种包括洗涤、美容、度假、修理、娱乐等劳务服务的质量的竞争。这类服务企业的服务质量要比经营实体商品的商品流通企业的服务质量要求更高,因为,这类企业所经营的"产品"就是服务,给消费者提供的服务质量的好坏实际上就是产品质量的好坏。在这种情况下,服务质量好坏和水平的高低,对商品流通企业的经营影响更大。

为消费者专门提供劳务服务的商品流通企业的服务质量的竞争包括服务内容、服务态度、服务项目方面的竞争,包括高超的服务技能、较高的服务效率、良好的服务效果、突出的服务特色等方面的竞争,还包括服务环境和服务设施方面的竞争。

### 四、商品流通企业的竞争战略

#### (一)商品流通企业竞争战略的概念

商品流通企业的竞争战略是指,商品流通企业为了在激烈的市场竞争中求得长期、稳定的生存与发展机会,在综合分析外部环境和内部条件的基础上,对企业自身的发展方向、目标、策略和行动步骤,做出的长期的、系统的、全局的谋划。

商品流通企业竞争战略正确与否,关系到企业在竞争中的兴衰存亡。竞争战略的成功是最大的成功,竞争战略的失误是最大的失误。竞争战略正确,就能提高商品流通企业在竞争中的适应能力和应变能力,企业就会发展壮大;竞争战略失误,商品流通企业在竞争中就可能丧失优势,甚至在竞争中无情地被淘汰。因此,对竞争战略的研究是商品流通企业经营管理的重要内容。

#### (二)商品流通企业竞争战略的思想

商品流通企业竞争战略思想是指导竞争战略的制定与实施的基本理念或观念。战略思想是竞争战略的灵魂,有什么样的战略思想,就会产生什么样的竞争战略。战略思想的正确与否,对竞争战略的制定与实施具有重要的影响。由于各商品流通企业的具体情况不同,不可能有一个适应一切企业的具体竞争战略思想。同一个企业,由于管理者的理念或观念的不同,也会产生不同的战略思想,但这并不是说战略思想可以毫无根据地主观臆想。

正确的竞争战略思想主要来自以下四个方面的认识:一是正确认识市场经济规律的基本要求和发展趋势;二是准确掌握企业、竞争对手和市场态势方面的各种信息;三是要有不断创新、不断发展的经营管理意识;四是要有科学的经营管理思想。

### (三) 商品流通企业竞争战略的特征

商品流通企业制定的竞争战略应具备以下特征：

(1) 长远性。制定竞争战略，不仅是为了企业在竞争中求得眼前的、短期的利益，更是为了谋求企业在竞争中的长期生存和发展利益。企业的竞争战略应该尽可能地使眼前利益与长远利益结合起来。但是，当企业制定的发展战略的长远利益与眼前利益发生矛盾时，应尽量让眼前利益服从长远利益。放弃眼前的利益是为了将来获得更多的利益，取得更多的发展机会。只顾眼前利益而忽视长远利益，就会在将来丧失更大的发展机会。

制定商品流通企业竞争战略的时间跨度一般以 5 年左右为宜。

(2) 科学性。商品流通企业制定的竞争战略如果符合经济规律的要求和企业的发展趋势，就是科学的，否则就是不科学的。

商品流通企业制定竞争战略的科学性主要表现以三个方面：第一，不同行业、不同业态的商品流通企业具有不同的发展规律，商品流通企业的竞争战略要符合经济发展规律对本企业的经营、管理、组织和规模等方面的要求，既不能因循守旧，不思进取，也不能盲目追求与本企业的实际情况不相符的发展模式。第二，商品流通企业的竞争战略要符合经济发展水平的要求。一定的社会经济发展水平和消费者的收入水平必然要求有与之相适应的商业经营方式。如果制定的竞争战略与将来的社会经济发展水平的要求不相符，竞争战略就不会收到很好的实效。第三，竞争战略要有明确的目的性和方向性，要抓住商品流通企业存在的主要问题、主要矛盾和发展的主要目标，制定明确的企业发展战略方向。

(3) 系统性。商品流通企业竞争战略绝不是解决某一个具体问题的对策，影响商品流通企业竞争战略目标实现的也不只是某一个方面的问题，而是诸多因素综合影响的结果。因此，商品流通企业制定的竞争战略应充分考虑各方面因素，以及各因素之间的相互影响，使竞争战略制定得更加全面和系统。

商品流通企业竞争战略的系统性还表现在以下几个方面：要有一个能够落实系统性竞争战略的全面的、完善的实施方法与步骤计划，有条不紊地落实系统性的竞争战略。

### (四) 商品流通企业竞争战略的内容

1. 竞争战略策划。科学、完整的商品流通企业竞争战略策划应包括以下四个方面的内容：

（1）战略目标。战略目标是指建立在科学分析市场、企业、竞争对手等信息的基础上，在某一时间段内所要达到的发展目标或者结果。

商品流通企业的战略目标一般包括：企业应达到的销售额、市场占有率、利润水平和经济效益指标；所经营商品的规模、种类、结构和比例；商店营业场所的面积、连锁商店的网点数量等；企业先进的科学技术水平；企业的经营服务质量水平等内容。战略目标应做到目标明确、论证科学、层次清楚、便于操作。

（2）战略思路。战略思路是指尽快达到和实现战略目标所使用的途径、方式和手段。在激烈的市场竞争中，符合经济规律的、奇妙的战略思路构想往往能够引导商品流通企业制定出出人意料、出奇制胜的发展战略。

（3）战略步骤。即根据战略思路，制定明确的实施顺序、主要次要问题、阶段性任务、达到目标的时间限定等。

（4）战略措施。战略措施是为落实战略步骤所采取的一系列方针、手段、方式、方法的总称。

2. 竞争战略方法。商业企业具体的竞争战略方法有如下几种选择方案：

（1）以商品经营范围与内容为核心内容，主要是指以商品种类、结构、花色、规格、经营等为主要内容制定出的竞争战略。大型百货商场、超级市场、专营商店、连锁商店等商品流通企业比较适宜采取这一方法。

（2）以经营技术与管理特色为核心内容，主要是指以特色商品、特色技术、特色服务、规模化经营、低成本管理等为主要内容制定的竞争战略。老字号商店、餐饮业、专业店、专卖店等企业比较适于采取这一方法。

（3）以经营方式与服务质量为核心内容，主要是指以经营名优品牌、保证商品质量、产品与服务质量等方面为主要内容，制定出的竞争战略。

（4）以营销方式为核心内容，主要是指以目标市场、宣传方式、价格策略、购销方式等为主要内容制定出的竞争战略。

（5）以创立商店名声或商誉为核心内容，主要是指为创立或者加强商店的知名度、声誉度，以经营管理、客户关系、店容店貌规范化或标识化、塑造企业形象、公关与宣传等为主要内容制定出的竞争战略。

### 五、商业信誉与竞争

#### （一）商誉的概念与作用

商业信誉，即商誉，是指商品流通企业在所经营的商品的质量、品种、结构、花色方面,在履行合同和兑现承诺方面,在企业的服务质量和经营管理水平方面,在经营技术、经营特色等方面,优于其他同类企业,并在广大用户和消费者心目中逐渐建立起的较高的信任度、知名度和市场声誉。

商誉是商品流通企业的经营管理者在保证质量、加强管理、发展技术、完善服务等方面不断投入形成的。具有良好商誉的商品流通企业能够在资本、技术、地理位置、经营项目等相同的条件下,比其他商品流通企业占有更多的市场份额,获得更高的资本利润率。同时,商誉还具有一定的时间延续效应,良好的商誉会对商品流通企业当时和以后若干时间内的市场占有率、商品销售额和经济效益等产生积极的影响。

商誉是我国社会主义市场经济条件下商品流通企业经营与竞争的一项必不可少的无形资本,也是商品流通企业在进行兼并、出卖、资产评估时的重要无形资产。

### (二)商誉的特征

商誉好的企业可能得到较多的市场份额和利润,而商誉不好的企业则可能失去应有的市场份额和利润,甚至发生亏损。从商誉价值量的角度来看,那些商誉好、能够获得超额利润的企业的商誉价值显然是"正值",那些由于商誉不好而影响企业经营效果并发生亏损的企业的商誉显然是"负值"。因此,在市场经济条件下,商誉越来越成为商品流通企业必不可少的无形资本,这种资本在经营过程中既可能发生增值,成为正值,也可能发生亏损,成为负值。

### (三)商誉的特点

一般而言,商誉具有以下特点:

1. 商誉的整体性。商誉与专有技术、专利、商标等无形资产在计价特点方面是不同的。专利等无形资产在形成过程中总有其可明确计算的专项投资,如商标的设计费用、注册费用以及广告费用等,均可以明确计入该项无形资产的成本价格。但是,商誉的形成不可能是由某几项专门的投资取得的。商品流通企业形成良好商誉的因素几乎是企业包括上述商誉概念中的所有有形资产和无形资产在长期生产经营过程中综合作用的结果。因此,商誉是建立在商品流通企业整体经营与管理诸因素基础上的一项综合性、整体性无形资产,离开了商品流通企业的整体经营管理诸因素的综合作用,商誉就不可能形成。相反,商品流通企业若在某一个方面出现问题,也可能影响和破坏商品流通企业的商誉。

2. 商誉价值计算的间接性和市场化。商誉只是商品流通企业在经营品种、质量、管理、特色、服务、企业形象等方面存在于广大用户和消费者心目中的较好的信誉与知名度。这种信誉或知名度仅仅是用户在观念上对企业的评价或认识。无疑,这种观念上对企业的评价或认识是不可能直接形成价值的,但是这种评价或认识却能使用户或消费者连续不断地消费该企业的产品,或者促使更多的消费者或用户加入消费该企业的产品的行列中来,使该企业的经营项目在市场竞争中占领更多的市场份额,取得更高的资本利润率。所以,商誉在计量价值方面具有间接性和市场化的特点也造成了准确计量商誉价值的困难。目前,国内外还没有公认的计量商誉价值的办法,现简单列出几个计量公式仅供参考。

(1) 超额收益累加法。

$$商誉的价值 = \Sigma(某年净收益 - 该年正常净收益)$$

(2) 平均超额收益法。

$$商誉的价值 = 平均超额收益 \times 约定的倍数$$

其中,"倍数"是指商誉能够带来超额收益的期间,如3年等。

(3) 平均收益资本化法。

$$商誉的价值 = 平均收益资本化价值 - 企业净资产价值$$

其中,平均收益资本化价值 = 平均收益 ÷ 资本报酬率。

### (四) 培养商誉的途径

1. 经营管理。在商品流通企业内部进行严格的经营管理,以良好的经营质量、优质的服务、适销对路的商品、合理的价格等来培育和树立企业的商誉。严格的企业经营管理是培育良好商誉关键的、基本的内容。

2. 营销与宣传。经常利用各种宣传媒体宣传本企业的管理质量、经营品种、优惠条件、服务质量和服务内容等,塑造良好的企业形象。运用良好的售前、售中和售后服务,宽松的商品退货制度,多种销售承诺方式等来塑造良好的企业形象。

经济实力比较强的商品流通企业还可以通过资助社会公益事业、无偿服务活动、帮助孤寡残疾等行为来提高企业的知名度和树立良好的企业形象。

以上这些手段往往是综合使用的,只有综合使用这些手段,才能真正塑造良好的企业形象和市场商誉。

第十三章　商品流通领域的竞争、管理与调控
Chapter Thirteen

## 第二节　商品流通领域的宏观管理与调控

### 一、宏观管理与调控的思想与方法

#### (一)宏观管理的指导思想与基本方法

1. 宏观管理的指导思想。按照我国社会主义市场经济体制的要求,商品流通领域宏观管理与调控的指导思想应包括以下四个方面的内容:

第一,就经济调节的主导方式来看,必须以市场经济规律的客观作用为直接的、主要的、第一位的调节方式,以政府的主观调节行为为间接的、次要的、第二位的调节方式。

第二,政府主观调节的方式和力度绝不是任意的,而是在充分尊重经济规律的基础上的,反映经济规律本质要求的调节行为。

第三,政府的主观调节目标或层次是商品流通领域内宏观的、全局的、结构性的重大问题,基本不干涉微观的、局部的、竞争性的企业的具体生产经营活动。

第四,法律手段为企业经营行为和政府主观调节行为在方式、权限、范围、程序等方面提供了约束和规范的尺度和依据。

2. 宏观管理的基本方法。

第一,各级政府及有关行政管理部门一般不直接干涉企业正常的经营活动,商业经营主体在市场经济规律的调节下,在公平的市场竞争中,自主经营、自负盈亏、自我发展、自我约束。

第二,政府和有关商品流通行政管理部门的管理重点是,制定商业经营活动的有关法规、政策、条例,以及商业改革的方向、方针和措施等。通过这些方针政策的制定,指明商业经营主体的发展方向和目标,为正确处理和调节商品流通过程中的重大经济关系提供政策法规方面的依据和行为准则;贯彻国家在一定时期内经济发展的基本任务,规范商业经营行为,协调流通过程中的各种矛盾,以保证公平交易、市场繁荣、生产生活的正常运行。

这些方针政策主要包括:各类商业经营活动的管理条例、发展政策与目标、商品收购与销售政策、价格政策、有关的税收与信贷政策、商业投资政策、优惠

政策等。

第三,有关商业行政管理部门对市场主体的经济行为依法进行管理、引导和监督,如交易主体的工商注册、维护公平交易、保护知识产权、防止欺诈、依法纳税等。

第四,政府及有关商业行政管理部门要不断收集各类市场信息,进行科学、系统的分析和研究,对可能出现或者已经出现的重大供求关系失衡状态,要依照政策法规规定的程序、方式、范围和权限,实施以间接调控方式为主的调控与管理。例如,通过税收、价格、利率、商业政策、消费政策、投资政策等方式和途径进行间接调控、引导与管理。

第五,对出现重大自然灾害等特殊事件,或者对少数边远贫困地区在特殊情况下急需的物资,国家商业行政管理部门可以进行必要的直接干预,及时解决对生产资料和生活资料的需求,或者出台一些特殊政策,通过行政干预的方法来扶持少数边远贫困地区商业的发展。

**(二)宏观管理与调控的主要内容**

1. 供求关系。商品流通领域宏观管理的另一个重要内容就是政府有关行政管理部门要科学地、综合地运用经济的、法律的和行政的手段,监控并尽量保持全社会商品总供给和总需求的平衡,不断协调生产与消费之间合理的经济关系,稳定市场、稳定物价、保证商业活动乃至整个国民经济的正常运行。

从理论和实践来看,在我国社会主义市场经济体制的作用下,"总供给大于总需求"是我国目前和今后市场供求关系的主要发展态势,我们追求的是"供求基本平衡"或者"总供给略大于总需求"的市场供求态势。只有在这种供求态势下,才能有效地保障和满足生产生活的需求,才能促进科学技术与生产的不断进步,才能促进商品流通企业经营管理水平和服务质量的不断提高。

2. 结构与比例。对结构与比例的商业宏观管理与调控主要包括两个方面的内容:一是在研究和调节商品总供给与总需求的主要矛盾和主要关系的基础上,还要注意研究和协调商品供求关系中的结构与比例问题;二是要研究、管理和调整商品流通的行业结构、企业结构、发展速度等。

3. 交易规则。商品流通是一个十分复杂的经济体系和过程,不仅环节多、涉及面广、问题复杂、矛盾多,而且很容易出现投机、欺诈等不良商业交易行为和现象。因此,商品流通领域的宏观管理必须包括制定科学、完善、规范的交易规则,以及相应的管理与监督工作。通过这些规则、管理与监督,健全约束机制,规范交易行为,维护合法商业活动,保护正当经营,创造一个规范、竞争、公平、有序、可控的商业交易环境。

### (三)商品流通管理体制与机构

1. 传统体制下的商品流通管理体制与机构。在我国计划经济体制下和改革开放初期,我国商品流通管理体制与机构主要表现出三大特点:一是条块分割的行政管理体制。我国商品流通领域被人为地分割成专门从事生活资料经营活动的城市商业领域,专门从事生产资料经营活动的物资领域,专门从事对外贸易经营活动的外贸领域,以及承担部分农业生产资料和部分农民生活资料经营活动的供销合作社领域。相应地,在各级政府中设立了专门的部、厅、局、总社、分社等行政管理部门和机构。二是严格的计划行政管理模式。改革开放之前,商业、物资、外贸、供销方面的各级政府行政管理部门在各自所管辖的范围内对供销计划、经营范围、投资行为、价格制定等实行严格的行政控制与管理,我国经济体制改革开始之后,这种严格的控制和管理才逐步放开。三是国营为主、政企不分的商业企业产权制度和管理体制。所有商业、物资、外贸、供销领域中,国营商业占据主导地位,企业的财产、资金、设备全部属于国有资产,企业主要领导全部由各级政府相应的商业主管行政部门任命。

2. 经济体制改革之后我国的商品流通管理体制。进入21世纪之后,我国商品流通管理体制已经按市场经济体制的要求进行了全面深入的改革。改革的主要成果表现在以下三个方面:

第一,对传统的商业、物资、外贸、供销方面条块分割的商业行政管理格局和管理体制进行了彻底的改革,将这些机构合并为一个商业行政管理部门来进行宏观间接管理,同时消除了这四个领域市场条块分割的业务体系和行业壁垒,使各类商品流通或商品交易范畴实现了全方位的"通开"局面。任何企业,只要按国家工商管理部门的要求进行规范的注册,都可以按自己的意愿依法从事商业方面的任何经营业务。

第二,在管理方法方面实行政企完全分开的模式。各级商务行政管理部门或机构目前和今后的主要任务是:研究和制定商业方面的宏观发展方向;制定商业经营方面的规则、条例和政策;协调全局性的重大市场供求矛盾;进行重要物资和专项基金的储备与管理;收集、分析、研究和发布有关的市场信息等。各个商品流通企业的具体经营业务(包括所经营的范围、项目、方式、价格、投资等)全部由企业自行决定、自主经营、自负盈亏。

第三,在商品流通企业体制方面,我国绝大多数原国有商品流通企业都按《中华人民共和国公司法》的要求进行了规范的股份制改革,实现了政企分开、产权明晰、责权明确、自主经营、自负盈亏的体制模式。

从我国社会主义市场经济体制和运行机制的本质要求以及改革的总体思路来看,商业企业的经营领域(包括生产资料经营业务、生活资料业务、对外贸易业务等)属于完全竞争领域,国家不进行垄断性的行政管理,也不坚持国有商品流通企业为主导,各种所有制企业都在平等的市场竞争中优胜劣汰,自主发展。

### (四)社会商业经济管理部门

社会商业经济管理部门主要是指对各商业经营主体的经营活动进行规范化管理和监督的职能部门,如工商、税务、市场物价、技术监督、卫生防疫等管理部门。这些部门主要负责对各市场主体的有关交易、经营、纳税、质量、价格、卫生、环保等方面的监督与管理工作,对商业领域的宏观经济运行秩序的管理与调控也有一定的辅助作用。

## 二、市场中介组织

### (一)市场中介组织的概念与特征

1. 市场中介组织的概念。市场中介组织是指介于政府与企业、单位、个人之间,专门从事服务、咨询、协调、评价、审计、公正等活动的非政府职能性机构和组织。商品流通领域的中介组织或机构是民间性质的社会经济组织,它不属于政府管理机构体系,不是由政府投资组建,也不能代表或替代政府执行有关经济管理职能。

市场中介组织是市场经济关系深化发展和社会分工在市场领域细化的必然产物,是市场体系的重要组成部分,它的完善与否是市场体系成熟与否的重要标志。市场中介组织作为政府、企业、单位、个人、市场之间联系的纽带,具有政府行政管理不可替代的服务、沟通、斡旋、公证、监督等方面的职能和作用。健全的市场体系和机制离不开市场中介组织。

常见的商品流通领域的中介组织和机构有:各类行业协会、联合会、商会、会计审计事务所、律师事务所、公证处、资产评估机构、咨询与信息服务机构、商标事务所等。商业中介组织或机构所提供的中介服务包括信息沟通、咨询策划、法律服务、资产评估、会计审计、资金结算、交易服务等。

市场中介组织的来源主要有三个方面：一是从企业中分离出来，或由各有关企业经过协商后，抽调专门人员组建而成；二是从政府职能中分离出来；三是由经济管理、财务审计等有关专业人员自发组建起来。

2. 市场中介组织的特征。市场中介组织的性质决定了市场中介组织应该具备如下特征：

(1) 居间性。在市场经济体制下，政府不能直接管理和干涉企业的经营活动，也没有能力管理众多企业的经营活动，但是作为众多单个存在的企业和其他分散的市场主体(如个体户等)，在大量的商业经营活动中遇到的各种问题、矛盾、困难等很难及时有效地与政府沟通，更没有能力自己出面解决。市场中介组织就是起到了沟通政府与企业之间关系的桥梁作用，负责政府不能做、企业又做不了的中间性事务。例如，我国在 WTO 框架内进行商业活动时遇到的大量经济纠纷、倾销与反倾销、国际商务谈判等活动，政府不可能处处出面解决，单个企业又没有能力解决这些问题，而市场中介组织是最合适的角色；又如在国内商务活动中，为了避免同行业企业之间在争夺原材料、争夺市场等方面发生过度竞争行为，相关的中间组织就会起到协调与管理的作用。

(2) 自愿性。行业协会等市场中介组织的建立是在各相关企业自觉自愿、平等互利的基础上通过自主协商产生的。市场中介组织的章程是在国家相关法律的约束下，由加入或者发起者共同协商产生的，领导机构和人员也是通过民主协商的办法产生的，各企业或者个人可以按章程要求自愿加入中介组织，也可以自主退出中介组织。

(3) 民间性。市场中介组织不是国家专设的行政管理机构，不具有政府权力机关的职能，不能替代国家有关商业行政管理的职能。国家财政不负担市场中介组织的任何活动经费，市场中介组织的活动经费是由加入中介组织的企业和个人按章程要求缴纳的会费。

市场中介组织与政府相关的行政管理之间，不是严格的领导与被领导的关系，而是指导性关系；全国性的市场中介组织与各地方的同类中介组织之间也不是严格的上下级关系，而是在经营事务方面的指导关系。

(4) 服务性。单个企业或者个体户在市场经济活动中还会遇到大量的政府权限所不能干涉，但他们又没有能力办理的事务，如信息收集、沟通关系、海关手续、协调矛盾等。这些问题要依靠相关的市场中介组织提供的大量服务性工作来解决。

## (二) 市场中介组织的作用

1. 市场中介组织起着沟通政企关系、维护企业合法权益、营造良好的企业经营环境的作用。在我国社会主义市场经济体制下，政府及商业行政管理部门的主要职能是在立法、管理、监督、服务、调控等间接性的管理工作方面，政府决不能包揽或直接管理企业的各项具体经营业务。另外，商品流通企业在具体的经营活动中所遇到的矛盾、困难、问题等，往往由于权力和能力不够，无法解决。市场中介组织介于政府和企业之间，起着沟通政企关系、传达政府的有关精神、反映企业的各种困难、维护企业合法权益的重要作用。

2. 市场中介组织起着有效维护企业之间公平的市场竞争关系，创造良好的市场竞争环境的作用。在市场经济体制下，各部门各行业内部以及各部门、各行业、各企业之间存在激烈的市场竞争关系。如何正确引导、处理、协调和规范这些竞争关系，避免各部门、各行业、各企业之间产生过度的不正当竞争，破坏经济运行秩序，也是市场中介组织的重要职能之一。由于市场中介组织是民间的、自发的、自主选举产生的，其有关章程、行为准则、工作方式也是各相关企业通过协商形成的，因此，市场中介组织能够较有效地协调、处理、管理好各类矛盾和问题，为营造良好的市场竞争秩序起到积极的作用。

3. 市场中介组织起着提高企业交易活动效率，降低交易费用，促进商品交换繁荣发展的作用。商品流通企业在日常的经营活动中必然会遇到谈判、公证、检验、审计、报关、结算等业务。由于商品流通企业人力和财力有限，有些复杂的外部业务，企业没有经验或者没有能力办理好。专业性强的市场中介组织能够完成这类工作。这类市场中介组织能够帮助商品流通企业提高交易活动的效率，降低交易费用，促进商品交换的繁荣发展。

4. 市场中介组织能够起到帮助、促进和提高商品流通企业经营管理水平的作用。随着市场经济的深入发展，对商品流通企业经营管理水平的要求也越来越高。商品流通企业需要做大量的有关人员培训、市场调研、项目策划、发展战略研究等方面的工作。由于商品流通企业员工的能力和精力不够，许多企业是无法完成这些工作的，有关专业的市场中介组织可对提高企业的经营管理水平起到了重要的帮助和促进作用。

## (三) 市场中介组织的类型

1. 行业协会。行业协会包括各类协会、联合会、商会等。行业协会是指由国家有关管理部门批准，以同行业企业为主体，自愿发起、联合组成的民间性组织。

常见的商业行业协会有：连锁商业企业协会、百货商业企业协会、个体经营协会、商业联合会等。

2. 会计、审计和公证机构。这是专门为商品流通企业的注册、管理、联营、股份制改造、股票上市、企业合并、拍卖等事务提供有关财务、评估、审计、公证方面服务的中介组织机构。常见有会计事务所、审计事务所、资产评估事务所等。

3. 咨询、策划、研究机构。这是专门为商品流通企业了解市场信息、分析经营管理问题、制定营销方法、研究企业发展战略等业务提供服务的中介组织机构。常见的有企业管理顾问公司、咨询策划公司、情报信息服务公司等。

4. 服务机构。这是专门为商品流通企业复杂的市场交易业务、进出口业务、解决经济纠纷等提供专项服务的中介组织机构。常见的有报关、股票交易、期货交易等方面的专业服务公司、律师事务所等。

**复习思考题：**

1. 竞争规律的含义、特点与市场准则是什么？
2. 商品流通企业竞争的类型与方式主要包括哪些内容？
3. 商品流通领域管理与调控的指导思想与方法是什么？
4. 商品流通领域宏观管理与调控的内容有哪些？
5. 什么是市场中介组织？市场中介组织有何作用？